静かなるイノベーション

私が世界の社会起業家たちに学んだこと

RIPPLING

How Social Entrepreneurs Spread Innovation Throughout the World

ビバリー・シュワルツ
Beverly Schwartz
藤﨑香里 訳

英治出版

私を信じ、私に自らを信じることを教えてくれた、父に。

この世界の大義のために。
チェンジメーカーたちは、この世界のあらゆる場所に、確実に存在している。

RIPPLING

How Social Entrepreneurs Spread Innovation Throughout the World

by Beverly Schwartz

Japanese translation rights arranged
with John Wiley & Sons International Rights, Inc., New Jersey
through Tuttle-Mori Agency, Inc., Tokyo

静かなるイノベーション

私が世界の社会起業家たちに学んだこと

本文中、訳注には「※」、原注には「★」をつけて頁下に記載。
なお、原書における括弧内の補足説明や、団体の英名、
ウェブサイトのURLなどはいずれも原注扱いとした。

まえがき——変化への準備はできているか？

変化は大小様々だ。そのなかでもごくまれに、社会構造を揺るがすほどの大転換が起きるときがある。瞬く間にすべてが変わってしまう、歴史的瞬間だ。

こうした大転換は、我々の協力のかたちを変えてしまう。人々が身につけるべきスキルを変え、集団や社会の成り立ちを変え、人々の世界に対する見方を変える。文字通りすべてを変えるのだ。それはたとえば電子や化学の分野で見られるような技術革新とは比べものにならない。最近の歴史のなかで、こうした規模の大転換に類するものは農業革命だ。

あれから三世紀を経た。我々はいま、経験したことのない転換期のなかにいる。変化のスピードは急激に増している。積極的に変化を推進する人々の数や技術、そうした人々を結ぶネットワークもまた、同じように飛躍的な成長を遂げている。

我々がどこに向かっているかは明らかだ。

あらゆる物事が変化し、さらにその変化が次々と別の変化を引き起こす世界では、昔からある社会システムはたちまち機能不全に陥っていく。少数の人にだけ実権がある組織は、労働者が一定の技術を習得して毎年同じ作業を繰り返していればよかった時代には、機能していたかもしれない。だが、フォード社の組立ラインや法律事務所のような世界は、新たな時代に徐々に対応できなくなるだろう。
価値をもたらすため――さらには競争に勝ち、生き残るため――に必要なのは、しなやかさと迅速さを有し、柔軟に変化できる複数のチームからなるチームだ。いま求められているのは、柔軟で、変幻自在の、かつグローバルなコラボレーションだ。ウェブの進化は、まさしくその要求に応えている。価値ある変化に貢献するチャンスが生まれたら、優秀なチーム同士がチームとなり、それぞれが拠点とする場所から、ビジョンや経験、技術に関して各々果たすべき貢献をする。そして、こうした複数のチームによるチームは、自分たちが関わっている変化がさらに進化するにつれて、自らも変化を重ねていくのである。

誰が世界を変えるのか？

しかし、チームに属する一人ひとりが単なるプレイヤーに過ぎなければ、そのチームもただのチームで終わってしまう。

さらに、変化が避けられない世界においてプレイヤーでいるためには、変化を想像し、さらなる変化に貢献するチェンジメーカーでなければならない。繰り返しの作業は相変わらず存在するだろう。我々の生活から皿洗いのような仕事がなくなることはない。しかし社会への貢献という意味では、一人ひとりがチェンジメーカーになる必要があるだろう。

この新しい世界がどのようなものかを垣間見るには、チェンジメーカーたちが集まる、実在の「島」を見てみればいい。たとえば、あらゆるものが行き交うシリコンバレー★であり、あるいは、

★人々の自由な往来や、オープンソース化の推進、進化するサポート体制を思い浮かべてほしい。

世界をリードする社会起業家やそのパートナーであるビジネス起業家たちが集う、アショカのコミュニティ★である。時代に先駆けて生まれたこれらの「島」は速やかに学習、進化しており、提携とチームワークによる取り組みにますます依拠しはじめている。

社会システムはどのように変わるのか?

我々はすでに、古いシステムが機能を失っていくのを目の当たりにしている。それに怯える人々は後ろ向きの根本主義に戻ろうとしている。しかし古いシステムでは、新しい現実に対応することはできない――システム内部においても変化は避けられないし、システムの役割そのものも変化するからだ。

今日何よりも必要なのは、アショカが「認識転換ゾーン」と呼ぶエリアを、社会が一刻も早く通過することだ。すべての大きな変革において、認識は行動のきっかけとなる。たくさんの人々が来たる変化に気づき、自分たちにとってのその意味を理解すれば、彼らはおのずと行動を始めるだろう。そして、そんな互いの姿を目にすれば、変化を話題にしたり行動で示したりすることがより容易になり、また、次第に避けて通れないものになる。

運動が広がるにつれて、もっと多くの人々が今起こっている出来事について知りたいと思うようになり、さらに今後の道のりを示した地図を求めはじめると、ようやくメディアが参加する。たとえばアメリカでは、一九五〇年代から六〇年代にかけて、人々が公民権に注目し、語り、考え方や行動パターンを変化させるにしたがって、メディアによる公民権への言及も、一九五〇年代

★社会起業家たちによる単独での活動から発展した「コラボレーションによる社会起業家活動」がその例だ．www.changemakers.comを参考にしてほしい．

には三倍に、一九六〇年代前半には六倍に膨れ上がった。しかし、一度その域に達すると、学びの材料となる日々の出来事への関心は、あっという間に失速する。その結果、メディアが取りあげる頻度も、以前に増加したときと同じくらいのスピードで減速するのである。

今日我々が生きている「誰もがチェンジメーカー」の時代は、あなたや、あなたの周りの人々の人生を大きく変えることになるだろう。準備はできているだろうか? 一緒に変化を牽引することはできるだろうか?

あなたには何ができるのか?

- 子どもが好きなら、その子が共感力《エンパシー》という、複雑で難解で、周囲から教わることで身につくスキルを習得するのを手伝えるだろうか? エンパシーは、チェンジメーカーに必要なチームワーク、リーダーシップ、変化を起こす力の基礎となるため、これからの時代に欠かせないものだ。
- あなたが知っている一〇代の若者が前述の四つのスキルを身につけ、チェンジメーカーになれるよう手助けをできるだろうか?
- あなたにとって大切な組織が困難と向きあい、「誰もがチェンジメーカー」をモットーとした集団となって生き残り、さらには繁栄するよう、貢献できるだろうか?
- 今の歴史的な変革期を通じて、社会を率いる一員になることができるだろうか?

これら四つの質問に答えるために、本書が役立つだろう。

本書は、世界を代表する社会起業家たちの様々な事例を紹介する。あなたはきっと、社会起業家がどういう人々かをあっという間に理解し、それが自分にとって歩んでみたい道か否かを感じとることだろう。

また、個々の活動範囲において、あるいは全体として、この変化がどこに向かおうとしているのかについても感じてもらえるはずだ。これを読むことで、あなたや、あなたの周りの人々がどの方向に進むべきかを、思い描くことができると思う。

この旅に出るにあたり、すばらしい案内人がいる。著者ビバリー・シュワルツは、七年にわたりアショカの一員である。その前は、社会マーケティング活動、喫煙防止活動、エイズに関する啓発活動といった未開拓の分野の第一人者だった。だが、何より重要な点は、彼女が長年にわたって、すべての人たちの利益のために心血を注いできたという事実である。

二〇一二年一月

アショカ創設者・代表　ビル・ドレイトン

目次

アプローチ2
市場の力学を変える

アプローチ3
市場の力で社会的価値をつくる

アプローチ4

アプローチ5 共感力を育む

プロローグ

われわれは人生の抽象的な意味を探し求めるべきではありません。
いかなる人も人生においてその人独自の使命や任務を有しているのであり、
充足を求めているその具体的課題を実行しなければならないのです。
この点において、いかなる人も代理不可能であり、その人生も反復不可能なのです。
このように、いかなる人の使命《タスク》も、
それを遂行する個々の機会が独自であるのと同じように独自なものなのです。
――ヴィクトール・フランクル『意味による癒し』（山田邦男訳、春秋社、二〇〇四年）

本書の執筆を思いたったとき、三つのことが頭をよぎった。最初に、もっと早くに思い切って行動していればよかった、ということ。それがきっかけであれこれ内省するうちに、二つめのことが気にかかりはじめた。私は、社会システムを変革するために必要な五つのアプローチを定義し、本書に登場する社会起業家たちを代表的な事例として選んだ――だが、そんな彼らの画期的な取り組み、創意工夫、勇気を存分に表現できるのだろうか、という疑問だ。やがて三つめの思いにたどりついた。不安やためらいというものについてだ。今思えば人生の転機となっていたであろう機会を、不安やためらいがあったために見送ったことが、これまでに何度あっただろうか？　軌道修正を促す要因として見れば、ためらいにもプラスの側面はあるかもしれない。しかし考えてみてほしい。これまでの人生で、ためらいという恐怖を感じたがゆえに、あるいは自らの能力の限界に対して植えつけられた不安があり、リスクを避けてきたがために、達成できずにいることが、いったいどれだけあるだろうか。

そんなことを考えていたのは、先日、ノーマン・ロックウェルの絵画展を観ようとワシントンDCの国立美術館を訪れていたときだった。私は『高飛び込みする少年』★という作品の前で足を止めた。タイトルからもわかるように、少年が高いダイビングボードのへりにしがみついて、はるか下のプールと思われる場所をのぞきこんでいる絵だ。何とまあ、人生をよく表した作品なのだろう！　眺めているうちに、昔、これとよく似た場所のよく似たダイビングボードから、よく似たプールを幾度となくのぞき込み、大きな恐怖感に襲われていたのを思い出した。誰しもこれまでに一度や二度は、未知のものにチャレンジするという場面に直面したことがあるのではないだろうか？　私たちはみな、人生のどこかの段階でこのダイビングボードの上に立ち、周囲が試みない大ジャンプに踏み切ろうか否か、逡巡するのではないだろうか？　本書を読んでくれている方々も、私が言うような状況に直面した経験があるだろうし、理解してくれると思う。

よく考えるのは、もっと早く、もっと頻繁にダイビングボードから飛び降りていたら、今ごろ何を成し得ていただろうか、どんな人生を歩んでいただろうか、ということだ。きっと誰もがそうであるように、私は決して社会的な意識を持たずに行動してきたわけではない。だが、本書で紹介する社会起業家たちと違い、解決すべき社会の矛盾を目にしたり、ときにはそれに関わった

★1947年8月16日付『サタデー・イブニング・ポスト』誌の表紙に掲載された写真. 次のURLは参照先の一例である. www.nrm.org/2010/01/e-newsletter-quiz/attachment/031/?lang=en（2011年9月28日閲覧）.

りしながらも、それまで築いてきた生活を投げうつような選択はしてこなかった。私はこう思うようになった。私にとって、フランクルが言うところの「独自の使命や任務」とは、社会問題の解決というプールに飛び込み、社会貢献という波紋を広めていくことのすばらしさを人々に伝えることなのではないか、と。

本書の構想は、私が、これまでに出会ったアショカ・フェローの圧倒的多数に対して抱いてきた、畏敬と驚嘆の念から生まれたものだ。だがそれでも、インタビューの途中で必ず純粋な喜びとどこか信じがたい思いとに襲われた。宙に浮いているような気分でその場をあとにしたものだ。インタビューを終えるたび、私は、人間や社会、未来に対して楽観的に考えられるようになった。そして次第に、ダイビングボードから飛び降り、この本を書こうという思いを強くしていった。読者の皆さんも、この本を読み進めながら、ぜひ私と一緒にダイビングボードから飛び込んでほしい。

本書の初版が北米で発行されたのは、春だった。これは決して偶然ではなく、一年のなかで、再生や新たな成長のサイクルを感じさせる季節に読んでもらいたい、という意図からのことだった。春は、新しい生命が活動を開始する時期だ。人間にとっても、さらなる一歩を踏み出し、自らを成長させ、開花させ、内に眠っていた新たな成長のサイクルを呼び覚ますときだ。

私たちは、これまで以上に、進化しつづける変革サイクルの一端を担うようになっている。社会的な行動を起こそうとすでに邁進する人や、その一歩手前まで来ている人は、正義や平等、平和そして繁栄からなる世界をつくりあげるとともに、何百万という人々に幸福と希望とインスピレーションを広めるという、特別で重要な役割を任されている。私たちには機会がないわけではない。足りないとすれば、思い切った行動だけだ。

本書で紹介するそれぞれのアプローチを読み進めながら、その内容にのめり込み、社会が変わっていく様子に感嘆し、関心とインスピレーションと希望を感じる時間をつくってほしい。息を吸い込むように本書の内容を自らのなかに取り込み、その息を、内なる自分と外の世界とを結ぶ懸け橋にしてほしい。つまりこういうことだ。この本の世界観を体に染み渡らせたら、今度は自分のなかに隠れていたチェンジメーカーを、思いっきり外に吐き出してほしいのだ。

生きる理由を知る人は、
ほとんど何事にも耐えることができる。

——フリードリヒ・ニーチェ

はじめに――ソーシャル・イノベーションはどうやって広がるのか

携帯電話、コンピュータ、フェイスブック、そしてツイッターを利用した経験がある人ならば、今日世界がどれだけ急激に変化しているかをよくご存知だろう。世界のほとんどの場所において人々の生活は、五年、一〇年前と比べてもまったく違うものになっている。こうした変化に伴って、経済や政治、社会は発展を遂げる。だがそれと同時に、急速な発展はほかのシステムにも影響を及ぼす。数々の社会問題を解決しても、ほかの問題を悪化させてしまうのはよくあることだ。変化を持続的で前向きなものにするためには、変化をうまく管理して、未来を犠牲にすることなく今日のニーズを満たすものにすることが求められる。そして、変化は新たな需要を生み出している。それは創意工夫をめぐらせて問題を解決する能力、他者との関わり方、人々が依存するシステム、才能であれ環境であれ与えられたものすべてに順応する能力だ。

社会問題や環境問題が、その他の急激な変化とペースを同じくして進行するとともに、新しい発想を持った社会起業家たちの数も増加している。そして、彼らのアイデアが及ぶ地理的スケールがかつてないほどのスピードで拡大するなかで、社会問題への画期的な解決法を発見する可能性もどんどん広がっている。今こそ社会起業家たちの時代だ。彼らは、不平等、製品やサービスへのアクセスの欠如、そして機会の不足に目を向ける。そして調和と平等の原則のもとに、イノベーティブな解決策に取り組んでいるのだ。

その結果、小規模事業家、企業家、投資家たちなど様々な人々が、社会起業家の斬新なアイデアや視点、イノベーションを起こす力に魅了され、巻き込まれていく。彼らは、携わり、参加し、関わりあう過程で、リスクを負ってこれまでとは違った方向へ進む決断をし、実際に世界を変えうる新たな行動を起こすことになる。これが、アショカがチェンジメーカーと呼ぶ人々であり、組織である。社会問題の解決に直接乗り出す人々もいる。社会起業家たちに対して、彼らのアイデアの実現や事業の成功に向けて緊密に連携することで間接的に貢献する人もいる。チェンジメーカーの数が増えれば、活動の勢いが増して社会的な運動が生まれ、世の中のシステムは転換点を迎える。「歴史的に見れば、こうした規模の大転換は、不満によって火がつき、一人もしくは数名の先進的な人々によって触発され、危険の裏に隠された機会から恩恵を受けながら、規則的に起きるものなのである★」

この一連の作用は驚くほど伝播力が強く、様々な地域で「魅入られた」チェンジメーカーたちが次から次へと現れる。そうした人々のなかには、社会起業家たちから学び、やがて自分たちもその一員になる者もいる。彼らは自分のコミュニティで成功することによって、発案者である社会起業家たちが飛躍するきっかけとなっている。さらに、周囲の人々に対してもチェンジメーカーになるよう働きかけている。すると変革は格段に進めやすくなるし、その変化自体も受け入れられやすくなる。そのようなシステムや風潮をつくりあげているのだ。こうした動きはどれも、新たな発想を持った次世代の社会起業家予備軍たちが直面しそうな課題を軽減することにつながる。第一線の社会起業家やコミュニティのチェンジメーカーたちによって促進されるこの好循環

★Allen L. White, "The Future of the Corporation," *Leading Perspectives*, Business for Social Responsibility (Fall 2005) p.5. オンラインでも閲覧可：www.bsr.org/reports/leading-perspectives/2005/2005-fall.pdf（2011年10月1日閲覧）.

システムは、アショカが言う「誰もがチェンジメーカー」となる未来の実現に向けた主力エンジンとして稼働しつづけている。その未来とは、本質的に今より安全で、思いやりと公正に満ちた世界、今日私たちが暮らしている世の中よりも、もっと幸福で充足感に満ちた世界、明日という言葉がよりよい一日の訪れを意味する世界なのである。

アショカとの出会い

何かが起きるのを目撃した人たちがいた。
ある人たちが言った。何が起きたんだ？
別の人たちが言った。何か起きたのか？
それが起きたことに気づかなかった人もいた。
それを起こした人たちもいた。

――作者不明

ずっと前のことになるが、私がアショカを知ったきっかけは、同僚がアショカの人材募集に応募したことだった。彼女は電話を寄こし、アショカを知っているかと訊ねた。私が正直に、知らない、と答えると、興奮した様子でその団体について語りはじめた。企業セクターからの離脱とかなりの収入減を意味していたにもかかわらず、彼女がその仕事を切望していることに私は好奇心を覚え、その二、三年前に耳にした次のことを思い出した。

善行をしたければ、選択肢は三つある。

- 活動家あるいは唱道者になる
- 医者、人権派弁護士、教員などのサービス提供者になる
- 教授、研究者、学者になる

しかし、彼女の話を聞いていると、どうやら四つめの選択肢がありそうだった。社会起業家になる、というものだ。

私は、「社会」と「起業家」というユニークな言葉の組み合わせに惹かれ、さらに詳しく調べることにした。アショカに関する情報を集めたところ、アショカ自身は自らを「世界最大の社会起業家ネットワーク」と称していたが、私はむしろ、難しい社会問題への新たな解決方法を模索するシンクタンク、という印象を抱いた。そして、その活動を積み重ねることにより、アショカはもっと大きな役割――イノベーションのためのシンクタンクとしての機能と、新たな未来をつくる行動を促進する機関としての機能とを持ちあわせたハイブリッド組織――を担っているように思えた。私はアショカに対し、興味以上のものを感じた。いや、すっかりのめりこんでしまった。社会の問題解決をめざすこの新種のイノベーターについて、もっと深く知るべきだと感じた。

これは後日談だが、その数カ月後、私はアショカの人材募集に応募した。それからのことについてはご想像のとおりだ。私は企業セクターの、そこそこ実入りのいい仕事を辞め、アショカのグローバル・マーケティング部門を統括するヴァイスプレジデントに就任した。

アショカの社会起業家たちのいったい何が、私をそれほどまでに惹きつけたのだろうか？　まず彼らは、私がそれまでずっと「一生を通じてやれたらいいのに」と思ってきたことを成し遂げていた。彼らの原点は、現状への批判だ。ある問題に強い感情や怒りを抱いたら、見て見ぬふりをしたり、ただ文句を言ったりはしない。行動を起こすことで自分たちの価値観を表明する。次の一歩を踏み出し、アクションを起こす。自分に「イエス」と言ったのだ。

私が少女だったころ、アメリカがキューバ侵攻を開始した。小さな子どもだった私は、そのニュースに恐怖を感じたが、こんなアイデアが浮かんだ。旧ソ連のフルシチョフ首相に宛てて、米ソ関係の改善を訴える手紙を送ったらどうなるだろう。私には、世界を救うというひそかな夢があった。しかし、それは空想のままで終わった。それからも手紙については何度か考えたが、結局は書くことすらしなかった。私は、すばらしいアイデアを持った多くの人たちと同じ行動をとることになった――要は何もしなかったのだ。だから、社会起業家たちについて調べ、彼らが、変化を起こすカギとは単に想像し、可能性を明らかにすることだけでなく、道のりを思い描き、行動に移すことだと認識していると知ったとき、私はすっかり心を奪われてしまったのだ。

破たん《ブレイクダウン》から打開《ブレイクスルー》へ

社会起業家の活動は、目標を明確にイメージするところから始まる。その目標は、後戻りできない新たな社会現象を巻き起こすということにある。彼らは、私が常にやりたいと思っていたこと――難題と向きあい、より公正で安全で持続可能な世界を積極的に追求する――に携わっている。

彼らは、現状に甘んじることを拒むなかで、既存のパラダイムを打破し、因習に抗い、直観に反して考え、解決方法を見直そうとあがいている。

社会起業家たちは時代遅れの考え方を組みかえる天才だ。たとえば、先進的な考えと確かな共感力を発揮して、自閉症をハンディキャップではなく「有利な乱れ」とみなし、目の見えない人々を、「できない人」としてではなく「別のことができる人」として捉える社会起業家がいる。また、経済構造を読み解いて、貧困層を対象とした小規模融資の可能性を見出したり、その可能性を、住宅へのアクセスを改善し、ビジネスチャンスや経済的安定を手にするための新たな手段につくりかえたりする社会起業家もいる。さらには、これまで繰り返されてきた暴力と攻撃を止めるべく、新しい手段で世界を変えようと挑戦している社会起業家もいる。

彼らはみな、大胆で斬新なアイデアを秘め、その実現に向けて人知れず一歩を踏み出すのだ。彼らの動機と手段が混ざりあい、その結果、他者を引き寄せる不思議な力を持った磁場が誕生する。そして、人々を刺激して変革を起こすよう促すとともに、今度は刺激された人々が他者に対して刺激を与える手助けをする。慎み深いことに社会起業家たちはまず成し遂げた業績によって世間に認識されており、彼らの名はあまり知られていない。驚くべきなのは、彼らが座ったまま自らの行動について「やるべきか、やめておくべきか」と逡巡したりしないことだ。自らのアイデアをリスクと捉えることもない。ただ、改善すべき点を見出し、行動する。それほど単純明快で、示唆深く、衝撃的なことなのだ。彼らには、ダイビングボードに上がる必要などない。とにかく飛び込むだけ——まずは心で——である。

「こんな変化を起こすことは可能ですか?」とよく訊かれる。

私は、それは間違った質問だと答える。

私たち一人ひとりが、自らの決意がどこにあり、
どこから行動すべきかを問う必要がある。

一度心に決めたなら、影響をもたらす方法は必ず見つかるはずだ。

——ロバート・セオボルド『変化の急流』(*The Rapids of Change*/未邦訳)

「社会起業家」の定義には微妙なずれがある一方で、彼らが公正を重視し、重要な社会変革を起こすためにシステムを破壊してつくりかえる人々だという認識は、だいたい共通している。その一方で、彼らの実績やユニークさという「何(what)」に焦点をあてているものもあれば、「誰が(who)」「何を(what)」達成しているかという点を組みあわせているものもある。

とはいえ、そのような溝は徐々に埋まり、市民セクターか、非営利組織か、社会事業モデルかという組織のあり方について細かく論じる傾向も少なくなりつつある。ともかく私にとっては、イノベーションの背景にある人物をつくりあげた特徴や動機が、表面的な定義よりも重要なのだ。

人のために行動する組織を立ち上げた人はすべて社会起業家だと呼ぶ人は多い。そうした人たちは必ずしも「革新的な心を持ち、根本的な解決をめざす、世界的な問題の救世主」ではないだろう。しかし、社会のチェンジメーカー、あるいは解決策のイノベーターであることは確かだ。つまり、多大な自己犠牲と限られた経済的利益のもとに、人々を代表して行動するという価値命題に基づいた組織やビジネスをつくり、発展させ、確立させる人々だ。さらに別のタイプの

チェンジメーカーには、社会起業家たちとともに活動し、彼らのイノベーションや成果が、ほかの場所や人や分野に普及するのを手伝う人々もいる。個人であれ、企業であれ、寄付者であれ、彼らは、社会起業家たちの活動に機能と活力と意義をもたらしつづけている。それは、他者の人生を変える活動に参加するという負担を分かちあおうと、自ら申し出た人々や組織なのである。

アショカの社会起業に対する考え方は明確だ。次々と広がりを見せる非常に強い「伝染力」と、ほかの場所でもコピー可能な「自己繁殖力」を持つ、というものだ。その二つがあれば、大きな成功を収めやすいと考えている。好循環サイクルを完成させるには、現状を変える自信がある人を増やすことが不可欠だ。そうすれば、確実に乗数効果が生まれ、チェンジメーカーが複利的に輩出されつづけるだろう。そこから生まれるのが、今日と未来のチェンジメーカーたちと、彼らがともに活動する社会起業家たちであり、本書で詳しく論じられている人々なのである。

夢が現実に挑むとき

近年、社会起業は一種のムーブメントだ。社会貢献をめざす新世代の変革者たちは、その活躍の場がビジネス界であれ、学術界であれ、メディア界であれ、人々がどう生きるべきか、どう他者と向きあうべきかについて、新たな認識を築いている。多くの人にとって「社会起業家は今日、現実的で魅力的な選択肢の一つとなっている。社会起業家の世界において、働くとは、単に自分が何をやっているかを指すのではなく、自分がどのような人間なのかに結びつく行為なのだ[★]」

アショカ・フェローたち（アショカによって世界をリードする社会起業家であると認められ、志を共有す

★Beverly Schwartz, "The Freedom to Innovate: The Contributions of Social Entrepreneurs to the Field of Global Public Health," in Paul A. Gaist (ed.), ***Igniting the Power of Community: The Role of CBOs and NGOs in Global Public Health*** (New York: Springer, 2010), p.81

る人々のコミュニティへの永久的なメンバーシップを得た人々）はみな、周りの社会起業家や政府の政策決定プロセス、企業の活動に影響を与えることで、自らのイノベーションを社会の隅々にまで普及させている。この本の執筆にあたってインタビューをしたフェローたちについて知るうちに、私は、彼らが少なくとも四つの特性を有していることに気がついた。

- 目的意識
- 情熱
- パターン化
- 人々の参加

私にとってこれらの特性は、相手が社会起業家としての典型的な性質を持って事業を始めようとしているか否かを見極める、何よりの判断基準となっている。

目的意識

私はいまだかつて、社会より自分の利益を優先しようとするフェローや、自らに課した仕事に全力で取り組んでいないフェローに出会ったことがない。目的にたどりつくために選ぶ道は様々かもしれないが、フェローたちがめざすものは極めて神聖だ。大きな障害にも進路を変えようとはしない。彼らの明確な目的意識は、しばしば個人や組織の取り組みをまとめあげる決定的要因にもなる。これは、なぜ自分たちが何かに向かって努力を続けているのか、どうしてみなで一致して取り組むことに意義があるのかを人々に明示するものだからである。そして目的意識は、目に見えない糊のように様々な活動やその担い手たちをつなぎあわせる一方で、インスピレーションによって人々を結束させる。人々はリスクを恐れず大胆になるし、参加する意義を実感するようになる。そうして彼らの忠誠心は育まれていく。さらには不安を払拭し、行動へと変える力を持つ。目的意識がつながる先は、可能性を信じる心なのだ。

情熱

情熱を目的意識から切り離して考えることは難しい。というのも、私には、この二つが常に一対の存在としてともにしっかりと絡みあい、表裏一体の関係を築いているように思えるからだ。ＤＮＡ（実際、目的意識と情熱はＤＮＡに組み込まれているのかもしれない）のらせん構造のように、この二つを引き離すことはできない。情熱は心とつながっており、強さにも関係している。性格の強さ、意志の強さ、他者との絆の強さだ。それは「心に正直に生きる」ことを決断する勇気を奮いたたせ、助長する。アショカ・フェローたちは私に、真の強さとは肉体の世界ではなく、不屈の精神、揺るぎない情熱、目標に向けた意志のなかにこそ存在する、ということを教えてくれた。

パターン化

この本に出てくる起業家たちはみな、各自のイノベーションをパターン化させている。そしてそれを、目的意識や情熱、個性の上に据える。より大きな視点から考えれば、それはあとに続く人々のためのモデルや指針となる。彼らがつくりだすパターンの特色はそれぞれまったく異なり、事実、そうした独自性こそが起業家の本質というべきものだ。彼らは新たな領域を開拓し、複数の解決策を斬新なコンビネーションで組みあわせる。もしくは、一つの解決方法を、誰も試したことのない方法でつくりかえるのかもしれない。彼らは「今あるものより優れたねずみ捕りをつくっている」と言えるかもしれない――しかし本質的には、彼らはねずみの数を減らす方法を考えることによって、ねずみ捕りへのニーズを完全になくそうとしているのだ。

社会起業家たちは、単なる対症療法ではなく、根底にある問題を解決するヒントとなる、社会的なパターンを見出そうとしている。問題を生み、長引かせているそもそもの社会システムとは何かを理解しなければならない。必要であれば構造そのものも変えようとするだろう。そうしなければ、強いインパクトを伴った持続的な変化は起こせないからだ。このように、物事の上流に目を向けて問題のおおもとに対処しようとするアプローチは、下流を見て出てきた問題に応急処置を施そうとするよりも、はるかに持続的な効果をもたらす。公衆衛生分野で使われる言い回しを使えば、「症状を緩和するだけでは十分ではない。治療に持続的効果をもたらすためには、その根本にある原因に対処しなくてはならない。そうしなければ、原因と症状と病気からなるサイクルは、同種の深刻な問題による悪循環を起こしながら、どんどん大きくなっていくだろう」★

人々の参加

この本で紹介されているフェローたちは、誰もが優れたリーダーシップを発揮している。彼らの多くは、自分がリーダーになるとは夢にも思っていなかった。本人がリーダーになることを自覚しているかどうかにかかわらず、周りに影響を与え、その人たちが信じ、従い、参画するよう

★Schwartz, "Freedom to Innovate," p.81.

導く能力は持って生まれた才能であり、また、インパクトをもたらすために不可欠な要素である。その能力が人々の参加を促し、最終的には市民運動を実現するのだ。

なぜ、「人々の参加」がアショカ・フェローに必要なのか？　エジプトの市民運動がもたらした成果が、このことの重要性を如実に物語っている。使い古されつつも的を射た格言に、「数に勝る強さはない」。市民、親、子ども、露天商、教員、政府の役人、障害を持った人や自閉症の人。染みついた文化上の慣例を変えるにあたって、これらすべての人々が担う役割は極めて重要だ。社会変革を実現し、持続するには、人々の関わり方だけでなく、関わる人の数も重要なカギである。イノベーターたちが大胆に考え、地域でアクションを起こし、それを地球規模で拡大させるには、個人の力では難しい。同じビジョンを共有し、可能性を信じて積極的に支持し、自身も変革の実現に加わろうという大勢の人々を巻き込む必要がある。世界をリードする社会起業家たちは、歴史に何かを残すには一人の力ではとても無理だということを悟っている。どこかの時点で彼らは気がつくのだ。ともに変化の種を撒いたり、運動へと発展させたりするチェンジメーカーを育成し、それを促進したいと思ったら、自分は一歩下がって、エゴイスティックな理由によって独り占めしてきたアイデアの所有権を手離す必要がある、ということに。

社会起業家はどこまで活動を拡大できるだろうか？　それは、参加する人々の団結力と、社会起業家のムーブメントを起こす手腕にかかっている。しかもそのムーブメントには、貧困や不平等を根底からくつがえすほどの力強さが必要だ。しかし、何が本当に社会起業家たちをユニークな存在にするのだろうか？　彼らのインスピレーションと情熱はどこから来たのだろうか？　そのインスピレーションをどのようにして目的意識に変えるのだろうか？　それほどまでに斬新な考え方をするよう、誰が彼らを促すのだろうか？　このような人々を増やし、誰にとっても住みよい世界をつくるには、どうすればいいのだろうか？

予想外のリーダーたち

アイデアと社会起業家のライフサイクルが交わった瞬間に、マジックは起こる。これをアハ体験、あるいは転機と呼ぶ人もいる。この本を通じて紹介される社会起業家たちはみな、最初はまったく別の道を歩んでいた。それがある角を曲がったところで、人生をかけた情熱と目的に出会ったのだ。彼らは予想も期待もしていなかった。多くの場合、それが何なのかさえ理解していなかった——最初のうちは。目的意識に目覚めたそのとき、アイザック・ドゥロジャイイェ（DMTモバイル・トイレッツ社、第一〇章）はナイジェリアでボディガードの仕事中で、ウアズラ・スラーデク（シェーナウ電力会社、第一章）は、大腿骨骨折で療養しながら「普通の主婦」として生活していた。しかし、何かがきっかけとなって、心の奥に潜んでいた情熱に火がつき、「なんとかしたい」という思いが溢れ出した。根深い問題を解決するために社会通念に疑問を呈することが、ごく当たり前に思えてきたのだ。そして、社会起業家たちとともに行動する人々、社会起業家たちによって人生が変わった人々の多くも、同じ経験をするのである。

ここ数年で、世界で活躍する社会起業家たちに関する優れた書物や記事が、次々と世に出されている。そのなかでも特に知られているのは、デービッド・ボーンスタインによる『世界を変える人たち』（有賀裕子訳、ダイヤモンド社、二〇〇七年）と、彼とスーザン・ディヴィスの共著『社会起業家になりたいと思ったら読む本』（有賀裕子訳、ダイヤモンド社、二〇一二年）だ。また、ジョン・エルキントンとパメラ・ハーティガンは『クレイジーパワー』（関根智美訳、英治出版、二〇〇八年）を執筆し、市場を活用して問題を解決する社会起業の「現象」に焦点をあてている。★社会起業家の定義から始まり、社会起業家になるにはどうすればいいのか、こうした運動がいかに新たな取引のモデルを形成し、世界のビジネスのあり方を変えているかということまで、これらの本はそれぞれ異なる切り口から社会変革について語っている。

私が知り合う機会に恵まれた社会起業家の多くは、
思いがけずリーダーになった人々だ。
言い換えれば、彼らは自分の未来が今日のようになるとは、
夢にも思っていなかったのである。

——ビル・ドレイトン

本書ではさらに視点を変えて、社会起業家たちの、社会システムを変える五つの戦略的なアプローチについて探究する——たとえば、ソーシャルビジネスや、市民参加型のモデルだ。なかでも着目したいのが、彼らの取り組みに安定感と持続性をもたらす、変化の好循環サイクルだ。また、現状と社会通念とを覆し、再構成するような先駆的思考についても考察する。**アプローチ1「時代遅れの考え方をつくりかえる」**では、従来の規範が、社会にメリットをもたらす新たなシステムと出会い、相互関係を築き、進化する様子を紹介する。また、**アプローチ2「市場の力学**

★David Bornstein, *How to Change the World: Social Entrepreneurs and the Power of New Ideas* (New York: Oxford University Press, 2004); David Bornstein and Susan Davis, *Social Entrepreneurship: What Everyone Needs to Know* (New York, Oxford University Press, 2010). John Elkington and Pamela Hartigan, *The Power of Unreasonable People: How Social Entrepreneurs Create Markets That Change the World* (Boston: Harvard Business Press, 2008).

を変える」では、ビジネスの成功と社会的価値がユニークな発想によって合体したときに生まれる相乗効果について探る。さらに**アプローチ3「市場の力で社会的価値をつくる」**と**アプローチ4「完全な市民権を追求する」**では、社会的権限を持たない人々に対し、選択肢と機会の拡充やエンパワメントを実現することで生じる、大きな変化について検証する。最後に、**アプローチ5「共感力を育む」**では、若者の心にある「あの人たち」、すなわち他者を排除する心を思いやりに変えようとする事例について考える。社会起業家たちは独創的な手法で非日常を演出し、自分とは異なる境遇の人と向きあい、怒りや攻撃性を抑え、バランスのとれた感情を育む環境をつくることによって、若者のあいだに共感力を育んでいる。この本では、これら五つのアプローチが、いかにして現実(what is)と仮定(what if)を可能性(what can be)に変化させていくか、という点に光をあてる。

リンゴにはたくさんの種がある……でも、その種からはいくつのリンゴができるだろう?

貧困とは厄介な現実であり、社会問題はしばしば世の中に不穏をもたらす根本的な原因となっている。国家間や社会間、社会経済階級間の溝は深まり、さらに広範囲へと拡がりを見せるなか、そうした問題に真正面から取り組むためにより多くの人を巻き込むことが不可欠だ。それを促進するアショカにとって、初期段階の焦点が社会的イノベーターたちを見つけ、支えることだったのに対し、今日の新たな活動目標は、市民一人ひとりが自分には現状を変える力があることを認識する「誰もがチェンジメーカー」の社会を築くことだ。

本書の五つのアプローチが紹介していることは、貧困や不公正、機会への不十分なアクセスという名の池に広がった五つの波紋だ。どのシステム変革の事例においても、インスピレーションやイノベーション、地域と世界への影響力、そしてチェンジメーカーたちの声といった要素が浮き彫りになっている。これらの要素が同時発生するとき、社会が良い方向に変わる好循環サイクルが生まれる。それは、人々が変革の担い手となり、周囲にも影響を及ぼすことで動き出す。そして、縦と横、現在と未来の両方向に変化を伝え、尽きることのない波を引き起こすのだ。

本書に出てくる社会起業家以外にも、目に見えないチェンジメーカーたち、次の世代のチェンジメーカーたちは、様々な意味でこのムーブメントの立役者だ。新しく持続的な方法でビジネスを営む企業や、自分のお金が人々の生活を変えるよう願う寄付者たち。そして、文化圏や社会経済階級、物質的な豊かさにかかわらず、自分や家族、隣人、コミュニティのために生活をよりよくしたいと願う普通の人々。貧困のなかで生きる人もいるかもしれないが、彼らの想像力は決して貧しくはない。彼らには希望と、世界はもっとよくなれるという信念がある。何より大切なのは、彼らはやがて自らの力で、あるいは社会起業家の力を借りて、行動を起こすということだ。起業家的なリーダーシップによってイノベーションを確立し、それを社会の仕組みへと変える役割を担った人々なのだ。チェンジメーカーが自身に感じる誇り、エンパワメント、価値は波紋のように広がり、一人でおこなうよりもはるかに巨大なインパクトを持つ循環サイクルをつくりだすのだ。

未来を予見する一番の方法は、それを創造してしまうことだ。

——ディヴァイン・ブラッドリー

社会システムの変革はどのようにして起こるのだろうか？　ニカラグアのコーヒー農家の収入を上げようとする活動が、どうしたらアメリカのフェアトレード運動へと発展するのだろうか？　ブエノスアイレスの心理学者が、どうして精神病患者のためにラジオ番組をつくり、三〇〇万人もの視聴者を得るに至ったのだろうか？　学校でのいじめ増加に心を痛めたカナダのソーシャルワーカーが、どうやって小さな赤ん坊を授業に招くというプログラムを、世界的なムーブメントにすることができたのだろうか？

これらをはじめ本書で紹介されている事例は、チェンジメーカーたちが、システム変革に向けた五つのアプローチによって生み出すものを明らかにしている。それは、ある地域のニーズに応えるために考案された解決策を、世界で有効な万能薬へと変える力だ。

二〇〇一年にアメリカで起きた世界同時多発テロ事件は、世界を一変させた。その流れを再びよい方向へと変えられるかどうかは、私たち一人ひとりにかかっている。この本を読んだあなたが、自分も一日も早くチェンジメーカーになりたいと感じたり、それ以上の存在になりたいという気持ちを抱いたりしたならば、ぜひ私にも、あなたに起こった変化について教えてほしい。★

この世界がわが母国。
すべての人類がわが兄弟であり、
善き行いがわが宗教である。

——トマス・ペイン

★www.changemakers.com/community/rippling

時代遅れの考え方は、たいていの場合、
個人の自由や経済の自由を制限し、
日々進化する世界への、斬新で創造的な関わり方を
抑止する力を持っている。

世界が時々刻々と変化を遂げる今日、
人としての権利や経済上の権利、環境への責任といった概念が
はるか後方に置き去りにされているのは、いったいなぜだろうか？

多くの慣例やビジネスの規範が、
世界の大多数の人々を排除する一因でありつづけるのは、
どうしてなのだろうか？

不当な扱いを受け、権利をはく奪された人たちの人生に
価値をもたらすような機会を提供したり創出したりするには、
どうすればいいのだろうか？

このセクションに登場する社会起業家たちは、
確立された社会や文化の規範、業界の慣例を
何らかの方法で組みなおすなかで、
これらの壮大で大胆な疑問を抱いていった。

彼らは、義憤や落胆、憂いや怒りといった感情を、
自らの平等への思いや正義感を満たすための行動へとつなげ、
地球市民全体へ変革が及ぶ道を歩んでいったのである。

ここで紹介される４つの事例は、ビジネスに根づく慣例や
システムに内在する慣例、伝統的な慣例を見直し、改革し、刷新し、
最終的にはそれが新たなビジネスのかたちであることを
証明した例である。

アプローチ *1*

時代遅れの考え方をつくりかえる

Restructuring
Institutional
Norms

アプローチ1へのコメント――エスター・ダイソン

社会やシステムの規範を変えるのは、なぜそれほどまでに難しいのだろうか？ それは、第三章で紹介されるリキシャ銀行の話のように、問題をチャンスと捉える人がいないからだ。そうした規範に変化を起こすのは比較的容易なはずだが、常に、というわけではない。それどころか、現状を維持することで得する人というのは必ずいて、その場合、最善のアプローチは交渉である。つまり、変化によって生じるプラスの一部をどう分かちあえるかを模索するのだ。たとえば、第四章に登場する〈ウィメン・フォー・ヒューマン・ライツ〉の例では、女性たちは、夫を亡くすと周囲から搾取される存在になる。義母の使用人になったり、夫の兄弟の事実上の情婦にされたりするというのだ。だが、これはあくまで偶発的な出来事だ。女性は誰であれ、未亡人になる可能性がある。また、どんな男性であれ、死んで妻を同じような悲劇に突き落とすことは考えられる。大切なのは、人々に現実を違った視点から見せることだ。社会全体としての視点や、「自分もいつかこうなるかもしれない」という視点から。

それに、変化が起きることで、一部の人たちは実際に恩恵を受けることができる。しかも持続的にだ。ここでも交渉がカギを握る。大多数あるいは社会全体の利益と、ある特定の集団や個人のそれとを戦わせるのだ。変化がもたらす恩恵をどうやって分けあえばいいのだろうか？ その配分は権力に左右されることもあるし、公平性が考慮されることもある。また、部外者が考える公平性は当然違うものかもしれない。我々は理想ではなく現実の世界に生きているのだ。

したがって最終的に、変革はさらに難しいものになる。我々は人々の考え方を変えなくてはな

エスター・ダイソン（Esther Dyson）
EDベンチャー・ホールディングス会長．ジャーナリスト出身で，『ウォール・ストリート・ジャーナル』の元テクノロジーアナリスト．テクノロジーに関する有名な著書を多数出版するとともに，コンピュータ業界における代表的なイベントであるPCフォーラムを立ち上げた．自ら設立したEDベンチャーを通じて，新たなテクノロジーや市場が経済や社会にもたらす影響について分析をおこなっている．

らない。彼らの関心の向きを変えるだけでも大変だが、それでは不十分だ。彼らのなかにある、正義や正当性に対する考え方にも影響を与える必要がある。たとえば教育システムに不備があっても利益を得る人はほとんどいないのだが、現状以外にどのような選択肢があるのかを人々は想像できずにいる。そのため現状こそがあるべき姿だと思ってしまうのだ。私はそれをヘアスタイル問題と呼んでいる。誰かの新しいヘアスタイルを褒めた途端、相手は次のように考えるというのである。「誰も何も言ってくれなかったけど、きっとこれまでの私はよほど見苦しかったんだろう」

古い髪型よりも新しい髪型を気に入るということ、言い換えれば社会に変化を求めるということは、それまでの状況を暗に批判しているのと同じことなのだ。自分が完璧な人間ではないことを指摘されるのは、人間誰しも嫌なものだ。指摘しているのが外部の人間であれば、なおさらである。彼らの基本前提に疑問を投げかけるということは、それまで相手が間違っていた、不適切だった、偏った考え方をしていた、または無知だったと言っているも同然なのだ。うまく対処する秘訣は、過去（もしくは現状）を褒めつつ、新たな現実がもたらす恩恵について語ることだ。決して簡単なことではないだろう。知恵だけでなく、勇気が必要だ。それは、たとえ自分がリーダーだったとしても、同じことである。ここに登場する社会起業家たちは、その勇気を持った人々なのだ。

ウアズラ・スラーデク
Ursula Sladek

ウアズラ・スラーデクは〈シェーナウ電力会社（EWS)〉の創設者である。

EWSは､再生可能エネルギーを利用した電力会社としてはヨーロッパでも屈指の規模を誇り、市民が運営するものとしてはもっとも大きい。

EWSがめざすのは、エネルギー供給の分散化と民主化だ。ドイツでは、様々な科学技術を活用した独立発電事業者たちのネットワークが拡大を続けているが、その核となる存在がEWSだ。

Chapter 1

民衆に電力《パワー》を！

ドイツ

シェーナウは、ドイツの黒い森に囲まれた人口二五〇〇人ほどの小さな町で、そのなかにはひときわ高い塔をもつ教会がある。ちょうどいい時間帯を見計らってそこにのぼり、街を一望すると、何百という数のソーラーパネルがきらきらと光を反射し、こちらに向かってウィンクをしているようだ。まばたきをするパネルたちの、こんな声が聴こえてきそうだ。「やった、やった。電力会社による市場の独占を崩したぞ。自分たちの電力は自分たちでつくる。ぼくらは黒い森の光の源なんだ」

シェーナウにウアズラ・スラーデクとその家族が住んでいるのは、決して偶然ではない。ただ、ウアズラにとっての家族はいわゆる普通の家族だけにとどまらない。彼女には、夫と子どものほかに、何千という「同志《ファミリー》」がいる。〈シェーナウ電力会社（ＥＷＳ）★〉のオーナーや同僚、会員たちだ。ＥＷＳはウアズラが二〇年以上前に設立した会社で、原子力や石炭からの脱却と、再生可能エネルギーへの転換を推進している。ウアズラは自らの見解を次のように述べる。

エネルギー問題がこれほどまでに興味深いのは、それが世界全体の問題だからです。ドイツやヨーロッパだけではなく、まさに全世界が関係する話なのです。挙句には、戦争か平和かといった話にまでつながっていきます。気候変動の問題を考えてみてください。干ばつ、水害、熱波や寒波によって何百万という人々が自国で暮らせなくなり、豊かで工業化が進んだ国に移住することになるでしょう。大量の二酸化炭素を排出してエネルギーをもっとも消費しているのは先進国なのに、それがもたらす気候への影響にもっとも苦しんでいるのは途上国なのです。途上国の人々は、そうした影響のなかで生きていかなくてはならないのです

★Elektrizitätswerke Schönau
www.ews-schoenau.de

から。気候変動の犠牲になるのは、私たちよりもこうした国々だと思います。★

普通の主婦

ウアズラにとって、一九八六年のチェルノブイリ原子力発電所事故は人生を変える出来事、二〇一一年の福島第一原子力発電所事故は活動を加速させる出来事となった。二五年のあいだに起きた二つの悲劇は、いずれも人々の関心をエネルギー問題に向けさせるきっかけとなった。ウアズラいわく、一九八六年当時、彼女は普通の主婦だったという。ほかのヨーロッパの人々同様、チェルノブイリとの距離がさほど離れていないことや、原発事故が自分の町や環境、子どもに与える影響を案じ、おびえていた。

チェルノブイリの放射能漏れが起こったとき、ウアズラは大腿骨を折り、静養中だった。わが家からそう遠くないところにある歩道や通りに放射性粒子が降り積もる中、自分の子どもたちが外で遊ぶのを見ながら不安でしかたなかった。そのとき思った。死の灰の恐怖におびえながら暮らすのはもうたくさんだ、予想だにしない大惨事を引き起こすようなエネルギーから脱却するのだ、と。そして、夫や町内の友人と一緒に〈原子力のない未来をつくる親の会〉を立ち上げ、子どもたちのために安全な代替エネルギーを約束した。

ウアズラはドイツの新聞インタビューに対し、次のように語っている。「チェルノブイリをきっかけにエネルギー政策や電力業界は変わるのだろう、と甘いことを考えていました。……しかし、

★特に断りのないかぎり，すべての引用文やデータは個人インタビュー，社会起業家がアショカ・フェローに選出された際に作成されたプロフィール，個々のウェブサイト，年次報告書などを参考にしている．インタビューに関しては，基本的にはすべて著者自身がおこなったものであるが，謝辞で触れられている3件については，アショカスタッフが面談と翻訳を担当した．

何一つ変わりはしなかったんです。私たち自身が立ち上がって何とかするしかありませんでした」★

それから一三年間、ウアズラと「大家族」たちは住民や政治家に働きかけ、なぜ省エネや原子力撤廃が必要か、どうすれば実現できるのかを訴えつづけた。エネルギーを節約することに加え、発電技術についても猛勉強した。そうしたなかで住民投票がおこなわれ、シェーナウの町が国の送電網から独立し、再生可能エネルギーを独自につくりだす法案が成立したのだった。

長い道のりの末に勝利を手にしたウアズラが感じたのは、最大の勝因は、**周囲が無理だと言っていても、自分たちにはできるという自信をシェーナウの人々が持っていたからだ**ということだ。そして、シェーナウの町にできるのであれば、自分も同じようなことができるかもしれない、と感じた。

ウアズラは言う。

> 私はどこにでもいる普通の主婦、普通の親でした。ひっこみ思案で、あんなことをするのも初めてでした。ビジネス経験はゼロですし、科学者でもありません。一歩ずつ前進することから始めたんです。

一九九一年、ウアズラは、地元の送電網★の買い取りと、新たな電力会社の設立をめざし、運動を始めた。当時ドイツには協同組合方式の電力会社は存在せず、ヨーロッパを見わたしても数えるほどだった。六年後、ウアズラと（メディアの言葉を借りれば）「電力の反逆者」たちは、想像を

★Jürgen Reuss, "Peaceful Rebels: How a Small Town in the Black Forest Opted Out of Nuclear power," *Atlantic Times*, November 2008. オンラインでも閲覧可：www.atlantic-times.com/archive_detail.php?recordID=1538（2011年9月2日閲覧）.

★送電線や配電線からなるネットワーク.

超えるスピードでドイツ中から資金を集め、自分たちの送電網を手に入れたのだった。

一九九八年には五〇歳になっていました。私はコンピュータの使い方からスピーチのしかた、経営に関することまで学ばなくてはなりませんでした。どれも初めてのことばかり。しかし、経営者の友人にビジネスのことであれこれ聞くと、最高のアドバイスを得られることに気がついたのです。彼らから聞いたことを実践した結果、うまくいったことも、いかなかったこともあります。うまくいかなかったときは、他の誰かに訊きました。やるべきことをすべて学ばなくてはならなかったのです。

ブロック熱発電所の建設とソーラーパネルの設置を皮切りに、ＥＷＳは地元で消費する電力の一部を生産しはじめた。一〇〇年にわたって続いた大手電力会社の独占は終わりを迎え、ＥＷＳは電力業界の構造そのものに変革をもたらすこととなった。そして一年後の一九九八年、ドイツ政府は電力業界の規制緩和に踏み切り（偶然だろうか？）、ＥＷＳは全国で再生可能エネルギーを取引できるようになった。まさにソーラーパネルがまたたく間に、ＥＷＳの名はドイツ全土に知れわたることとなった。

代替可能、再考可能、つくりなおし可能、再生可能

企業のミッションが社会の変革に受け入れられたら、ビジネスを変化させながら人々を巻き

込み、その動きに弾みをつけることもできる。エネルギー供給の分散化と民主化というＥＷＳの当初の目的どおり、ウアズラは本当の意味でこの会社を「みんなのもの」にすることを決意した。出資した人は誰もがＥＷＳのオーナーとなり、経営に関して議決権を持つことができる。妙案だったが、住民たちからの出資を促すには、まず彼らに再生可能エネルギーや原子力、石炭エネルギーについて知ってもらう必要があった。その上で、再生可能エネルギーへの転換に向けて一緒に行動するよう呼びかけ、そうすることがいかに有益な投資につながるかを説得するのだ。

住民自身が公共的なビジネスの担い手となるハイブリッド型社会モデルは、ドイツではなじみがない。世界のほとんどの国でそうなのだ。しかし、ウアズラはすでにそのころから、社会を動かすには人、しかも大勢の人の参加が必要だということに気がついていた。そうした人たちに、知識、精神面、資金面で協力してもらわなくてはならない。ウアズラのビジネスモデルでは、**全住民が地元のエネルギー問題の解決に関わり、街の未来づくりに加わることができる。一人ひとりが変化の源であり、変革の担い手になるのだ。それぞれが、多かれ少なかれ、やりたいかたち、できるかたちで、チェンジメーカーになるのである。**

一九九七年の設立当時、ＥＷＳは一つの街に根ざした企業で、会員も地域住民六五〇名だけだった。それがいまや、一五〇〇名の会員による協同経営のもと、国内一二万世帯、およそ二五万人に電力を供給するまでに成長した。一〇〇％を再生可能エネルギーでまかなっており、もっとも割合が高いのは水力だが、ほかにもソーラーパネル、風力タービン、一般家庭に設置された小型コジェネレーションシステムなども活用している。会員は自家発電した電力を自分たちの家庭で消費し、余った場合には送電網を通じて売ることができる。出資者には配当金が支払われ、残りの利益はすべて再生可能エネルギー発電設備の拡充に使われるか、ＥＷＳをモデルとした自然エネルギープロジェクトを始めたいコミュニティへの研修、支援に充てられる。

ＥＷＳに刺激を受け、ドイツのあちこちの小都市で協同組合が設立されている。シュトゥットガルトのような大都市でさえ、送電網管理とエネルギー供給を自らおこなおうとするところが出てきている。小さな町の多くはＥＷＳと提携して、独自の協同組合モデルをつくり、設立時から住民を巻き込んで活動している。世界中からの問い合わせも絶えない。イタリア、オランダ、日本、韓国、チリ、アメリカ、そしてカナダから議員たちが訪れ、ＥＷＳモデルを自分たちの国でも応用できるかを視察していくのだ。ウアズラには、毎年一〇〇件を超す講演依頼がくる。数年前には日本を訪れ、三週間で一六回もステージに立った。残念ながら、日本の人々を説得し、原子力への依存を減らすことはできなかった。しかし、福島の事故以来、ウアズラの活動は日本で再び注目を浴び、彼女は『原子力に反対する一〇〇個の十分な理由』と題した冊子の日本語版を作成した。つい先日も、二〇一二年に横浜で開催される脱原発世界会議でのスピーチを依頼されたところである。

万能の解決策

皮肉なことに、近年ヨーロッパで起きた金融危機は、ウアズラにとって追い風となった。自分たちの街でもＥＷＳのような組織をつくりたいという市民からの問い合わせよりも、シェーナウの取り組みに注目し、同様に送電網の買い取りを検討している地方の自治体や政治家たちからの相談が増えている。興味深いことに、最近のこうした動きには二つの動機があり、いずれも非常に納得がいくものだ。一つめは、ＥＷＳがそうであったように、再生可能エネルギーの割合を増やし、電力供給に対する自己決定権を得たいということ。しかしもう一つは、大手電力会社が発送電システムを管理しているかぎり、資金や利益は電力会社の懐に入ってしまうが、自分たちで送電網を運営すれば、お金は街のものになるということだ。どの街も、収入源は多いに越したことはない。相補的関係にあるこの二つの要因が、消費者たちの関心を、環境にやさしい、コミュニティ所有の電力供給組織へと傾け、環境面、管理面、そして財政面での有益性が、強力でしかも一体となった動機になっている。しかしながら、たとえ行政組織が変化を望んでいても、助言者として経験豊かなパートナーなしには、効率的な変革主体にはなれない。そこで彼らは、ウアズラとＥＷＳに協力を求める。提携の打診を受けたとき、ウアズラが条件として挙げるのは、彼らが協同組合方式を採用し、住民たちが新たな送電網の共同オーナー、そしてチェンジメーカーとして関わっていく環境をつくることだ。

つまり現在ウアズラは、**住民とともにボトムアップで強引に変化を起こす代わりに、政府や行政組織と連携してこの問題に取り組んでいる。**ウアズラのビジネスモデルは住民にとっても行政組織にとっても魅力的なものなのだ。

普通の人々を動かす

ウアズラは、ＥＷＳがこれまで歩んできた道に満足している。二〇〇九年、彼女と市民が協同で運営してきたこの会社の企業価値は六七〇〇万ユーロだった。それが二〇一〇年には八二〇〇万ユーロに向上した。次の数年で、顧客数を一〇〇万人まで増やすことが彼女の目標だ。「普通の主婦」でなくなってから二五年が経つが、今も変わらず思うのは、EWSモデルの中心にいるのは市民、つまり普通の人々であるということだ。彼らは財政面でEWSを支えるだけでなく、再生可能エネルギーをつくり、消費するという行動面でも参加する必要がある。そうウアズラは考える。たとえば、EWSは、人々に風力発電装置やソーラーパネルの設置を奨励し、そのために必要なサポートも提供する。協同組合に出資することで人々は、財政面でも環境面でも得るものがあると感じるはずだとウアズラは言う。

原子力や化石燃料から再生可能エネルギーに転換するというのは本当に大変なことで、一人ひとりの協力が必要です。人々に参加したいという気持ちを持ってもらうことは、とても重要なのです。政府や電力会社に任せておけば済む話ではありません。政府は他国や大手電力会社への影響力は持っていますが、一〇〇年も続いてきたこれまでのやり方から大きく外れて行動することがなかなかできません。だからこそ、人々の力が必要なのです。今ドイツで起こっていることがまさにその例です。だって、大規模な反原発運動が起きているでしょう?

六四歳になった今も、ウアズラは機会を見つけては再生可能エネルギー導入計画を推進している。次に挙げる五つのニュース・ヘッドラインを見れば、彼女の忙しさが伝わってくるだろう。

二〇一一年、ドイツは国内にあるすべての原子力発電所を閉鎖することを決定した。偶然だろうか？　考えてみてほしい。

CNNニュース、ニック・グラスによるレポート（二〇一一年九月二六日）
「ウアズラ・スラーデク——緑の革命を支えた主婦」

AP通信（二〇一一年五月三〇日）
「ドイツ、二〇二二年までに原発閉鎖を決定」
アンゲラ・メルケル首相は、太陽光、風力、水力発電への転換が他国に見本を示すことになると期待を述べた。

英国紙ガーディアン（オンライン版）（二〇一一年五月二一日）
「ウアズラ・スラーデク——緑の革命の裏で」
イギリスの環境活動家はよくドイツのことを指して、再生可能エネルギーのショーケースだと口にする——あたかも良識ある政府の手柄だとでもいうように。スラーデクの話を聞けば、変化は家族やコミュニティが一体となった草の根運動に起因するものだということがわかる。

ドイツ週刊誌シュピーゲル（オンライン国際版）（二〇一一年五月三〇日）

土曜日、ドイツ二〇都市で何万人という人々が反原発デモに参加し、一刻も早い原発の段階的廃止を求めた。

ウォール・ストリート・ジャーナル（オンライン版）（二〇一一年五月三〇日）

「最新情報——ドイツ、二〇二二年までに原発廃止」

メルケル連立政権に所属する議員たちは、電力不足分を、再生可能エネルギーと、気候への影響が比較的少ないガスを使った火力発電所によって補うのが理想的だと述べた。

アリータ・マーゴリス

Aleta Margolis

アリータ・マーゴリスは、ワシントン DC に拠点を置く民間教育団体〈インスパイアード・ティーチング・センター〉の創設者である。

祖父母の代から暮らすこの街で、センターの事務局長として、教育の質に悩む地元の公立学校を支援している。

Chapter 2

「教え方」を教える

アメリカ

学ぶことはいつでも大歓迎だ。教わるのが好きじゃないときはあるけれど。

――ウィンストン・チャーチル

センターの講師たちはほとんど何も教えてくれなかった――〈インスパイアード・ティーチング・センター★〉の研修を終えた教員たちが、そんな感想を口にした。その代わり、優れた教師になるにはどうしたらよいか、自力でその答えにたどりついた、と続いた。やった！　アリータ・マーゴリスがこれまで聞いたなかで、最高の賛辞だった。教員たちは認めているではないか。自力で答えを導き出させることこそが、生徒たちの力を伸ばし、学習意欲をかきたてる方法であることに気がついたと。アリータは次のように述べている。

彼らは理解しています。肝心なのは、教える側ではありません。先生を喜ばせることでもないし、まして頭のいい先生に教わることでもない。大切なのは、生徒がこう感じることです。「私って天才！　だって、自分で答えを見つけたんだから。学校にいる間中、考えつづけていろんなことを発見して、昨日よりもレベルアップした。先生が何をしてくれたのかはよくわからないけど、私が答えにたどりつけるよう助けてくれる、そういう意味ではすごく大きな存在だ。でも、重要なのは先生じゃない。自分自身、つまり学ぶほうなんだ」

アリータにとってはそれこそが、子どもの学ぶ意欲を引き出す指導法「インスパイアード・ティーチング」なのだ。センターでは、教員たちが様々な課題への答えを見つけるサポートをし

★Center for Inspired Teaching
www.inspiredteaching.org

ている。**生徒たちに自ら困難と向きあい、解決策を模索させるには、どうしたらよいのか。問題をどのように捉え、予見すべきか。どうすれば、難局をチャンスに変えることができるのか。創造力や異なる考え方をどのように歓迎すればよいのか。**こうしたスキルは、普段の教育現場では後回しにされがちなものだ。今日子どもや学校を悩ませている学力格差の問題は、創造力の格差から来るものだと、アリータは信じている。

新たな世代に新たな学び方を

物事を創造的に考え、困難を予見し、複雑な問題に対する解決方法を導き出そうとする子どもたちを、先生がどう応援し、手を差しのべたらよいのか。それを教員に学んでもらうのが、インスパイアード・ティーチング・センターの目的だ。子どもを含むすべての人間に対する基本理念は「人間は本来、好奇心旺盛な生き物で、一人ひとりが評価されるべき存在である」というものだ。みな生まれながらに知的好奇心を持ち、学ぶことを喜びとする。学校の役割は、その好奇心に火をつけることであり、水をさすことではない。燃えている火を消すなど、もってのほかだ。子どもたちの好奇心を高めて学ぶ意欲につなげたいのであれば、今とはまったく違う方法で教えなくてはならない。センターは、生徒と教員の両者が授業の中心であるという考え方に基づいており、単にカリキュラムを遵守することや、教員が一年を乗り切るための実務的スキルを伝授するのとはまったく違う。アリータも、最低限の実務的スキルは伝えるべきだと考えているが（スキルの不要な教員などいるだろうか?）、あくまで二の次であり、最重要視されるべきものではない。

生徒の成績によって学校への予算配分や教員の給与が決まるという厳しい制度に、アメリカだけでなく世界中の教員や学校が直面していることも、アリータは承知だ。教員の育成や研修の重要性は誰もが認めるところだが、注意すべきは、意味のあるトレーニングをおこなうことだ。大切なのは、新米教員に生き残るためのあの手この手を伝えることでも、現場の実状からかけ離れたワークショップを思いつきで実施することでもない。教員たちが、教育者としての考え方を確立し、将来にわたって現場で役立つであろう経験を積み、プロフェッショナルとして教えることの意味を内面化する、その力になることだ。英語で「ロケット科学（Rocket Science）」という単語は、非常に難解なものを表す比喩としても使われるが、教員の仕事はあらゆる意味で「ロケット科学」だと、アリータは思う。やりがいがあって刺激的で、そして——ロケット科学だってそうだ——ほかから学びとることができる。どうやって教えたらよいかという問題は、ある朝目覚めて突然ひらめくものではない。自分自身で学んで得た知識が、教員たちをプロフェッショナルに成長させるのである。

これまでの授業スタイルは、教員は何でも知っていて情報や正解を生徒に伝える存在で、生徒はそうした情報をひたすら取り込む存在と決めつけていた。インスパイアード・ティーチング・センターが描く授業のイメージは違う。そこでは、生徒はアイデアと経験、疑問と知識を携えて授業にやってくる。**彼らにとって先生とは、すでに自分たちのなかにある知識を組み立てて練り上げ、ぼんやりとしていたところをクリアにし、さらに深め、導いてくれる人なのだ。**実際、センターがめざす授業風景に教員の姿はほとんど出てこない。優れた教員はできるだけ黒子に徹するからだ。そしてごくたまに、ポツリと質問を挟む。「なぜそうしたの?」「ここまでで何を学んだ?」「そっちを試してみた?」「じゃあ、きみはどう思う?」難しい質問を投げかけられることで、生徒たちは学んだことを明確化させ、整理し、おのずと次のステップへと誘導される。特に、労を惜しんで易きにつこうとする生徒には、有効な手段だ。こうして授業を終えた生徒たちが家に飛んで帰って、親に報告する。授業で橋の模型をつくる課題があり、そのために数学の問題を解いて、ようやくしっかりした橋をつくることができた、と。そんなとき生徒は、先生がやり方を教えてくれたとか、先生と一緒にやったなどとは言わない。実際、話のなかに先生の名前が登場することはないのだ。

その場しのぎの対処法

アメリカ中のどの教室にも報酬をもらって教鞭をとる人がいて、さらにその人たちをトレーニングして収入を得ている人がいる。言い換えれば、どの教員も、教える側もしくは教わる側として、何らかのトレーニングに参加している。つまり、学区の現状を変えたければ、教員に何をしてほしいのか、変化に向けてどう備えてほしいのかを変えればいいのだ。頭がよくて物事をきちんと考える人であれば、ただ脚本を読みたかったとか、廊下で交通整理をしたかったとか、校則の番人になりたかったとかいう理由で教員になったりはしない。理科が大好きだったから、語学の魅力にとりつかれたから、子どもたちの頭脳に感動したから、教員になったのだ。いい教員を採用できたかどうかが問題なのではない——いい教員なら、どの学校にもたくさんいる。いい授業ができるかどうかが問題なのだ。

アリータの問題意識はつまりこういうことだ。教育改革者は、一握りの突出して優秀な教員たちを見ながら、なぜああいう人材がもっといないのかと嘆いている。その結果、多くの学校で優秀な教員を次々に採用し、そうでない教員を解雇しようという試みが繰り返されている。学校として教員に何をしてほしいのか、そのために教員はどのようなトレーニングを受けるべきかという点については、見直されることはない。この手の対処法では、生徒にとってプラスとなる変化を生むことはとうてい期待できない。そして、これこそが問題の核心なのだが、「突出していない」のは教員自身ではない。彼らの教え方なのだ。インスパイアード・ティーチング・センターは、生徒を含めた教育現場の一人ひとりが、変化の過程で突出した存在になるよう支援している。こうしたアプローチは、行政や教育委員会が学区を解体してつくりなおす必要がないという点で、重大かつ持続的なインパクトをもたらす。生徒の学力レベルを上げるために教員の採用と解雇を繰り返すということがなくなれば、財政的に自らを追い込まずに済む。沈みかけた船の上で、椅子を頻繁に並べ替えていれば、乗客たちに船がどれだけ傾いているかを悟られずに済むだろうとばかりに、いたずらにデッキチェアを動かしつづけるような真似はしなくなるだろう。教員たちを改革のターゲットではなく、改革のパートナーとすることができれば、変化そのものが持続的なシステムをつくりあげるだろう。

問題は教え方

私たちのところにやってくる教員のなかには、「教えるのが大好きで、天職だと感じており、もっとうまくなりたい」という人もいます。逆に、追いつめられた様子でセンターに駆け込んでくる人もいます。「辞めたくてしかたがない。もう限界だ。以前は子どもが好きだったのに、今では仕事が嫌でたまらない。だけど同僚から、ここの研修を受ければ、気持ちも教え方も変わるかもしれないと言われた。その可能性にかけてみたい」

教員や教育委員会が、インスパイアード・ティーチングの掲げる主義に惹かれるのは当然のことだ。それは理路整然とした指導法であり、単なる丸暗記から創造的な学びへ、情報を与える教育から生徒に考えさせる教育へ移るという信条だ。優れた教員でいるための明確なテクニックがあり、身につけた瞬間から教え方ががらりと変わるだろう。仕事がずっと楽しくなることは間違いない。これまで以上に仕事に力を注ぐことになると同時にやる気も高まり、生徒たちの学習意欲を刺激する方法もわかるようになる。

より複雑で魅力ある授業を計画することで、仕事の負担は増えるかもしれないが、同時に軽減もするはずだ。生徒の授業態度に関する問題が減るからだ。子どもたちが進んで授業に参加したいと思うようになれば、退屈する生徒や勉強嫌いの生徒のことを心配する必要もない。多くの人にしてみれば何をいまさらということかもしれないが、最近になってようやく、教育制度の組織的な改革を実現するには、教員たちがレバレッジポイント、つまり「てこの支点」として欠かせない存在であると認められるようになった。センターではこの概念をさらに進化させ、教員を変革の担い手として育成するとともに、変革の焦点を教員そのものから彼らの教え方へと発展させている。

二〇〇九年、アメリカではー州を除くすべての州で、学校で生徒が学ぶべき内容についての共通基準が採択された。そんな中、画一化された学習への取り組みが「テストのために教え、あとはなるようになれ《レスト》」という状況を生まないようにと、メリーランド州ボルチモア市の教育委員会がセンターにアドバイスを求めてきた。インスパイアード・ティーチングを使って教員たちの能力強化を図り、教員が、標準のカリキュラムのなかで、生徒の長期的かつ有意義な学びを促進する、そんな授業をできるようにしてもらいたい、ということだった。

二年間のプログラムでは、市内の中学校の数学教師二〇〇人全員がトレーニングを受けることとなった。彼らが接しているのは、小学校でおこなわれる質問形式の授業から丸暗記中心の学習スタイルへと移行する、際どい時期を迎えた子どもたちだ。生徒にとっては初めての経験だが、それは教員にとっても同じである。以前、教育委員会教務責任者とのミーティングで、アリータは責任者がこう語ったのを覚えている。「センターのおかげで先生たちが今とは違う指導法で教えられるようになったら、次は子どもたちに、講堂に行ってスロープの上からボールを転がし、ボールの速度やステージにぶつかったときの衝撃力を予測できるようになってほしいと思っています。公式だけではなく、その根拠も説明できるようにね」。彼女が描く学びへのアプローチは、アリータの考え方と見事に一致しており、アリータは、目の前の人物が本当に教育委員会の人なのかと不思議に思ったそうだ。「彼女のような教務責任者がほかに何人いるだろうか？　あといくつボルチモアのような事例をつくれるだろうか？」

キャッチ・アンド・リリース

アリータは、インスパイアード・ティーチングの理念を隣の州に広めると同時に、ワシントンDCの中心に特別な学校を設立し、大きな変化を生み出している。この学校は基本的にはデモンストレーションのための場であり、教員や学校運営者、教育行政官にインスパイアード・ティーチングがどのようなものかを見てもらうことを目的としている。このデモンストレーション・スクールはチャーターと呼ばれる特別認可の公立学校だ（DCにあるほかの公立学校と同様のアカウンタビリティ基準、財務基準が適用される）。将来DCの公立学校で教鞭をとることをめざす特別研究員たちが、センターのプログラムを修了したマスター教員による指導を受けている。彼らに求められることの一つが、チェンジメーカーであることへの誓いだ。言い換えれば、彼らは異なる教え方を選ぶ教員、そして周囲の人々にも教え方を変えるよう働きかける教員だ。一年後、彼らはプログラムを修了して教員になり、DCの教育委員会から資格を与えられる。目標は、やる気に満ちた多くの教員がこの地域の学校に常に在籍する好循環を生み出し、教育にパラダイムシフトを起こすことだ。

ベン・フラッチェルは、センターのプログラムの一つであるインスパイアード・ティーチング・インスティチュートを数年前に修了した教員で、現在はデモンストレーション・スクールで二年生を担当している。変革を起こす力としてのセンターの影響を、次のように語っている。

高校の卒業資格をめざす大人たちに読み書きを教えていて一番楽しかったのは、互いに対等な関係を築き、一緒に過ごしていくなかでユーモアや喜びを見出せたことでした。小学校の教員になろうと思ったのは、これまで受けてきた教育によい思い出を持たない大人とたくさん出会ってきたからです。ですから、生徒たちにとって喜びとチャレンジにあふれた環境をつくり、精神的なサポートをすることで、彼らに学ぶことへの愛着を育んでもらおうと考えました。

教室に入るときには、自分も生徒たちと同じ喜びをかみしめるようにしました。たくさんのすばらしい思い出とやりがいに満ちた経験を得た一方で、教育の重点が管理と服従に置かれていることを何度も実感しました。これは教員も生徒も同じです。多くの教員が五年経たずに教職を捨てるという話を聞いたことがありますが、ときには自分もその一人になるのではないかと感じていました。しかし、センターのプログラムに参加したおかげで元気を取り戻し、気持ちを入れ替えることができました。子どもが何よりも優先され、教員の創造力と思考力が高く評価され、子どもたちの成長がテストの点数よりもっと大きな尺度と重要な観点から示されるのです。センターとは様々なかたちで一緒に仕事をしてきましたが、今ではデモンストレーション・スクールのマスター教員をして、ようやく何かを達成し、支えられ、プロフェッショナルとして扱われていると感じます。何より、好奇心と創造力にあふれた生徒たちと一緒に仕事ができることがとても楽しいのです。

もしアリータが、教員の指導にあたる人々に加えて、理想の教師像をつくりあげる人々に影響を与えることができたなら、ゴールにずっと近づいたことになる。もし学校が変わり、教員が今までとは違う指導法で教えることができたなら、生徒たちはもっと効果的に、生産的に、そして楽しく学べるはずだ。しかし、インスパイアード・ティーチングが当たり前になるようなシステムを築くには、教育委員会の教員の評価基準を見直すよう、訴えていかなくてはならない。実現したら、重大な変化をもたらすだろう。アリータが思い描いていることがすべて現実となれば、将来、教えること、教わることの意味は、生徒たちがいかにいい子でいるか、どのくらいの時間着席していられるかではなく、現実社会の問題をどれだけ上手に解決できるかということになるかもしれない。

プラディープ・クマール・サルマ

Pradip Kumar Sarmah

プラディープ・クマール・サルマ博士は、インドのグワハティ市に拠点を置く非営利組織、〈地域開発センター〉の事務局長だ。

かつては獣医だったが、現在は三輪の人力車、いわゆるリキシャを引いて生計を立てる何千もの人々を支援している。

彼らがリキシャの所有権を手にし、銀行ローンや保険制度を利用できるようになることで、彼らとその家族が貧困から抜け出し、社会的地位が向上することをめざしている。

Chapter 3

「底辺の仕事」に光をあてる

イント

北アメリカで生まれ育った私には、リキシャを移動手段として使うことに抵抗がある。安全上心配だからとか、「前方の景色が、殴りかからんばかりの勢いで次々にこちらに迫ってくる」感覚が苦手だからではない（乗ってみると実際そうなのだが）。私をある地点からある地点に連れていくために、赤の他人が必死になって働かなくてはならないということに、堪えようのない憤りと羞恥心を覚えるからだ。リキシャの座席に腰かけ、ドライバーの後ろ姿を見ていると、ペダルに立ち上がって私の体重を引っ張るたびに、彼の体には大変な負担がかかっているのがわかる。突如、様々なことが頭を駆けめぐる。まず、この人にとって自分は重すぎるのではないかと、申し訳ない気持ちに襲われる。続いて、リキシャを引くことに人生を費す人がいるおかげで、私のようにこぎれいな格好をした人間がはるかによい収入を得ているという事実に、自分がいかに恵まれているのかを感じ、また悲しくなる。私はリキシャに乗っている間は、自分がどこか別の場所にいることを空想していた——私はそこにはいない、と自分に言い聞かせていたのだ。

だから、リキシャ銀行の創設者であるプラディープ・クマール・サルマ博士と会ったとき、彼がどのようなアイデアと構想を持ってドライバーたちの生活を向上させようとしているのか、詳しく聞かなくてはと思った。プラディープが手を差しのべているのは、インド（そしてほかのアジアやアフリカの国々）でもっとも貧しいとされる人々だ。彼らのほとんどが、田舎の小さな村から出てきた出稼ぎ労働者たちだという。私はプラディープの話に聞き入った。

「車ならローンを組めるのに、どうしてリキシャドライバーは融資を受けてリキシャを所有できないのか？」プラディープがそんな疑問を抱いたのは、当時獣医だった彼が仕事を終え、夜遅くにリキシャで帰宅したときのことだった。インド北東部最大の都市グワハティでは、リキシャは混雑した道をもっとも速く進むことができる乗り物であり、約束の場所に時間どおりに着き、時間どおりに帰ってこられる唯一の移動手段だった。渋滞につかまることもあるが、たいていの場合車よりも早く抜け出すことができるし、知ってのとおり、大きな車両の通行が禁じられている道を進むこともできる。そのため、プラディープにとって、リキシャは常にもっとも好ましい移動手段であることが多かった。料金も、ほかの乗り物に比べて格段に安かった。

貧困のアリ地獄

リキシャの所有に関する疑問は、それからもプラディープの頭のなかに居座りつづけた。二〇〇二年のある日、プラディープがいつものようにリキシャを使って移動していたところ、渋滞に巻き込まれた。つい口数が増えて、ドライバーに彼の生活についていくつか質問をした。そのドライバーはもう一六年もリキシャを引いているが、そのあいだ、毎日稼ぎの三分の一ほど（二〇〇二年には一日二五ルピー）を支払って他人から車を借りているということだった。だが、もっとも多くを物語っていたのは、プラディープの最後の質問に対する答えだった。

私の三つめの質問は、リキシャドライバーという仕事はどのくらい儲かるのかということでした。彼によると、一日六〇〜七〇ルピーだということでした。私は訊ねました。どうして自分のリキシャを持たないのか、と。彼は、リキシャを買うお金がない、と答えました。★そしてその問答も終わるころには目的地に到着し、私はリキシャを降りました。そしていつもどおり仕事をするうちに、彼との話は頭の片隅に追いやられていました。しかし、夜になってベッドに入ると、思い出したんです。何だか居ても立ってもいられない気分になりました。起き出して、電卓をたたき、あのドライバーがこれまでに納めていた借り賃を足していくと、彼は最初の一年めであのリキシャの持ち主になれたはずだったことがわかりました。しかし、彼は所有する代わりに、毎日他人から借りていた。そのために、期待できる収入の額も生活水準も、よくなることはありませんでした。彼は路上で暮らしていて、住所不定の身でした。まさに身元を証明するものもなく、社会的サービスを受けることはできませんでした。金融サービスや社会保障制度を利用することもできなかったと思います。

プラディープによると、インドには八〇〇~一〇〇〇万人のリキシャドライバーがいる。ニューデリー市で正式な認可を受けているのはわずか九万九〇〇〇人で、これは市が認可を与えられるリキシャドライバー数の上限だ。さらに約六〇万人が違法にこの商売に携わっていると言われているが、正確な数字は誰にもわからない。そうした人々のほとんどが賄賂によって認可を得ているが、政府の正式認可に比べて一〇倍ものお金がかかる。インドにリキシャドライバーが何人いるのか、そのうちのどのくらいがリキシャを借りることで商売を営んでいるのかを示す明確な政府統計はない。しかしながら、車の所有や貸し出し、借り賃の回収には、国内のマフィア組織が重要な役割を果たしていると言われている。

リキシャドライバーを一生の生業にしようと思って始める人はほとんどいない。彼らの多くは、都会でいい仕事と生活を手に入れようと故郷を離れた。しかし、教育を受けていない地方出

★当時のリキシャの価格は1台約7,000ルピー.

身者が仕事を見つけることは難しい。持参した金はあっという間に底をつく。そこに目をつけるのが、何千というリキシャを所有し、何千ルピーもの貸し賃を日々手にするマフィアたちだ。都会に初めてやってきた出稼ぎ労働者は一目でわかる。マフィアは彼らに、安定した仕事が見つかるまでのあいだ、金を稼ぐ方法を紹介する。そうして新参者はリキシャドライバーになる。毎日生活するのに必要な金は稼ぎ出せる――ただし、本当にぎりぎりだ。

リキシャドライバーたちは週七日、一日平均八〜一〇時間働く。夜はたいてい路上で眠る――警察からたびたび嫌がらせを受けるため、みな睡眠不足に陥っている。仕事は過酷で長時間にわたるので、つらい上に、どこかみじめな生活だ。そんな日々を少しでも楽にするため、何かにすがりたいと思うようになる。多くの人が、苦しさを和らげる手段としてドラッグやアルコールを初体験する。一度その道に入り込むと、その先には依存症しかない。そうなると、日々のドラッグが欠かせなくなり、村に帰ることも、都会を離れることもできなくなる。都会という監獄に閉じ込められた囚人、故郷にも家族のもとにも戻ることのできない永住者だ。悪循環から逃げ出すことはできず、肉体も、夢も、永遠につぶされるのである。

この悪循環は今日インドのあちこちで起きている。路上生活を送る薬物依存ドライバーたちの存在が、リキシャドライバーを「社会的に容認できない者」とする悪評を増大させている。片や、八〇〇万台超のリキシャのうち約四〇〇万台が絶えずインドのどこかの路上を走っている。平均して二人の客を乗せるため、毎秒八〇〇万人がリキシャに乗って移動している計算になる。にもかかわらず、リキシャドライバーが社会にとって重要な存在、すべての人々に必要な輸送サービスを提供する存在とみなされることはない。それどころかドライバーたちは、労働と生活の拠点としているコミュニティからさえも、一員と認められることはないのである。

現状を変え、人生を変えるアイデア

プラディープはリキシャドライバーたちのことをもっと知りたいと感じ、空いている時間を使って、三〇〇人のドライバーを対象に調査をおこなった。彼らの窮状をつかむや否や、あちこちの団体に提案書を送って資金援助を求めたが、どこからも却下された。支援の対象が出稼ぎ労働者であることが理由で、どの団体もそうした人々を助けることにあまり興味がないようだった。当時、大学で機関誌の発行に携わっていたプラディープは、その収入源が企業からの広告収入である点に注目した。そこで思いついたのが、リキシャの後ろが広告を掲載するのにぴったりの場所であり、ドライバーにとっては追加収入を得る手段になるかもしれないということだった。

プラディープは、車体の後ろに企業用の広告スペースがある、新たなリキシャを考案した。その過程で、グワハティにあるインド工科大学デザイン学部と初めて交流を持ち、そうしたリキシャの可能性を模索した。設計プロセスについて学び、理解するとともに、ある期待が生まれた。人間工学に基づいた新しいデザインを完成させることで、理想的な広告スペースを設けるだけでなく、ペダルをこぐときの負担を減らし、ドライバーから見た使いやすさを向上させることができるのではないかということだ。さらに、プラディープの頭のなかには、購入権つきのリキシャ貸与、いわゆるリキシャ銀行の構想が描かれていった。インドの大企業三社から、リキシャ一〇〇台分の広告掲載費を提供してもらうことに成功し、リキシャ銀行は現実のものとなった。

設立当初より、リキシャ銀行のねらいはドライバーの生活を改善し、彼らが安心感と誇りを持って働ける環境をつくることだった。そのためには、リキシャドライバーが職業としての地位を確立すること、コミュニティ全体のために必要なサービスを提供する存在として社会から認められるようになることが必要だった。そして、彼らを最低レベルの生活に縛りつけていた借り賃の問題を解決しなくてはならなかった。

ドライバーたちがお金を払ってリキシャを所有できる方法を見つけ出すのは、単なるスタートだった。プラディープの構想はどんどん発展した。人間工学に基づいた広告つきの新型リキシャに次いで、ドライバーたちがリキシャを所有できるようになる融資のメカニズムも構築した。また、プラディープは独自の調査から、違法リキシャの問題、損害保険への加入、ドライバー本人だけでなく同居家族も対象とした健康保険の導入についても取り組む必要を感じていた。ドライバーたちがプロフェッショナルらしく装い自分の仕事に誇りを持てるよう、ユニフォームや写真つき身分証明書を支給することで、尊厳をさらに高めることもできるはずだ。プラディープは、ドライバーたちの尊厳確立に向けたシステムを一から構築していかなくてはならなかった。

リキシャ革命を起こす

リキシャが三つの車輪を持つのと同じように、リキシャ銀行は三つの柱から成り立っている。技術、財政、社会だ。この三つが一体となることで、ビジネス的な性格と社会的な性格の両方が備わり、うまく調和した変革が可能になるのだ。

技術的な柱で重要になるのは、**リキシャドライバーの重労働をいかに軽減するかという点だ。**新型のリキシャは、人間工学と空気力学に基づいた設計になっている。リキシャは、インドに導入されてから一世紀ものあいだほとんど改良されることがなかったのだが、そんな従来型のものに比べ、新型は四〇％もの軽量化に成功している。また、床が低く、高齢者や子ども、サリーを身につけた女性でも乗り降りがしやすい構造になっている。重心が安定しているために、安全な速度を超えるスピードでカーブを曲がっても、傾いたり転倒したりしにくい。ドライバーにとってもお客にとっても、ずっと快適だ。

財政的側面を見てみよう。今日リキシャの価格が一台一万ルピーだとして、八〇〇万人のドライバーが毎日リキシャを借りているとする。**八〇〇万の一万倍という数字は、伝統ある商業銀行や保険会社の目を引くには十分なビジネスチャンスだ。**リキシャ銀行のパイロット事業にかかわった四つの商業銀行が、リキシャ銀行へ支援を申し出た。そして、そこに金融やビジネスのチャンスが期待できることに気づくと、さらにその支援を拡大した。そのなかの一行からは、さらに踏み込んだ話が出た。資金援助によってリキシャ銀行がドライバーに融資を継続できるようにするだけでなく、活動に参加しているドライバーたちがそれぞれの名義で銀行口座を開設できるよう協力するというのだ。

インドの歴史のなかで、リキシャドライバーが銀行を利用できるようになったのは、それが初めてだった。銀行に預けられるお金を得るだけでなく、周囲のビジネスマンのように自分の口座まで持てるということが、彼らにとってどれだけ大きな意味を持つか、想像がつくだろうか？これは社会の一員として認められるための通過儀礼で、社会的なインパクトも大きいと捉える人もいた。

経済的な面においては、ドライバーへの様々なメリットも含まれている。まず、ドライバーにリキシャが渡され、返済がスタートする。彼らは以前借り賃を納めていたときと同じく、一日あたり二四~四〇ルピーを支払うが、これは返済のためのお金であり、借り賃ではない。重要なのは、**この日々の支払いには、リキシャ、保険料、認可にかかるコスト、ユニフォーム、そして写真つき身分証明書の費用がすべて含まれているのだ。**こうした特典つきの、包括的なシステムに参加するためのお金なのだ。そしてリキシャ銀行は、ドライバーから集めた返済金を銀行に支払うのである。

プラディープは、たくさんのリキシャドライバーを集めることで交渉を有利に進め、これらのことを実現できた。たとえばインドでは、リキシャのための保険はない。ドライバーが事故に遭ったら、全財産を失ってしまう。もしリキシャが自分のものなら、リキシャも日々の仕事もなくなるということだ。何も持たないその日暮らしの人には大打撃だ。リキシャとそのドライバー、乗客が保険に入れるようにするのはまったく新しいアイデアだった。プラディープは大変な苦労をしながら、保険会社の不安を取り除き、説得にあたった。その甲斐あって、すべてのリキシャが総合賠償責任保険の対象となり、不測の事態が起こった場合にも、リキシャ、ドライバー、第三者に対して保険がかけられた。まとまった数のドライバーを集めたこと、銀行借入を通じて財務保証が可能だったことから、リキシャ銀行は手ごろな額の保険料を設定することができた。

しかし、それでもドライバーや家族たちの生活改善には物足りないと言わんばかりに、生命保険の導入にも踏み切った。これはプラディープの構想に賛同した保険会社とともに運営している。保険料は、リキシャ銀行の集金人が個別に徴収し、保険コーディネーターがまとめて預け入れる。当初はあまり人気がなかったが、ドライバーの妻たちが非常に興味を示し、加入率は増えつづけている。

ドライバーたちが車の借り賃として支払っていたのと同じ額の金をリキシャ銀行に支払うことで、ゆくゆくは所有権を得られるというのがリキシャ銀行のコンセプトだ。最長でも四四〇日間の支払いののち、彼らはリキシャを所有することができる。そして、自分の名前や写真が入った身分証明書やユニフォームなど様々なものが支給される。興味深いことに、身分証明書やユニフォームはあらゆるところで重要な役割を担っている。**身分証明書を持っていれば、警察に嫌がらせを受けることもない。健康保険に加入するときにも役に立つ。同時に、ユニフォームを身につけることでプロらしい印象を与え、ドライバーとしての誇りにもつながる。**どちらも、ドライバーの心身の健康を促進すると同時に、リキシャドライバーが一つの職業であることを社会に認識させるのに役立っている。

社会的な観点から見ると、リキシャドライバーたちは損害保険だけでなく、健康保険にも加入できるようになったため、より少ない負担で治療を受けることができる。彼らにとってリキシャ銀行は、参加メンバーであることに誇りを感じられる、ゆるやかな組合のような存在になった。彼らは初めて、生き残る以上のことをしているのだ。そして、街の人々はこうした変化を目で見たり、肌で感じとったりして、リキシャに乗ろうという思いを強くするのだ。

社会を変えるリキシャドライバーたち

プラディープがリキシャ銀行を設立した二〇〇四年から、世界は明らかに変化している。「グリーン」という単語は、色彩の世界を飛び出して、環境分野でもすっかり定着している。突如として、リキシャは、人力のみによって動く「環境にやさしい乗り物《グリーンな》」として認識されることとなった。世界の目がようやくリキシャに向けられた。リキシャドライバーも車もこの日を待っていた。

リキシャが社会で脚光を浴びるようになると、プラディープは自身のビジョンにもう一つ、新たな要素をつけ加えた。リキシャドライバーだけでなく、社会の底辺に属し、無名で、注目もされず相手にもされず、不当な中傷にさらされている人々のために、社会システム全体を変える要素だ。プラディープがインド政府に嘆願しているのは、基金を設立し、運用から生じる利息を銀行に譲渡して、リキシャドライバーがリキシャを買うためのローンと、通常であれば融資を拒否される人々に向けたローンとの保証に充てるという仕組みだ。そうすることで、リキシャ銀行に倣いたい、リキシャ銀行と競合したいと思ったほかの組織が、政府の保証によって成長したこの新しい市場に参入することができる。貸し倒れに対する保証があれば、銀行も貸し渋りをしなくなる。そして、家の購入や建設、子どもの教育費、小規模起業のために融資を活用したいと考える人々に対し、インドの金融業界全体が開かれたものになる。

このリキシャ革命を支えているのは商業銀行と国営銀行、それに保険会社だが、ここにインド政府が加わる日が近いことを願うばかりだ。これらの銀行や保険会社はチェンジメーカーとして、リキシャ銀行を支援するというビジネス上の判断が社会に及ぼす影響を確かめることに積極的だった組織で、それゆえにさらに踏み込んだ行動をとった。リスクを背負い、システム変革の一端を担ったのだ。

リキシャ銀行に参加したドライバーたちもまた、チェンジメーカーだ。彼らがリキシャ銀行の活動に加わろうと決意したのは、自分のなかに現状を打破する力、人生を支配している悪循環を断ち切る力を見出したからだ。どんなに虐げられていても、自分にとって、家族にとって、よりよい生活を夢見ることで、彼らは変わった――変化の一部となったのだ。

マダーブ・カリタもその一人だ。一五歳のとき、違法でリキシャを引きはじめ、二八年間、毎日リキシャを借りつづけた。最低限の暮らしを守るには、ほかに手段はないと思った。今日、彼は新型のリキシャを所有し、ほかのドライバーたちの融資保証人になるのに十分な収入を手にしている。ボランティアのように働き、多くのドライバーたちがリキシャを所有できるよう、尽力してきた。マダーブの妻は、彼が成功する様子を見て、自分も何かできるのではと感じた。彼女はリキシャ銀行に、自分の収入を向上させるために手を貸してくれないかと申し出た。そこでリキシャ銀行は、彼女が自分一人の力で引けるよう、人間工学に基づいたカートを設計し、軽食やお茶を売れるようにした。返済プランは、毎日五〇ルピーを支払うことで、将来はカートを所有できるようになるものだ。彼女のカートはいつのまにかドライバーたちが軽食を食べたり、その日の支払額を預けたりする憩いの場になっている。彼女の収入はいまや夫を上回っている。新たな収入源を得たことにより、マダーブたち夫婦はリキシャ銀行に住宅のローンを申請し、承認された。二八年めにして初めて、彼らはその日暮らしの生活を変えようとしている。変化の流れは止まらない。

リキシャ銀行モデルを通じて何百万という人々の人生を変えたいという大きなビジョンを達成

するには、多くの人々や組織を巻き込み、必要なシステム変革に向けて手を貸してもらうことだ。

この構想全体をあまり高度に練りあげる必要はない、というのが私の考えです。むしろ、より多くの人々や企業、市民社会全体がリキシャ銀行の概念を理解し、問題解決にあたり、影響を与えていくことが必要です。私一人の力では、達成できるものではありません。だからこそ、銀行、保険会社、研究所、大学、そして学生たちが、彼らなりの「リキシャ銀行」をはじめ、リキシャのドライバーや所有者たちが融資や銀行サービス、手ごろな保険を利用できるよう、活動を展開しているんです。彼らは、私たちが成し遂げたことを模倣し、普及していく役割を担っています。誰もが変革の一端、解決策の一端を担う必要があるのです。

リキシャとそれを取り巻くシステムは、一〇〇年も変わることのなかったインフォーマルな仕組みの一つの例である。フォーマル、インフォーマルにかかわらず、貧困を永続させ、多くの人々を悲劇のなかに置き去りにしている社会システムはほかにもある。融資、銀行口座、健康保険、損害保険、そして新しい製品やサービスは、暗黒時代から貧困の概念を取り払ってくれる。リキシャ銀行によって生み出されたビジネスモデルは、新たな教えを示している。

リキシャドライバーの人生や家族を、終わりのない貧困サイクルから救い出そうとするプラディープの血のにじむような努力を私は知った。今度リキシャが走っている国を訪れたときには、意識して彼らを助けたいと思う。そしてドライバーが新たに見つけた人生に乾杯するのだ。

リリー・タパ
Lily Thapa

リリー・タパは、自分が夫を失うことで、伝統文化や社会が未亡人に向ける厳しい態度が、いかに彼女たちを社会的に抹殺していくかを実感した。

リリーは、ずっと続いてきたタブーや慣例を破り、夫を亡くした女性たちの人権を取り戻すために立ち上がった。

Chapter 4

声なき女性よ、立ち上がれ

ネパール

夫は医者でしたが、湾岸戦争で死にました。夫を亡くしてからの時間は、私にとって不幸のどん底でした。感情は不安定で、どうしていいかわからず、あのときの私は普通の状態ではありませんでした。

――リリー・タパ

一夜のうちに、リリー・タパはネパール中の既婚女性がもっとも恐れるものになった。未亡人だ。上流階級出身で高い学歴を持ち、カトマンズで小学校経営に成功していたにもかかわらず、ネパールの慣習で決められたとおり、高い身分から社会的地位を持たない女性に転落することになった。保守的な男性優位社会で暮らしたことのない人々には想像もつかないことだが、そうした文化では、世間や社会における女性の身分は結婚と密接に関係し、夫の地位によって左右される。そして夫を失うと、妻の身分は再び変わる。アラブ世界に暮らす女性たちの窮状がより広く認識されるようになり、ほかの文化圏の人々が、宗教的に保守的な男性社会で女性として生きることの悲運に目を向けるようになったのは、ここ数年になってようやくのことである。

存在を否定された女性

ほかの未亡人に比べれば、リリーはずっと恵まれていた。実家は伝統にとらわれない家庭で、両親もきょうだいも彼女の味方だった。しかし、夫の親族やネパールの法律、彼女を取り巻く社会は、それとは正反対だった。そこでは、ほとんどの女性は、何百年と続く文化や宗教によって定められた未亡人としての運命に甘んじるしかない。それによると、夫が先に死ぬのは妻による呪いのせいに違いなく、妻自身も死をもって償って然るべきとされている。そして、夫亡きあと、妻の人生は生きるに値しないものとされてしまう。ほとんどが宗教リーダーらによって広められ、昔から続いているそうした誹謗のもとでは、未亡人は赤を中心に、カラフルな衣類を着ることが許されない。ネパール女性たちがしばしば身につけている、ブレスレットや鼻ピアスをはじめとした装飾品もタブーである。自分を魅力的に見せることも、自分は魅力的だと感じることも、あってはならないことだからだ。性欲が高まるとされる肉を口にすることも禁止される。（夫の親族から追い出されたのでないかぎり）自分の両親とは同居することはおろか、近くに住むこともできず、夫によって購入された夫婦の共有財産はすべて夫の親族にわたるために、夫の実家に移らざるを得なくなる。夫の兄弟が未亡人に対し、経済的、社会的、さらには性的な権限を行使するという現実も、多くの家庭、なかでも下流階級の家庭では、頻発している。

リリーの話は聞くに堪えなかった。彼女がどうしていいかわからずに、情緒不安定な状態に陥ったというのもうなずける。周囲のあらゆるものが、彼女に普通の状態、健全な状態でいることを許さなかったのだ。リリーが属する文化では、再婚することが、彼女や子どものすべての権利、社会的身分、法的地位を取り戻す唯一の方法だった。それまでのあいだ、自分たちの自由になるものは文字通り何一つなかった。

リリーはその後も、夫と始めた小学校を経営しつづけた。そんなある日、彼女は、自分の子どもたちが寄宿している学校のイエズス会修道士から、あることを頼まれた。最近未亡人になったばかりの女性がいるのだが、リリーほど恵まれてはおらず、夫の親族のことで非常に苦しんでいるので、一度会いにいってほしい、というものだった。自身も未亡人となって四五日しか経っていないのに、リリーはその見ず知らずの未亡人の、義母の家を訪ねた。

ラクシュミーの話を聞いたとき、やりきれない気持ちになりました。彼女はまだとても若く、しかも幼い子どもを連れていたのです。初めて言葉を交わしたときには、彼女は何も話してくれませんでした。ただ泣いて、その場から逃げ出してしまったんです。でも二回めに会ったとき、彼女は、思い出すたびに愕然とするようなことを口にしました。夫の兄がベッドに入ってこようとするのを彼女が拒むと、二歳の息子が殴りつけられると言うんです。彼は、ラクシュミーがノーと言えないようにしたんです。その話を聞いて、私はとてもショックを受けました。まさかこのカトマンズで、そんな目に遭っている女性がいるとは想像していなかったから。帰ってからも、彼女の話を思い出さずにはいられませんでした。友人や家族に話し、どうやって彼女を助けられるか意見を求めました。

リリーは、どうにかラクシュミーの義母から彼女を日中学校に通わせる許可を得て、裁縫学校に通うための学費を負担した。そして、ラクシュミーが卒業すると、ミシンをプレゼントした。ラクシュミーがお金を稼ぎはじめ、それを家に持ち帰るようになると、家族のなかでの彼女の地位は変化した。以前より尊敬されるようになり、彼女が仕事で出かけている間、義母が息子の面倒を見てくれるようになった。リリーも、ラクシュミーの生き生きした姿を見ることに喜びを感じ、それまで味わったことのない達成感に浸っていた。リリーはそのときから、自分が何をやりたいのか、何をすべきなのかを、自覚するようになった。

悲しみを分かちあう

それから一年間は、日曜日になると、未亡人たちがリリーの学校に集まって、辛い思いを分かちあったり、お互いを精神的に支えあったりするようになった。それはやがて人づてで広まり、徐々に大規模なものになっていったため、リリーは近くに小さなスペースを借りて、平日でも彼女たちが集まれるようにした。最終的には、集まりは毎日おこなわれるようになった。リリーはその集まりを、「ベダーナ・ビスネ・ターロ」[★1]と名づけた。彼女たちは自分たちなりの工夫を加え、「悲しみを分かちあう場」と呼んだ。

ちょうどそのころ、リタ・タパ（姓は同じだが、リリーとの血縁関係はない）という、のちにやはりアショカ・フェローとなる女性が、国連開発計画（ＵＮＤＰ）の経験豊富なプログラムマネージャーとして、また、世界女性基金[★2]の理事として活躍中だった。首都で未亡人のための集会所を運営している女性がいることを聞きつけたリタは――自身が未亡人であるということもあり――興味をそそられ、リリーに会いにいこうと思いたった。そしてリリーから、形式張らない集会の話や、未亡人たちが口にする様々な問題について聞いたリタは、非政府組織（ＮＧＯ）を設立すれば、活動拡大のために必要な資金を正式に募れるようになる、と提案した。リタはリリーが自ら立ち上げた、〈ウィメン・フォー・ヒューマン・ライツ（ＷＨＲ）[★3]〉という名のＮＧＯを法的に認可された組織として登録し、世界女性基金に最初の助成金を申請するのをかたわらで支援

★1 bedana bisune thalo.「分かちあいの場」の意.

★2 The Global Fund for Women
http://www.globalfundforwomen.org/who-we-are

★3 Women for Human Rights
whr.org.np

した。また、「ベダーナ・ビスネ・ターロ」の活動をＷＨＲへと移行させるため、組織の安定化や成長戦略の策定などのプロセスにおいて、アイデアやインスピレーションを提供することで、リリーを支援した。

チェンジメーカーたちからの支援

一年後、リタは北京で開催された世界女性会議に参加し、大きな感銘を受けた。帰国後、ＵＮＤＰを退職すると、自らＴＥＷＡという名のＮＧＯを創設した。ＴＥＷＡは、ネパール女性が地元で持続的な事業を起こし、自立するのに十分な収入を得るのをサポートすることで、女性の地位向上や家父長制社会が女性に課す様々な負担を軽減することを使命としていた。そして、地方の女性と協働し、彼女たちの職能、政治的発言力、存在意義を高めることが目標だった。リタはリリーにＴＥＷＡのボランティアスタッフの職をオファーした。それによって、ＷＨＲの拡大戦略について、日常的にアドバイスすることができた。

私はリタからたくさんのものを学びました。どのようにプログラムを組み立てればよいか、どうやって助成金や寄付金を申請し、活動資金を増やせばよいか、政府はいったいどのような構造になっているのか。どれもこれも、ＴＥＷＡで学んだものばかりです。私は、身につけた知識をＷＨＲの活動に応用させていきました。

当時、リリーは未亡人たちに集会所を提供していただけで、何らかのプログラムを実施していたわけではなかった。リタと知り合ってから二年が経ったころ、彼女はWHRの理事会を再編成し、組織のミッションや活動の焦点をさらに発展させた。そうするうちに、やがてリリーはTEWAの財務理事に着任した。そして、ボランティアとして過ごした六年のあいだに、同じくボランティアスタッフだったサドナと知り合った。サドナも、リタやリリーと同じく未亡人だった。彼女の兄は、その当時仕事でスウェーデンに滞在していたが、妹からリリーがおこなっている未亡人のための活動について聞き、リリーにスウェーデンで女性学のコースを履修するようすすめてきた。スウェーデンで過ごした一カ月間は、リリーがこれまで学んできたことの集大成となった。彼女はそこで、五カ年計画の策定のしかたや女性に対するエンパワメントの方法、組織化に関するノウハウや、より高度なNGOの運営方法について学んだ。そして帰国後、TEWAを去り、経営していた小学校を売却すると、WHRを今日あるような組織に発展させるべく、すべての力を注いだのだった。

抗議の炎は赤く燃える

一九九九年、WHRは、リタやネパール中のNGO団体の助けを借りて、カトマンズ初の未亡人による会合を開いた。メディアはもちろん、ネパール中の話題となった。**夫を失った女性たちが全国から一堂に会したことは、かつてなかったのだ。**そして、それは驚くほど大きな学びの機会となった。ワークショップでは、二つの大きな問題に焦点があてられた。一つは赤い色、もう一つは「未亡人」という表現だった。この二つが互いに作用しあうことを、リリーは十分承知していた。

誰もが私に、「なぜ色にこだわるのか」と訊きます。理由は、それが単なる色の問題ではないからです。色は人に大きな自信を与えてくれます。社会的な権限を与えてくれます。それが、夫が死ぬと同時に、女性は何を身につけるかという選択肢を取り上げられてしまう。もし自由に何でも身につけることができたなら、自由に行動できたなら、彼女たちはきっと自信を取り戻せるはずです。目に見えるがゆえに、色は非常に大きな影響力を持っているのです。

しかしネパールの未亡人にとって、赤いものを着るということは宗教文化を冒涜することを意味していた。そこでリリーは、すべての経典を読み返し、古代の経典には未亡人への制約について書かれた箇所がないことを慎重に確認した。すべては誤った解釈であり、世間で語り継がれてきた女性と経典に関する誤った言い伝えだったと、リリーは気がついたのだった。また、会合では「未亡人」という表現は、夫を亡くした女性を貶める意図が込められているため、使うべきではないという決定がなされた。代わって「単身女性」という言葉が用いられることになり、結婚しているかどうか訊かれたときにも、そう答えられるようになった。彼女たちは事実を隠す必要はなかったが、だからと言って、それまでのように、未亡人だと答えることによって嫌がらせを受けたり、敬遠されたりするいわれもなかった。

ネパールは七五の郡と三九一五の村からなり、そのほとんどが山岳部に位置する。ヒマラヤ山脈を歩いたことがある人ならば、多くの村々が存在する険しい地域をご存知だろう。設立当初に「村から村へ、山のすみからすみまで」キャンペーンを実施してから今日に至るまで、WHRは六八郡の四二五村で支部を設立し、六万人以上——その多くは五〇歳以下——の女性たちが会費を支払ってメンバーとなっている。現在WHRは、地域に変化をもたらす農村女性たちに対して助成金を出しているが、そのねらいは、彼女たちが変革のためのリーダーになるよう支援し、力づけ、後押しすることにある。彼女たちは村のチェンジメーカーとして、ほかの人々の人生を変える女性となる。それは、リタやリリー、サドナが互いに対してそうだったのと同じである。

ラム・デヴィはそんな女性の一人だ。開発の手が届かないような、へき地の出身である。リリーが初めてラム・デヴィと会ったとき、彼女はまったく読み書きができず、義理の家族の家から子どもたちと一緒に追い出されていた。彼女は、WHRの支援のもと、カトマンズに行って様々な研修を受け、村に戻ってから仕立屋を開いた。また、女性グループを結成し、それは今日四〇グループ、二〇〇〇人のメンバーを有するまでに発展した。二一世紀を目前に控えたころの出来事だったが、現在、ラム・デヴィは自信に満ちあふれ、WHRの郡代表者を務めている。最近では、村役場に対して公用地の供与を申請したのが認められ、単身女性たちによって始められたオレンジとコーヒー農場の真ん中に、女性のためのセンターを建設することになった。農場から出た利益は女性たちとWHRの郡事務所とで分配され、WHRや地域女性たちを支える持続的な循環システムを生み出している。そしてそのお金は、今度は小さな家を建てたいと願う女性たちへの貸付に使われている。

ラム・デヴィはいまや地域の有名人だ。地元の政府からは、平和委員会という、今日のネパールでもっとも勢いのある村レベルの委員会に参画するよう、要請を受けている。ラム・デヴィと彼女の村、文化、未亡人たちの暮らしはすっかり変わっていた。彼女のエピソードは、ＷＨＲがネパール中で起こしている変化の代表的な事例だ。

立ち上がる女性たち

二〇〇五年、リリーは、ネパール初となる未亡人の人権についての国際会議を開催した。**一一カ国から代表が参加し、未亡人憲章を掲げ、ネパール政府と南アジア地域協力連合（ＳＡＡＲＣ）に提出した。このなかの第九条が採択され、ＳＡＡＲＣの全加盟国によって未亡人への支援が約束された。これらのすべての国では、現在未亡人たちに社会保障を提供するよう、取り組みが進んでいる。**

ＷＨＲのネットワークはいまや、モルディブとブータンを除く南アジアのすべての国に拡がっている。この二つの国は女家長制社会だ。「未亡人問題は存在しないんです。あるのは男やもめの問題ですね」と、リリーは苦笑した。また、ＷＨＲはアフガニスタンに渡り、増加する戦争未亡人を援助したり、パキスタンに行って、数えきれないほどの未亡人もしくは「半未亡人」となった難民女性たちを支援したりしている（パキスタンでは、夫の生死や所在が不明であるケースが多いため、半未亡人と表現されることが多い）。二〇一〇年には、リリーが開催した国際会議に一六カ国の代表が出席した。二〇一一年、リリーは、ＡＩＤＳ未亡人や現在紛争状態にある世界四四カ国における戦争未亡人が増加していることを受けて国連を訪れ、人権問題のなかでも未亡人に特化した問題を訴えた。驚くべきことに、未亡人が具体的な対象に含まれた人権宣言は過去に存在しないのだという。

リリーは、WHRが差別的な政策の改正を達成したことを誇りに思っている。彼女の働きかけによってネパールの法律は見直され、未亡人であれば、年齢にかかわらず、社会保障として毎年手当を受け取れるようになった。リリーは、自分ががんじがらめになっていた社会の網から逃れ、国中を回ってチェンジメーカーを見つけることができたのは、リタとTEWAのおかげだとしている。あのときの経験のおかげで、チェンジメーカーにきっかけを与えることを自分の役割として捉え、毛沢東主義者による武装蜂起のあとの国の再建に貢献できた。「リタが背中を押してくれたおかげで、挑戦という名の海に飛び込むことができました」とリリーは言う。「今、ようやく泳ぎはじめたところです」。ところで、リリーと一緒にTEWAでチェンジメーカーとしての研修を受けたサドナはどうしたのだろうか? サドナは、リタの推薦を受け、アショカ・ネパールの初代ディレクターとなり、社会起業文化をネパールに根づかせるべく活動し、成功を収めている。

リリーも、リタも、サドナも、社会起業家がどのようにしてインスピレーション、助言、模範という種を植えていくかを示す最高の例だ。それらの種に、革新とサポートと決断力という肥料を混ぜあわせる。あとはそれを、チェンジメーカーたちとともに地面に撒けばいい。一度植えたものを長年にわたって育て、維持しつづけてくれるであろうチェンジメーカーたちと。

アプローチ１で紹介した社会起業家たちは、ビジネスの
基本構造を改革し、まったく異なるものへとつくりかえた。

アプローチ２で登場する人々はその逆で、
既存の市場概念やシステムや手法――たとえば、委託販売、金融、
商品取引所――を使い、そうしたモデルの力学を変えることで、
以前は蚊帳の外に取り残され、不利を被っていた人々も
参画できるようにした。

新たな青写真のなかに利害関係者やチェンジメーカーたちを
加えることで、現在の市場構造の先を思い描いたのだ。

彼らは力を合わせ、
現実に即した変革と社会システムを見直す力を使って、
市場への門戸を自分たちだけでなく、
そこから新たに恩恵を享受できる人々にも開いたのだった。

市場の正常かつ一般的な状態や、
システムの力学を制限してきた相互の結びつきは、
永遠に変わったのである。

アプローチ 2

市場の力学を変える

Changing
Market
Dynamics

アプローチ2へのコメント――ピーター・M・センゲ

アショカによる貢献もあり、社会起業はこの一〇年ほどで世界的な動きとなっている。以前は、民間セクターと公共セクターは区別され、政府は後者の面倒を見るべき、という見方が強かった。しかし、我々が直面する難題――貧富の差の拡大、生態系維持システムの崩壊、財政から教育に至るまでコアとなるシステムの機能不全――が政府の力だけでは対処しきれないことが明らかになるにつれ、この二者の境界は徐々にあいまいなものになっている。必要なのは行動であり、話し合いではない。地域の事情に精通した実行力ある人々による、実状に即した解決策が求められている。しかし、そうした解決策は同時に、拡大可能なものでなくてはならない。あまりに特殊な手法であるために、特定の状況やリーダーのもとでしか効果を発揮しないのでは意味がない。要するに、彼らには理論と手法が求められているのである。そして社会起業家とは、自分たちの取り組みは単に自分たちだけの取り組みではない、自分たちは単にアイデアと戦略のモデルをつくっているだけで、そのモデルはほかの人の手によって今は想像もつかない発展を遂げることになる、と考える人々なのだ。

このセクションの事例は、既存市場における学びに焦点をあてている。想像力に富んだ起業家たちが、排他的な市場をチャンスあふれる場にすべく、ゆっくりとだが確実に変化させていく様子が描かれている。彼らは現場で実際に動いているシステムを明瞭に捉え、新しい人々が参画でき、社会がより豊かになるような方向に少し力を加えたのだ。壮大な計画はなかった。小さな前進を重ね、どの方法が有効でどの方法がそうでないのかを探りながら軌道修正を加えていった。

ピーター・M・センゲ(Peter M. Senge)

マサチューセッツ工科大学経営大学院上級講師.「人々と組織の相互依存による発展」の実現をめざす企業,研究者,コンサルタントのグローバル・コミュニティである組織学習協会(SoL: Society for Organizational Learning)の創設者兼会長である.

1997年には,著書『学習する組織――システム思考で未来を創造する』(枝廣淳子,小田理一郎,中小路佳代子訳,英治出版,2011年)[訳注/原書の初版は1991年に刊行]が,『ハーバード・ビジネス・レビュー』誌によって過去75年間でもっとも影響力を持ったビジネス書の一つに選ばれた.

つまり、あらかじめわかっていたというよりは、学習したのだ。事前に莫大な出費が見込まれ、人々がプログラムや計画に縛られてしまう状況では絶対に不可能なことだ。

真の変化は「企業家」対「社会起業家」という枠を超える。私は少なくない時間を中国で過ごしている。ある日、中国の故事が好きな師が言った。「中国には企業家がいない」。私は、意味がわからないと言った。何千という数の企業家がこの国にはいるからだ。彼は言った。違う、そいつらはただ金儲けをしたいだけだ。伝統的な中国文化では、企業家は社会をよくしたいという心を持っていなくてはならない。それが真の企業家であり、中国に企業家は存在しないと言った理由だった。

これはすべての企業に言えることだ。私は、ビジネスの目的は金儲けだという共通認識ほど破滅的なものはないと思っている。かつてドラッカーはこう言った。「会社にとって利益とは、人間にとっての酸素と同じだ。足りなくなると、ゲームオーバーになる」。しかし、私はこう追記したい。呼吸することが人生のすべてだとしたら、その人は、明らかに何かを失っている。金儲けが目的だと思い込んでいる企業家たちは、人々の心と潜在的な使命感——そしてそれに付随する想像力、忍耐力、粘り強さと創造力——を引き出すことなどできないのだ。

そして、一部の巨大企業を含め、より多くの組織がその事実を認識しはじめている。

大きな企業と小さな企業の役割は違う。定着した生態系《エコシステム》のすみのほうで絶えず新たな命が生まれるように、起業家へのニーズは常に存在するだろう。しかし、豊かさの追求がビジネスの基本原則の一つだとみなす日が来るかもしれないように、今日我々が「社会起業家」と呼ぶ人々は、将来は単なる「起業家」と呼ばれるようになるかもしれない。つまり、企業のあり方を変えたことこそ、社会起業ムーブメントの最大の貢献なのかもしれない。

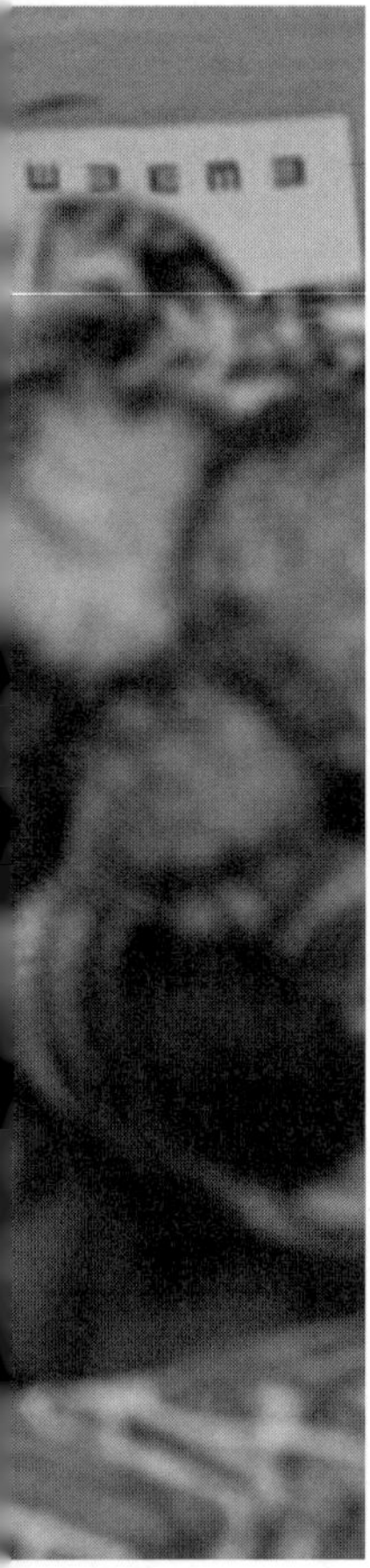

グレッグ・ヴァン・カーク
Greg Van Kirk

グレッグ・ヴァン・カークは、逆転の発想に基づいた小規模委託販売モデルを考案した。

開発途上国のへき地の人々に、保健医療、エネルギー、環境、経済といった問題に対応するための初めての解決策を届けることを可能にするモデルだ。

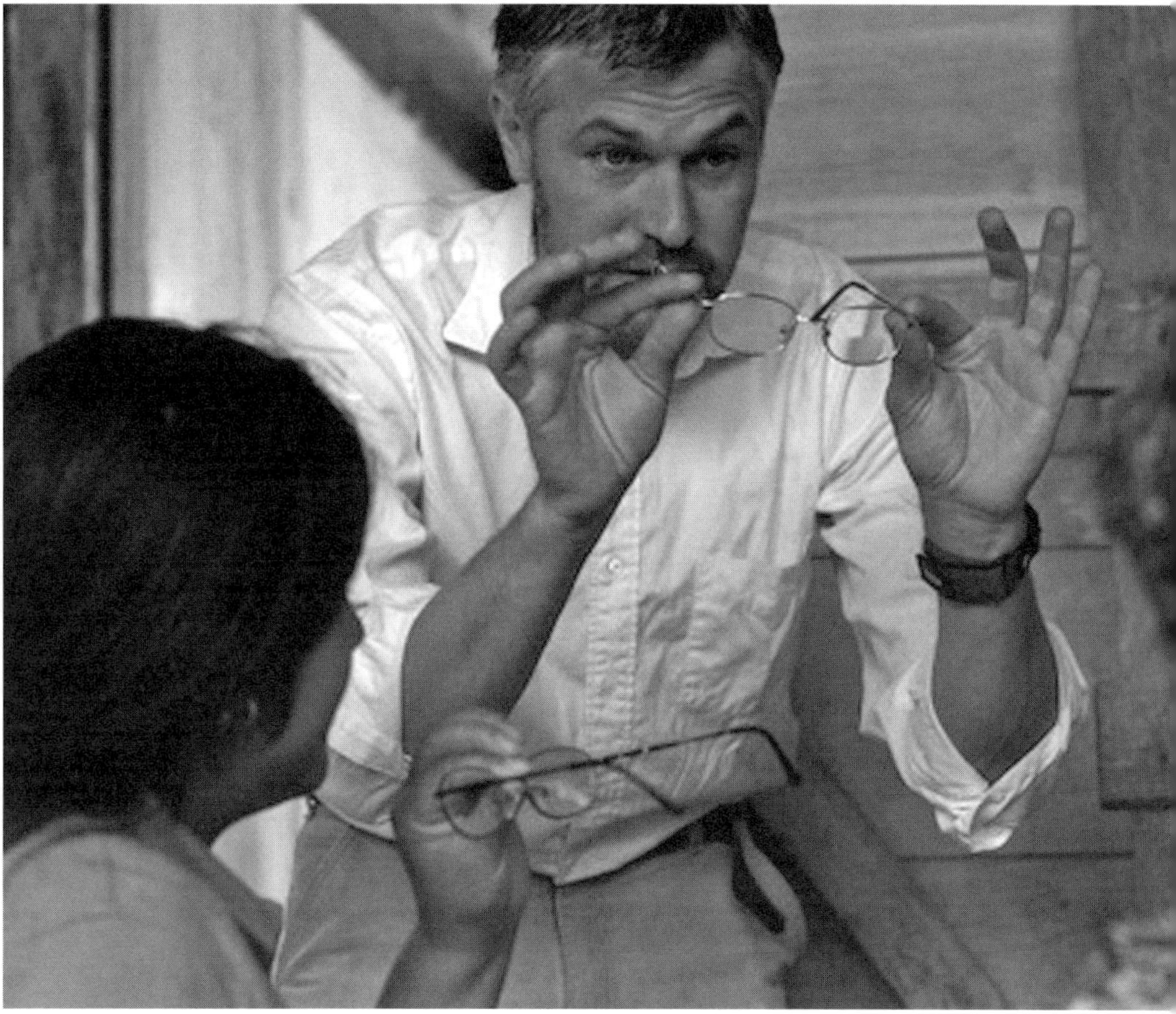

Chapter 5

さあ、商売をはじめよう

グアテマラ

マイクロクレジット（小規模融資）と慈善事業の素晴らしいあいの子、それが小規模委託販売モデルである。

——オンナ・ヤング

貧困は多くの場合、製品やサービスへのアクセスが乏しいことと関連がある。世界中の何十億という人、特に都会からもっとも離れた貧しいコミュニティで暮らす人々は、私たちの多くが当たり前としている最低限のサービスや物資、技術を手にすることができない。生活を飛躍的に改善できる必需品に手が届かないかぎり、彼らはすみに追いやられたまま、周りの世界から隔絶され、貧困の連鎖から逃れることはできない。

小規模委託販売モデル（ＭＣＭ）★は、サービスや技術が届きにくい地域の人を小規模事業家に育成し、地元の住民に様々なものを供給できるよう力を与えることで、安定的かつ持続可能な経済システムを確立する仕組みだ。決して真新しいアイデアではない。委託販売というビジネスモデルは、もうずっと前から存在している。しかし、グレッグ・ヴァン・カーク流のそれは、既存のモデルを採用し、それに少し工夫を加えることで、もっとも貧しい人々が参画でき、自分や家族、コミュニティの人々によりよい生活をもたらすチャンスを手にすることを可能にしているのだ。

その結果、売り手と買い手の双方で、生活水準の向上と維持に必要な基盤を築くことができる。地域の人々の手で所有と経営がなされる収益性の高い社会的企業を誕生させることで、それまで手に入れられなかった生活を一変させる技術——クッキングストーブ、ソーラーライト、補聴器、メガネ——を村人たちが初めて利用できるようにする。それがＭＣＭのミッションである。

★MicroConsignment Model

アイデアを売るのではなく、売るためのアイデアを考える

国際派の銀行マンが、いったいどういういきさつでグアテマラに住み、仕事をするようになり、このビジネスモデルを発展させることになったのだろうか？　そもそものきっかけは、その昔、グレッグがマイクロクレジットの生みの親であるムハマド・ユヌスについて書かれた、デービッド・ボーンステイン著『夢の価値』（*The Price of a Dream*／未邦訳）を読んだことだった。ユヌスは、彼が始めた運動が世界的な影響をもたらしたとして、二〇〇六年に社会起業家初のノーベル平和賞に輝いている。★ユヌスのアイデアに感化されたグレッグは（「そうか、アイデアと普及メカニズム、両輪による力だ」）、ビジネスと社会起業家の活動を組みあわせてインパクトを生み出すことの重要性をはっきりと認識した。

グレッグがもっとも感銘を覚えたのが、ユヌスの常識をくつがえす発想だった。ユヌスは問題点を解決策に変えてみせた。グレッグはそこに、物事をどう進めるべきかを示す一筋の道――マイクロクレジットを知る前の自分には思いつかなかったかたちで蔓延した貧困を解決できる、実にシンプルな金融の仕組みを構築するという創意工夫――を見出した。金融業界の人間として、財政的な問題への対処方法に精通していた彼には、マイクロファイナンスが世界の膨大な数の人々が抱える財政問題を解決する有効な手立てに思えた。三〇歳になったとき、彼は同僚や家族、友人のいぶかしげな表情を尻目に、金融の知識と社会的な使命感とをドッキングさせる決意をした。そして、銀行マンを辞め、ピースコア※に参加したのだった。

グレッグが派遣されたのは、グアテマラの山間にある小さな村だった。首都から七時間ほどの

※アメリカ政府主導の海外ボランティアプログラム。

★David Bornstein, *The Price of a Dream: The Story of the Grameen Bank and the Idea That Is Helping the Poor Change Their Lives* (New York, Simon & Schuster, 1996).

ところにある地域で、一九九六年まで三〇年に及ぶ内戦により、大きな打撃を受けていた。彼は、ピースコアがすでに始めていた数々の村落開発プロジェクトに携わった。その過程で、村の経済を豊かにする一番の方法は、ピースコアのボランティアや地元住民、観光客が立ち寄れるレストランをつくることだと思いたった。レストランをオープンするという選択肢は、本来ピースコアに与えられた活動メニューには入っていなかったが、グレッグの説得力に富んだ説明によって、特別に認められることとなった——ただし、追加の活動費は与えられなかった。たいていの人はそこで諦めるところだが、グレッグは四〇〇〇ドルの自己資金と英語のレシピ集——そして、料理人としては、電子レンジを使った調理程度の乏しい経験——を携え、地元のコックやウェイターたちと一緒にレストランをオープンし、村に新たな収入をもたらした。店ははじめから黒字だった。グレッグは起業家として成功を収めたことに達成感を感じ、様々なビジネスに派生させた。インターネットカフェ、トレッキングツアー、アーティストショップ、スペイン語学校、ユースホステルまで開業した。これらの観光ビジネスはすべて地元の協力と管理のもとで計画され、運営された。住民たちの主体性を育むとともに、財政面と運営面での自立を確保するのがねらいだった。そうすることで、組織は独立して機能するようになり、個々人の生活だけでなく、コミュニティ全体の発展と豊かさを支える存在になれるのだった。

　グレッグは当初から、地元の人々の当事者意識を高める方法を考案し、自分の意図を理解してくれる人、信念を共有できる人を探し出そうとした。それがうまくいけば、彼が推し進めている事業は成功し、発展するに違いなかった。やがてグレッグは、**成功の秘訣は地元に根ざした会社を立ち上げ、住民のなかから、ゆくゆくは業界のリーダー的存在となるであろう小規模事業家た**

ちを見つけ出すことだと考えるようになった。そして、強い使命感を持って一生懸命に仕事に取り組むことで、彼らは企業の所有権を一部譲り受けることができるようにするのだ。グレッグは、その第一歩として、レストランの所有権を、従業員であるコックやウェイターたちに譲渡した。一〇年経った今日、彼が始めたビジネスはすべて順調だ。地元の人による所有のもとで大成功を収め、今でも住民と観光客の両方を呼び込んでいる。

すべては一台のクッキングストーブから

グレッグは、観光ビジネスから得た収益を一〇世帯に寄付し、屋内用のクッキングストーブの購入資金に充ててもらった。ある日、彼はその幸運な村人の家庭を訪れ、クッキングストーブによって家族の生活がどれだけ改善されたかを目の当たりにし、感激した。以前はキャンプファイヤーさながら、土間の床の上で調理をしていた。それが今では、立ったまま、清潔な台の上で調理ができるため、より効率的に作業することができるようになった。薪も必要ない（つまり燃料費も節約できる）ため、重労働が軽減され、煙を吸い込む心配もなくなった。

グレッグはその様子を見て、村の全世帯がクッキングストーブを手に入れ、同じ恩恵に浴してくれることを願ったが、寄付の力ではそれは永遠に実現できないと認識した。そこで、地元の石工に相談したところ、より安価な新型のクッキングストーブを二、三台つくってもらえることになった。その際、石工に対して事前に材料を引き渡すことで、石工が材料費の先行投資というリスクを負わずに済むようにした。そして、売値に少額のマージンを上乗せし、石工が労働の報酬とともにわずかな収益を得られるようにした。さらにグレッグは、仕上げとして、買い手に対し、六カ月の分割払いによる返済プランを提示し、頭金がない人でもストーブを購入できる仕組みをつくった。住民は、クッキングストーブへ切り替えることによって燃料費を節約できることに気づき、浮いたお金を購入費の返済に充てられると考えた。文字通り、割りに合う買い物となったのである。

グレッグの予想どおり、最初につくった数台のクッキングストーブはあっという間に売り切れた。毎月のわずかな返済金によって、住民はクッキングストーブを所有し、石工は利益を手にし、グレッグは最初に投資した材料費を回収することができた。いまや石工は、成長が見込める新たなビジネスを手にした。人を雇ってビジネスを持続させると同時に、村人たちが今まで手を出せなかった製品を買えるよう手助けをしていた。新たな運転資金のやりくりのしかたと、グレッグによる小規模ビジネストレーニングのおかげで、石工は、自分が新しいビジネスチャンスに目覚めたことを自覚した。石工が新たな小規模事業家となって村人たちの役に立つかたわらで、グレッグは何かをつかんだように思いはじめた。

グレッグは、最初の原材料を注文することで発生するリスクやコスト、商品をつくるのに割く時間、完成した商品を購入するための費用といった様々な負担を取り除くことで、人々の生活を持続させるための新たな仕組みを生み出した。新規にビジネスを始めるためのコストは、もはや市場参入を阻む壁ではなくなったのだ。ビジネスを始めるための資金を持っていない人であっても、いまや機会を手にすることができる。ＭＣＭが誕生した瞬間だった。このモデルはクッキングストーブだけでなく、ほかの製品やサービスへも応用できた。グレッグとその仲間たちは、小規模事業家のグループを結成した。グレッグが思い描いたように、世界中の何万という人々の暮らしをより快適で生産的なものにする小規模事業家たちの集まりだ。二〇一〇年の時点で、彼らは老眼鏡、目薬、浄水器、野菜の種、省エネ電球、ソーラーパネル、充電器、ランプなど、八万を超える数の解決策を提供している。

社会をよくして利益を生む

二〇〇四年、グレッグと彼のパートナーであるジョージ・グリックリーは、〈CEソリューションズ★〉という非営利組織を創設した。社会的企業のイノベーションを支援し、実現させる機能を備えた組織で、ビジネスや教育分野の起業家たちに対し、コミュニティに変化をもたらすための力を与えることを目的としている。地域の起業家を見つけ出して研修をおこない、必要なものを授け、支援することで、村の経済や医療、教育といった長年の問題への持続的な解決策を提供する——この活動は、設立以来、今も変わらない。以前からある緩和策を、大きなインパクトを伴った地元主導の社会的な企業や組織の事業へと切り替えることによって、困難をチャンスに変える。これがCEソリューションズのねらいだ。

最初の構想は、新米の小規模事業家がサービス供給者として、遠隔地の村々を回って製品やサービスを販売できるようになる、パッケージ型支援システムを構築することだった。事業家たちはまず、村人のニーズを調べ、研究し、しっかりと把握する。次に、CEソリューションズと協力して、既存の技術のなかにそのニーズを満たせるものがないかを探るのである。それが村人

★Community Enterprise Solutions
www.cesolutions.org

たちへのサービス提供につながり、事業家たちがさらに多くの村を回れば回るほど、もっと多くのニーズを発掘することができる。一方で、生活に役立つ新商品が発売されるという情報をCEソリューションズがつかむと、起業家たちは再び村を訪れ、その商品に対するニーズや市場がないかを確かめるのである。

MCMによる解決志向型のボトムアップアプローチには、次のような例がある。エスペランサとマルガリータはCEソリューションズが支援した最初の小規模事業家で、訪問先の村の住民の多くが同じ目の病気に悩まされていることに気がついた。翼状片という、白目の表面を覆う薄い組織（結膜組織）が増殖することによって起こる非がん性の腫瘍だった。この病気に対する治療法はなく、詳しい原因も明らかになってはいない。日光や埃、ばい煙にさらされることで悪化することがわかっているが、そうしたものはどれも、発展途上にある農村では避けることが難しいものだった。エスペランサたちは、この病気への対処というニーズを発掘し、どのような解決策があるかをグレッグとそのチームに相談した。その結果、この二人の小規模事業家たちは、遠く離れた村々に存在したこの問題を是正するために、九五〇〇本を超えるUVカット・サングラスを販売したのだった。

グレッグが思うに、女性たち（小規模事業家のほとんどは女性だった）が、様々な製品やサービスであふれかえっていく「解決策のバスケット」を形成することができたのは、シンプルな情報のフィードバックサイクルのおかげだった。近くのものを見ることができなかった人が、視力検査を受けて、もっとよく見えるように老眼鏡を手に入れる。明かりがなかったところに、ソーラーライトを取りつけることもできる。昔は地面で調理をし、有害な煙を吸い込んでいたのに、今では煙突のついたクッキングストーブを購入できる。これらの製品の市場価格が徐々に低下し（ソーラー製品に関しては間違いない）、技術が普及して誰もがそれを使えるようになると、ＭＣＭは一層効果を発揮し、効率性を増す。一方で、消費者から見た商品の価値は変わらない。**人々はたとえお金に余裕がなくても、そうした製品やサービスに非常に大きな価値を見出す。そして、それらに対して必要性を感じるがゆえに、やりくりしてそれに見合った価格で手に入れる。**その結果、村全体が繁栄する。村人たちのあいだに収入が生み出されるからというだけではなく、物事をより上手にこなすための手段、健康を保つための手段、気持ちよく暮らすための手段、作業をより効率的におこなうための手段を手に入れたおかげで、村人たちの生産性が上がるからである。

　ＭＣＭは、多方向に向かう情報の流れをつくりだす。それは、提供されているものの価値を高め、ニーズの読み違えや売れ残りという小規模事業家のリスクを低下させることにもつながっている。しかし、このシステムの要にある常識をくつがえす点とは、小規模事業家たちが借金をしないということだ。その代わり、成功に必要な道具として事前に物品を支給される。言い換えれば、小規模事業者たちは、初めて物品を売る際の仕入れにかかる費用の支払いというリスクを考えなくてもよくなる。二回めの仕入れにかかる費用は、最初の販売で得た利益から支払うことができ、最初に供与された物品の費用についても、徐々に、少しずつ返済していくのである。さらにＣＥソリューションズは、長期的な自立を可能にするために、グアテマラを拠点した姉妹団体を設立し、〈ソルコム〉★と名づけた。ソルコムは、小規模事業家である女性たちから提案された問題解決のための物品を購入するだけでなく、初回の委託販売品の費用を負担し、彼女たちがそれを普及させていく際の支援を提供する。そうして労力を惜しまなければ、いつかは組織の所有権

★SolCom：Soluciones Comunitarias
www.solucionescomunitarias.com

を譲り受けることができるのである。

常識をくつがえす発想の力

ファニータ・ソックは、グレッグが織物協会から小規模事業家候補として紹介された人物だった。ファニータは織物協会のパート従業員だった。恥ずかしがり屋で気は小さいが、事業に関心を持っていた。そこでグレッグは彼女に対して老眼鏡の販売スキルを教えた。具体的には、老眼鏡の説明方法と、視力検査のやり方などの研修を実施した。はじめのうちこそ尻込みし、不安そうにしていたが、最後には毎月何百本ものメガネを売るようになり、パート従業員として働いていたころに比べて倍の収入を得られるようになった。

グレッグはファニータのことを、「パートの織子から、コミュニティリーダーとしての自覚を持つ女性に大変身を遂げた人物」と評している。二〇〇五年、ハリケーンの直撃によってグアテマラが大変な被害を受けた直後、彼女は老眼鏡を売って得たお金でコミュニティの人々のための食糧を買いはじめた。長年にわたり、商品の販売を通じて広い人脈を築いてきたおかげで、ほかの援助団体が持たない独自の流通ルートを持っていたのだ。そして、コミュニティの誰がどこにいて、何を必要としているのかについても、彼女は把握していた。いまやファニータは、人々が尊敬する「最後の頼みの綱」だった。彼女は——このときだけではなく、将来同様の問題が起きたときにも——地域の問題解決を担う存在になったのである。

ファニータに、MCMという枠組みのなかで人の役に立てるようになってから、人生がどう変わったかと訊ねると、彼女は迷わずこう答えた。

以前は、家族のために十分なお金を稼ぐことも、人々の役に立つこともできず、ただひたすら織物の糸を染めていました。しかし、今では周りの人を助けています。稼いだお金で家族を支え、老眼鏡を使って人々がはっきりとものを見られるようにし、クッキングストーブを通じて村の人たちが燃料代を節約できるよう貢献しています。それまで行ったことのなかったコミュニティを訪れて、街から遠く離れた場所に暮らす人々のことを知るのは非常におもしろいと感じます。目についても学びました。昔は、一度見えなくなったらもうどうすることもできないと思っていましたが、老眼鏡があればまた見えるようになり、仕事も続けられるということを知りました。村の人たちにそれを教えるのが大好きなんです。年に一回、地域のリーダーたちと会合の機会を持ち、どうやったらみなで連携できるか、どうやったら私がもっと離れたところにある様々なコミュニティを訪れることができるかを話しあいます。こうした時間を過ごしていると、ものすごく幸せですし、自分を誇りに感じます。

ファニータはコンピュータの使い方、メールの送り方、スカイプの使い方も覚えた。マイクロソフトのエクセルもワードも使いこなせる。彼女はいまや模範的な地域担当マネージャーで、彼女の担当地域はグアテマラのなかでももっとも成功している地域の一つになった。彼女は懸命に働き、数えきれない数の地域住民たちがソーラーライトやクッキングストーブ、メガネや農作物の種といった生活必需品を手に入れる手助けをしてきた。今ではリーダーとなり、ソルコムの所有権の一部を手にするとともに、組織の経営陣の一人となっている。自国の人々の生活をよくしたいというミッションのもと、社会を変える力を持った、独立した女性へと成長したのである。

あくまでも利益と価値を追求する

ソルコムの成功の秘訣は、利害の共有と人間関係の構築にある。MCMは、コミュニティに奉仕するという目的に基づいた互恵関係を築くことで、すべての関係者の利害を一致させる。その使命は、内部におけるチームワークと人間関係を育成するとともに、外部においても、村人たちのあいだで同様の効果を生み出している。ソルコムは現在、地元のグアテマラ人八名によって運営されている。みな小規模事業家としてスタートした人々で、今ではソルコムは一〇〇%彼らの所有である。ファニータはその八人の所有者の一人だ。彼女のほかにも、ミゲル・ブリトーは、最初のレストラン企業でパートのウェイターとして働いていたのだが、いまやそれを所有する企業のトップである。八名全員がソルコムの長期的ビジョンを大切にし、実現を信じ、所有者として組織の成長に情熱を注いでいる。

MCMは、こうしたエンパワメント——所有、支援、機会、選択を通じたエンパワメント——のバリューチェーンを生み出すシステムである。誰もが一律に権限を与えられれば、その全員が恩恵を被ることができ、誰もが変化を起こすことを可能にしている。ではそのエンパワメントを可能にするのは何かと言えば、知的で教養ある機会を育み提供する、ということなのだ。

グレッグとその仲間たちは、マイクロクレジットやマイクロレンディングの考え方を持ち出して分解し、さらにそれをひっくり返した。市場の力を使って、誰もがその仕組みのなかで役割を与えられ、参画した当初から利益を得ることができる共存共栄型のソーシャルビジネスのモデルを立ち上げたのだ。そのモデルは、もの（不可欠な製品やサービス）と場所（遠隔地）と対象者（農村の人々）に目を向け、方法（小規模委託販売モデル）を考案することによって、もっとも貧しい農村コミュニティにも、目一杯に伸ばした手を差しのべる。そこから生まれるのは、ピラミッド構造の底辺の、もっとも脆弱な人々が抱える数々の問題を突き止め、是正する機能を持った、どこまでも拡がる地域の流通ネットワークだ。ＭＣＭは、４Ｐ（製品《プロダクト》、価格《プライス》、場所《プレイス》、促進《プロモーション》）によって持たざる人への物資のアクセスが助長されるとき、あるいは事業家が提供するものを村人が購入し、村人が求め、欲しているものを起業家が提供するとき、成功する。逆に、人々が価値あるものを提供されていると感じなければ失敗するという、単純な仕組みになっているのである。

インパクトと持続性のバランス

ＭＣＭは、事業家と村人——事業家にとっての潜在的な顧客——両者の視点に立って、事業家にとってはそれまで認識されていなかった製品、村人にとってはそれまで手の届かなかった製品の溝を埋めるよう、設計された。ＭＣＭ事業家は、それまで供給の実績がなく、需要の予想が非常に困難で、要するに環境が不透明なビジネスを展開する。ＭＣＭがその効果を最大限に発揮するのは、**受益者である顧客のニーズが存在していたにもかかわらず、その製品やサービスの存在が知られていなかったとき、あるいは手に入れることができないと信じられていたときだ。**逆の見方をすれば、小規模事業家たちは、そうした製品やサービスを提供できるとは思っていなかったということだ。彼女たちのほとんどは主婦で、たいていの場合、限られた教育しか受けておらず、老眼鏡を提供できるのは医者だけ、クッキングストーブやソーラーライトを売れるのは男性だけと考えていた。グレッグも、視力検査を実施して老眼鏡を販売してはどうかと女性に提案して、「このアメリカ人、何を考えてるの?」という目を向けられたことが何度あったかわからない。「誰? まさかあたし? 無理に決まってるじゃない!」彼女は答える。「そう、きみだ」。グレッグも切り返す。「研修と実地訓練を受ければ、絶対にできる!」

グレッグの口癖に、「MCMに情熱を傾ければ、成功する」というものがある。情熱こそ、グレッグが立ち上げたすべての組織を根底から動かすものだ。MCMが広く知られるようになるにつれ、世界の貧困地域で老眼鏡を広める活動をおこなっている〈ビジョンスプリング〉★をはじめ、様々な団体が、より効率的に物資を普及させ、地元の小規模事業家に権限を与えるための手法として、MCMを採用している。さらにそれらの団体は、CEソリューションズと連携し、老眼鏡のほかにどのような視覚補助具が農村の問題に対処する「解決策のバスケット」に追加できるかを模索している。

MCMの誕生以来、MCM事業家たちは、二八〇〇を超える活動を村落で展開し、八万を超える製品を販売した。二〇〇四年にはメガネ、二〇〇五年には目薬、二〇〇八年には野菜の種や省エネ電球、浄水器、二〇一〇年には充電器とランプがついたソーラーパネルが加わった。今度はそこに、ドリップ灌漑システムが仲間入りする予定だ。二万四五〇〇人がメガネを、六一〇〇人がソーラー充電器とライトを、二二二五世帯が改良型クッキングストーブを、七五〇世帯が浄水

★VisionSpring
www.visionspring.org

器を、五一〇〇世帯が省エネ電球を、五九〇〇世帯が野菜の種を、生まれて初めて手に入れた。グレッグの計算によると、直接受益者は一二万人を超え、直接的な経済効果は二七五万ドルに及ぶ。そして感嘆すべきは、多くの国民の収入が一日二ドル以下の国で、三〇〇人を超える小規模事業家は一時間に最高二ドルを稼いでいるという事実だ。グアテマラのソルコムはいまや利益をあげるようになり、組織全体の収益は一七万五〇〇〇ドルを超えている。ＭＣＭはエクアドルやニカラグアにも広がり、二〇一一年には南アフリカ、メキシコ、ペルー、エジプトでも導入された。ＭＣＭの普及と規模拡大を図るため、グレッグたちはオハイオ州立マイアミ大学と提携してＭＣＭ研究センターを設立し、ほかの人々がその仕組みを真似し、さらには改良できるようにした。

ＭＣＭの仕組みは、もし温情主義《パターナリズム》的な、あるいは反モラル的な要素が侵入すれば、失敗しただろう。ＭＣＭは、システムの機能を支える様々なプレイヤーたちによって構成される、バリューチェーンによって成り立っている。そのプレイヤーとは、寄付者、母体となっているＮＧＯ、解決策となる製品の供給者、地元主導の社会的企業、小規模事業家（さらにその家族、友人、コミュニティ）、地域の市長やコミュニティリーダー、インターン、ボランティア、最終受益者（買い手）のことだ。バリューチェーンのどこかに不均衡が生じたり、プレイヤーの誰かが役割を果たさなかったり、誰かが不正行為を働いたりしたら、システムは崩壊してしまう。少しのあいだは動きつづけるかもしれないが、長続きはしない。プレイヤーたちが一方向に整然と位置するのではなく、複雑に絡みあうなかでの自己管理は、人々の出入りを厳しくチェックする必要性を生む。

しかし、このシステムが本当にすばらしいのは、問題点やニーズや解決策が、この人間のバリューチェーンを一斉に、休みなく上下に動かしていることだ。そして、ＭＣＭは、ほかのアショカ・フェローたちのプロジェクトを補強するだけでなく、すでにつくりあげているものを普及させるシステムを有している、もしくは有したいと思っている人のプロジェクトデザインを強化するためにも活用できる。既存の計画を改善し、想像以上に多くのチェンジメーカーを巻き込み、参画させる手段として、ＭＣＭを参考にすることができるのだ。

ヨリー・アカハボンは三人めのＭＣＭ事業家で、今日ではソルコムの所有者の一人だ。彼女の家を訪れた際、グレッグは自分の活動の意味を心から理解したのだという。

ヨリーの家に行くと、彼女はベッドにいて、どことなく落ち込んでいる様子でした。まだ手術を受けたばかりで、身体的にも精神的にも痛みに耐えかねていたのです。いつも見せてくれる笑顔も、「私たちはきっと成功する」という気迫もありませんでした。私は調子はどうかと訊ねました。「とても心配している」「できることがあれば遠慮なく言ってほしい」「必ずすぐによくなるから」と声をかけました。しかし、どんな言葉も彼女を元気づけることはできませんでした。そこで私は、二人で取り組んでいる活動について話しはじめました。するとヨリーは、町の人が浄水器を必要としていることや、そのニーズを満たすのに一番よい方法は何かを話しはじめ、様子も段々変わっていきました。彼女は言いました。「グレッグ、私、一刻も早くベッドから起き上がって町に出て、みんなが浄水器を買ってくれるか見てみたいの。ものすごく必要とされているんだもの！」

私は彼女の家を出たあとで、何が起きたのか考え、ある事実に気がつきました。その事実とは、活動がうまくいかないとき、常に私に意欲を与えてくれるものです。そう、ＭＣＭは人々に、健康状態を改善し、お金を節約するために必要なものを提供します。それは同時に、女性たちの収入にもつながります。しかし、それだけではありません。ヨリーのような女性に目的意識を与えます。そして、希望の光を灯します。それは数字では表すことのできない利益であり、数値化できるどんな成果よりもはるかに長く生きつづけるものなのです。★

そしてハイチへ

二〇一〇年にハイチを襲った大地震は、そこで暮らす人々や国の経済に甚大な被害をもたらした。MCMは、何よりも人々のニーズを特定し、それを満たすための適切な解決方法を生み出すのに適した手法であるため、グレッグは最近になり、異なる分野で活躍するアショカ・フェローたちを何人か引き連れて、ドミニカ共和国との国境沿いにある小さな町へと向かった。町には医療サービスも、水も、電気も、ほとんど何もない状態だった。フェローたちは連携し、目の前にある問題と、将来起きるであろう問題への持続的な解決策を模索した。彼らは、それぞれが持つ起業家としてのアプローチを互いに調整したり、組みあわせたりしながら、チームとして町の経済や社会を、持続的かつ現実的なかたちで建て直そうと支援をおこなった。MCMは、人々が自立した生活を取り戻し、この国の貧困を減らすための手段となりうるだろうか？　グレッグにはその自信がある。ラテンアメリカからアフリカへ、そして今度はハイチへ。MCMは、ついに世界から貧困をなくすことになる注目の解決策の一つになるかもしれない。しばらくは目が離せない。

★Greg Van Kirk, “The MicroConsignment Model: Bridging the 'Last Mile' of Access to Products and Services for the Rural Poor,” *Innovations*, Special Edition, Tech4society, MIT Press, 2010, p.145；オンラインでも閲覧可：www.mitpressjournals.org/doi/pdf/10.1162/itgg.2010.5.1.101（2012年1月15日閲覧）［訳注／原書のURLは無効となっていたため表示可能なものに変更］

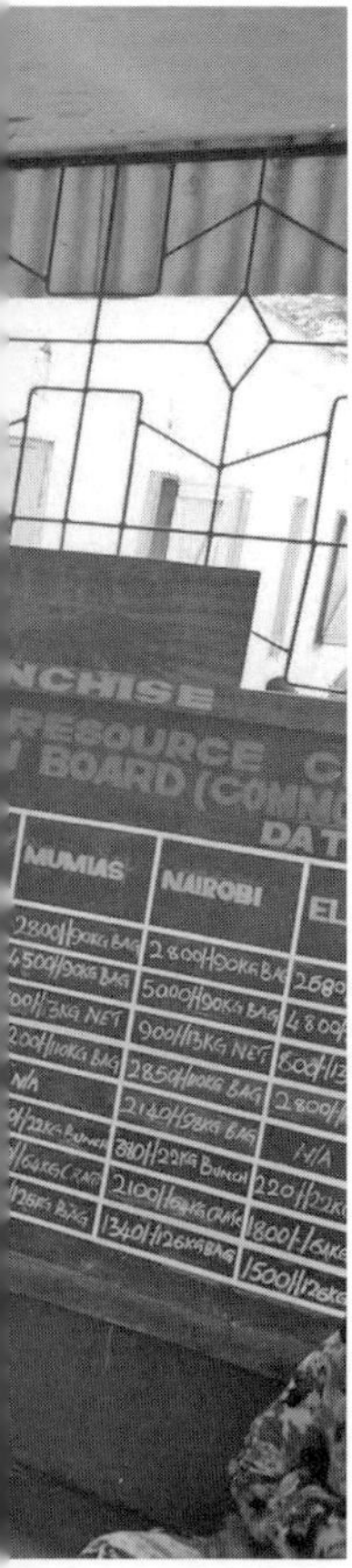

by courtesy of Siemens Stiftung

エイドリアン・マッケビ
Adrian Mukhebi

エイドリアン・マッケビ博士は貧しい小規模農家に、搾取から身を守るための情報を提供している。

自由市場のなかで、情報に精通した確固たるプレイヤーとなれるよう権限を与えることで、作物をより高値で取引できるようにしている。

Chapter 6

アフリカ農業に革新を

ケニア

エイドリアン・マッケビ博士は、かつてケニア西部の二ヘクタールほどの農場に、両親と弟と二人の妹とともに暮らしていた。近くには国内で二番めに大きな農作物市場があり、毎年三万人の小規模農家たちが何マイルも離れたところからやってきて、作物を取引していた。エイドリアンの父は、基本的に、家族で食べるだけの作物をつくっていたが、食べきれない量の収穫があったときには市場で売っていた。自分も父親について市場に行き、父が野菜や穀物を売る様子を眺めていたことを、エイドリアンは今でも覚えている。価格交渉になると、父が相手の言いなりだったことに、彼はいつもショックを受けていた。

　私の父も、ほかの農民たちも、言われた価格を受け入れるしかない「プライス・テイカー」で、価格を設定する「プライス・ギバー」になることはありませんでした。いくらで取引するかを決める権限は、すべて買い手側にあるようでした。買い手がやってきて、父にこう言います。「おや、トマトを売ってるんだね。この値段で買うよ」。父は答えます。「もう少し上乗せしてくれませんか?」すると買い手は、「それなら要らない」。そして、別の売り手のもとに行こうとする。そこで父は――市場でいくらか収入を得て、私の学費をまかなわなくてはいけないので――こう言います。「ちょっと、ちょっと。待ってください。わかりました。その価格でいいですから」

二〇一〇年の国勢調査によれば、ケニアの全人口三八〇〇万人のうち、七〇%ほどが農業で生計を立てており、そのほとんどが小規模農家によって占められている。インフォーマルセクターも含めると、七〇％以上の労働人口が農業に関連した仕事に従事している。アフリカ諸国の多くがそうであるように、ケニアにおいて、農業セクターは貧困削減のカギとみなされている。その重要性にもかかわらず、農村部に住む人々の半分以上が貧困ライン以下、すなわち一日の収入が一ドルに満たない生活を送っている。国連食糧農業機関（FAO）によると、二〇一一年八月時点で、ケニアでは四〇〇万人を超える人々が食糧不足に陥っている。全人口が生きていくのに十分な自給力があると言われているにもかかわらず、ケニア政府は食糧を輸入に頼っているのだ。

小規模農家の悲しみ

エイドリアンの父親が市場で得た収入では生活は苦しかった。女の子のいる貧しい家庭の多くと同じように、エイドリアンの二人の妹は学校をやめさせられて早々に結婚し、そのおかげで、彼と弟の学費を工面することができた。エイドリアンは、成長し、農業を勉強するうちに、農家がどうやって市場で取引をしているのか、汗水たらして育てた作物がどれだけお金にならないかということに関心を持った。そして、アメリカで農業経済学とマーケティングを学ぶなかで、シカゴ商品取引所を再現し、学生に商品の売買を疑似体験させるクラスを履修した。毎朝の授業で、エイドリアンは『ウォール・ストリート・ジャーナル』紙に目を通し、小麦、トウモロコシ、豚肉など様々な農作物の価格を地域別に調べた。学生たちは売り買いをシミュレーションし、学期末には、それまで取引を通じていくら儲けたかを計算する。エイドリアンは最終的に（架空とはいえ）かなりの利益を生むことができ、その過程を通じて、商品取引の世界に惹かれていった。

後日、シカゴ商品取引所を訪れたエイドリアンは、パズルのピースがぴたりとはまるような感覚を覚えた。

その小さな博物館の狭い展示室に案内されると、そこには一八四八年のシカゴ商品取引所設立時に使われていた黒板とチョークが置かれていました。当時、農民たちは、市場で仲買人から作物を買いたたかれることに嫌気がさしていました。そこで、みなで集まって、もっといい値段で売るにはどうしたらいいかを話しあい、共同で販売しようという結論に至ったのです。農民はトウモロコシや小麦を一カ所に持ち寄り、買い手は、農民たちが持ってきたもののなかから購入します。黒板には、その日にどのくらいの量の小麦やトウモロコシを入荷したかを記しておきます。そうすることで、農民は買い手の価格交渉力を抑え、作物により高い値段をつけることができるのです。農民たちは、互いに競争するのではなく、協力することで買い手よりも優位に立てることを学びました。シカゴ商品取引所はこうして始まったのです。私はそれを知って、ケニアに戻ったらやるべきことはこれだと思いました。

そのとき、〈ケニア農産物交易公社(KACE)★〉の構想が生まれたのだった。

商品情報へのアクセスを開く

エイドリアンは、博士号を取得し、ケニアに帰国した。しかし、そのころには、すべての農

★The Kenya Agricultural Commodity Exchange
www.kacekenya.co.ke

作物の価格は政府がコントロールしており、農産物取引所をつくることは容易ではなかった。シカゴの博物館で自分に誓ったことを実現するのは、それから一七年も経ってからのことだ。一九九〇年代前半、ケニア政府が国際通貨基金（ＩＭＦ）や世界銀行による指導のもと、農業セクターの自由化と民営化に踏み切ったときだった。政府による政策転換の結果、皮肉にも作物の価格は下落し、農民への搾取はさらに深刻化した。絶好のタイミングだった。

一九九二年、エイドリアンはＫＡＣＥを登記し、中規模の市場の建物のなかに小さな情報ステーションを立ち上げ、黒板を置いた。フルタイムの経済学者としての仕事のかたわら、自分のアイデアを頑なに信じ、夜や週末を使って一からＫＡＣＥを立ち上げたのだった。しかし、彼はまもなく、情報ステーションに価格を確かめにやってくる人がほとんどいないことに気がついた。農民たちは広範囲に散らばって暮らしている。そのため、あらかじめ価格を知らされて、エイドリアンの市場まで足を伸ばす価値があると確信していないかぎり、わざわざ遠出して取引しようという気にはならないのであろう。また、農民たちが扱う農作物があまりにも多様で、エイドリアンが黒板に示す数種類の作物のもとでは情報を集約しきれない。ほかの市場をカバーし、さらに多様な商品の情報を網羅するシステムにつくりなおす必要があった。

エイドリアンは、一つの町に一カ所の情報ステーションを設置することに加え、国内で生産販売されている作物の全種類が取引されている六大卸売市場に若者を派遣し、価格を調べさせた。また、情報を収集、更新、発信するために仕組みを構築した。この仕組みは、今日ＭＩＬＳ★と呼ばれるシステムに進化し、貧困層の小規模農家を対象に、信頼性の高いタイムリーな情報提供と、売り手と買い手の効率的なマッチングサービスという、二つの主要サービスを提供している。

★market information and linkage system

もう待つことはない

ＭＩＬＳのシステムの一端は、六カ所の卸売市場に設置された市場情報センター（情報ステーション）につながっており、小規模農家の人々はこれらの卸売市場に自分の作物を売りにいく。毎朝、それぞれの市場の価格情報が収集、更新され、コンピュータを使って各情報センターに配信される。配信された情報はダウンロード、印刷されて、情報ステーションの壁に張りだされる。

農民には、市場に来たら木の下で買い手を待つのではなく、交渉力を得られるよう、情報ステーションに足を運び、様々な市場の価格を把握することが奨励されている。すると、主に都会からやってきた買い手たちは、農民をごまかせない。売買のプロセスはより公正なものになる。農民側もほかの市場における価格を知っており、より適正な価格になるよう交渉できるからだ。農民たちは、受動的な「プライス・テイカー」から、能動的な「プライス・ギバー」になる。この変容ぶりは、農民の一人である、マーティン・キザヤとのインタビューからも伝わってくる。毎日携帯電話から七セントをかけて短いメールを送り、朝の価格情報をチェックしている二〇〇〇人の農民と同じく、マーティンは国内の市場における相場を把握している。

ナイロビでは、九〇キロのトウモロコシが三九五〇ケニアシリング（ＫＥＳ）で売られています。一方キタレでは一六〇〇ＫＥＳ、モンバサでは三三〇〇ＫＥＳです。瞬時にして、様々な市場での農作物の価格がわかるんです。総合的に考えると、市場を回る費用を節約できています。一つひとつめぐって、もっとも高く売れるところを探さなくていいんですから。★

★Gretchen Wilson, "Kenya's Farmers Connect to Better Prices," American Public Media Marketplace, February 19, 2007；オンラインでも閲覧可：marketplace.publicradio.org/display/web/2007/02/19/kenyas_farmers_connect_to_better_prices（2011年9月28日閲覧）.

情報ステーションのメリットはもう一つある。マッチングサービスの提供、つまり売り手の言い値と買い手の付け値を結びつけるのだ。農民は売りたい穀物の量や家畜の数を投稿し、買い手側が一日で把握できるようにすることも奨励されている。そうすることで、価格決定のプロセスが、農民にとってはより公平な、買い手にとってはより効率的なものになる。そして、そのプロセスを通じ、適正な価格が設定される。シカゴ商品取引所をエイドリアン流に翻案したものができあがった。**農村部に市場情報センターをつくって価格に関する情報を発信し、買い手と売り手が黒板という単純なツールを通じて取引する、ケニアスタイルの商品取引所だった。**

仮想のスーパーマーケットをつくる

エイドリアンはコンピュータを使って市場情報を情報ステーションへ中継していたが、そのやり方では地理的な制約がある上に、かなりの手間がかかることに気がついた。アフリカでは携帯電話が急速に普及しており、エイドリアンはその力を借りることにした。ケニアの大手電話会社二社と提携して日々の価格情報をアップロードできるようにし、農民をはじめとした農業セクターの関係者たちが、毎朝携帯電話からその情報を引き出せるようにした。

読み書きができない人や、携帯電話技術に不慣れな人には、音声自動応答によるサービスも提供されている。農民が番号をダイヤルすると、価格に関する情報が流れるので、文字を読まなくても済むのだ。同じように、インターネットを使える環境にある農民や業者、そのほかの農業関係者に対しては、情報はメールやウェブサイト、マイクロソフト・エクセルのファイルといったかたちでユーザー・データベースに配信される。しかし農村部では、今でもラジオがもっとも身近なメディアであることは間違いない。そこで、〈ソコ・ヘワニ〉★という名のラジオ番組が生まれ、あわせて市場情報コールセンターも開設された。番組では、売り手と買い手の情報が集約され、それぞれの言い値と付け値が放送される。ラジオを聞いて興味を持った人は電話でもっと詳しい情報を聞いたり、互いの連絡先の交換に応じてもらったりする。マウント・エルゴン地区に住む農民、ウィリー・ワサイク・エサイクは、このラジオ番組の利便性をこう語っている。

去年、トマトを山ほど植えました。しかし、収穫の時期が来ても、買い手が見つかりませんでした。そんなとき、あのラジオ番組のことを耳にしたんです。KACEに電話をかけ、番組内で、トマトを売りたいというメッセージを流してもらいました。すると、すぐに私の携帯電話にいくつか連絡が入り、業者たちが遠方からはるばるうちの農場までやってきたんです。トマトは、今までないくらい高値で売れました。十分なお金が手に入ったので、私は乳牛を一頭買い、今では家族が飲むミルクを生産しています。妻の両親からは、結婚への贈り物を要求されていたので、トマトを売ったお金の一部を使って、これまたそのラジオ番組を通じて買い得な価格で牛を手に入れ、彼らに贈りました。もう贈り物を要求されることはありません。二人とも私に満足してくれているようですし、妻とも平和に暮らしています。

コールセンターは年中無休の二四時間対応で、一度に三〇件の電話を受けることができる。日中は、エージェントと呼ばれるオペレーターが直接応答する。夜間や休日の電話は録音され、翌

★Soko Hewani.「スーパーマーケット・オン・エア」の意.

日の朝一番に対応される。言い値や付け値、その他の売り込みはデータベースに入力され、誰もがアクセスできる状態になる。たとえば、乳牛を買いたいという電話が入ったとする。エージェントはデータベースを使って乳牛を売りたい人を探し、見つかれば希望小売価格と場所を調査する。KACEの収入源は二種類のサービスだ。一つめは事前交渉のための少額の手数料で、KACEのスタッフが売り手と買い手のあいだに立ち、取引が成立するよう取り計らうというサービスに対してかかる。また、もう一つの収入源としてKACEは、電話会社との交渉の末に、コールセンターが電話を受けるごとに通話料の数%を受け取れるようになった。

情報ステーション、携帯電話、インターネット、ラジオ。この四種類の情報発信基盤は、**どれも農業セクターのすべての関係者——時代の最先端を行く人から、その対極にいる人まで——に資することを目的に、設計されている。**

私たちのターゲットは、読み書きができない小規模農家です。彼らの暮らしをよくしたい。しかし、農民のための市場だからと言って、農民のことばかり考えていてはいけません。農民をはじめ、仕入れ業者、消費者、加工業者まで、様々な人を巻き込んでいかなくてはいけないのです。バリューチェーン全体を配慮したMILSを立ち上げたのも、そのためです。

生まれ変わった農業と農民

KACEは拡大を続けている。毎月、約八〇〇人が情報を求めて情報ステーションを訪れている。月五万人が携帯電話のメール、一万五〇〇〇人がウェブサイト、二〇〇〇〇人が自動音声応答サービスから、それぞれ情報を得ている。また、エイドリアンの推定では、毎週五〇〇万人がラジオで〈ソコ・ヘワニ〉を聞いている。興味深いことに、六〇〇人ほどのKACEユーザーが電子データベースから発信された情報を日々入手しているが、その多くはケニア国外――アメリカ、ヨーロッパ、東南アジア、南アフリカ――に住む人々だ。こうしたルートから情報を得る人々の数は、毎月増えつづけている。

しかし、もっとも重要なのは、この新たな情報源のおかげで、農民たちが収入を手にし、より大きな利益を生み出しはじめているということだ。彼らは情報の整理がなされた上に、効果的に物事をこなし、社会的な権限を身につけている。農民たちは、自分が家族の暮らしを向上させる力を持っているという実感を抱きはじめている。そして若者世代も、農業が、思っていた以上に豊かな生活を与えてくれる職業であることに気づきはじめている。

アフリカ経済が毎年五％の成長を続けるなかで、中流階級が顕在化しつつある。ある程度のポケットマネーと、よりおいしい食べ物やより付加価値が高い製品への関心を持つ人々だ。需要と機会はかつてない勢いで創出されている。ケニア、さらにはアフリカ全土の農民たちには、市場情報をもっと活用するだけでなく、テクノロジーや優秀な若者たちの技能を活用して生産性を高め、経済成長と生活向上を支えていくことが求められている。そのため、エイドリアンは、ケニア国際家畜研究所★と連携し、酪農業の発展を東アフリカ全体で実現すべく、動きはじめている。

いま、酪農業への参入をめざす若い農民のあいだで、改良された若い雌牛に対する需要が生まれている。

★The International Livestock Research Institute
www.ilri.org

しかし若者たちは、どこでそのような雌牛が手に入るのか知りませんし、逆にブリーダーたちの側にしてみれば、雌牛をどこで売ればいいのかを知りません。そこで、市場コールセンターや〈ソコ・ヘワニ〉を使って、酪農業を対象とした、家畜の売買や改良に役立つ情報基盤を開発しています。

エイドリアンの取り組みによって、農業モデルは明らかに変革を遂げている。自給自足からビジネスへ。そして担い手は、読み書きができない高齢の農民から、進化した市場にビジネスチャンスを見出し、農業で生計を立てることが可能だと信じる優秀な若者へ。アフリカには農業革新という旋風が巻き起こっており、その上昇気流の中心にいるのがエイドリアンなのだ。

ＫＡＣＥの情報がケニア国内外の市場の成長を促進する一方で、今日のアフリカでは、アフリカ諸国同士による貿易よりも、他地域との貿易のほうが主流となっている。エイドリアンの夢は、アフリカで巨大な地域貿易ブロックがつくられ、一〇億人にのぼるアフリカの人々に利益をもたらす市場が実現するのを見届けることだ。ＫＡＣＥはさらに成長を続け、市場システムにおける効率性の向上と、ケニア国内はもちろん、アフリカ諸国のあいだでおこなわれる地域内貿易、さらにはアフリカ諸国と他地域の国とのあいだでおこなわれる国際貿易を促進する基盤づくりに努めるだろう。エイドリアンはすでにそのための準備を始めており、その挑戦に向けて次世代の農民たちを育成している。

ジョアキン・デ・メロ・ネト
Joaquim de Melo Neto

ジョアキン・デ・メロ・ネトは、パルマス銀行の創設者である。

「住民の銀行」と称される〈パルマス銀行〉は、ブラジル初のコミュニティ開発銀行だ。独自の通貨「パルマス」を使ってコミュニティ内部で活動し、成長とビジネスチャンスを促進している。

Chapter 7

地域を豊かにする銀行

ブラジル

あなたが職場から何ブロックか離れたところに家を買おうとして、ローンを申し込んだとしよう。銀行の融資担当はあなたの信用情報を調査し、返済能力があると判断する。まもなくあなたは職場近くの新居に住みはじめる。通勤用に使っていた車を売り、そのお金を貯蓄にまわせる。必要なものは何でも手に入る。食糧も、服も、靴も、薬も、すべて近所で購入できる。子どもたちは近くの学校に歩いて通える。あなたは収入のほとんどを、この新たな地元で支出することになり、周りの人々もおそらくそうしている。地域の店はにぎわい、学校は教員を増やし、食品マーケットはビジネスを拡大し、銀行やサービス産業はあなたを含む地域住民のためにいつでもサポートを提供してくれる。そして、それらの産業は利益を生む。すばらしい人生だ。

次に、あなたが貧しいコミュニティの一員だとしよう。そこに住む人々の多くが、安定したフルタイムの仕事に就いていない。近所には雇用の機会がほとんどないから、仕事に行くとしても、職場はたいていコミュニティの外になる。非常に貧しい場所ゆえに、銀行も支店を開設しようとしない——ビジネスチャンスが見込めないからだ。銀行がなければ、あなたも近所の人々も、正規の融資を利用することができない。家も買えなければ、起業することもできない。店も学校も食品マーケットも、サポートを受けることはない。結果として、あなたは持っているお金のすべてをどこか別の場所で——地元以外の場所で——使うしかなくなる。売り手も買い手もほとんどいない状況では地域経済を活性化することはできず、貧困のサイクルはどこまでも続いていく。あなたも、近所の人々も十分なサービスを受けることはできず、貧しいままだ。ぱっとしない人生だ。いや、お先真っ暗と言ったほうがいいかもしれない。

スラムの自立とはなにか

一九七〇年代、ブラジルは徹底した独裁体制下にあり、いかなる政治活動も禁止されていた。当時、ラテンアメリカでは、「解放の神学」と呼ばれる新たな運動が急速な盛り上がりを見せていた。キリスト教神学と政治的行動主義とを結びつけた考え方で、一部の神父にとっては貧しいコミュニティと深い関わりを持つきっかけとなっていた。ジョアキン・デ・メロ・ネトもその一人だった。ジョアキンは、神父になるための修行を受ける一方で、貧困に苦しむコミュニティのなかで活動を始めた。それらは、世間から取り残され、政府に忘れられたコミュニティだった。住民たちが権利を取り戻し、生活水準と境遇の改善に向けてどう支援できるか、その方法を見出せたなら、一生をその活動に捧げよう。ジョアキンがそう心に決めたのは、このころだった。

やがて、ブラジル北東部フォルタレザ市郊外にあるスラム街、パルメイラス地区へと移り住んだジョアキンは、インフラの欠如や人々の行き詰まった経済状況を何とかするには、一部の熱意ある人たちだけが権利を叫ぶだけではだめだと感じた。住民たちが理想と思える環境を実現するためには、コミュニティ全体に呼びかけ、協力を得ることが不可欠だ。ジョアキンは、スラムの住民を様々なグループにまとめた。教会に所属する人たちや学校活動に熱心な人たち、サッカークラブ、文化活動クラブもあった。すべてのグループの人々が集まって協会を結成し、新たなコミュニティづくり——もっと組織化され、統合され、住民のニーズを念頭に置いてつくられた社会——を目標に掲げた。設立後まもなく、協会はコミュニティセンターを建設して、そこで住民たちに権利の守り方についての研修を実施した。その研修がきっかけとなり、地元の自治体とのあいだに新たな対話が生まれた。これはのちに、スラム街の保健衛生や電力使用、交通手段に関する公共政策の実施を支援し、ブラジル中の貧困コミュニティに恩恵をもたらした。

しかしながらジョアキンは、何年ものあいだ、大変な思いをしながらパルメイラス地区の改善に取り組む一方で、多くの住民が町の貧しさと働き口のないことを理由に、別の地域に移住していくことに気づきはじめていた。そのとき彼は、コミュニティが自立してやっていけるようになるまでに繁栄させるには、インフラや環境の整備だけではなく、地元の人々のための新たな機会が不可欠だと認識した。それからまもなくして、あるアイデアが誕生した。「住民による、住民のための銀行」を設立し、地元経済を活性化するということだ。

銀行は誰でも創設できる?

一九九〇年代後半、ジョアキンとパルメイラス地区住民協会は、〈パルマス銀行★〉を設立した。地域住民の銀行として、その運営管理は一〇〇%コミュニティリーダーたちの手にゆだねられていた。組織の考え方の中核には、生産と消費のバランスがあった。パルマス銀行の目的は、地域主導のもとで、コミュニティ内部の生産者と消費者を結ぶネットワークを発展させることだった。つまり、住民たちが生活に必要なものを地産地消できるようにするシステムだ。その主なサービスは二種類のマイクロクレジットだ。**一つは小規模ビジネスを開始あるいは拡大したいと考えている生産者向け、もう一つは地域で何かを購入したいと考えている消費者向けのプログラムだ。そうすることにより、コミュニティ内部の小規模商店や生産者が扱う商品の売買が促進され、地**

★Banco Palmas
www.bancopalmas.org.br

域内で収入の循環が起こり、経済成長を促していったのだった。

このネットワークを機能させるために、ジョアキンは、コミュニティ内での買い物に利用できる独自の手段やツール（クレジットカードのような機能を持った金券）、多様な販路（露店、農産物直売会、小売店）、住民たちのあいだに助けあいの文化を根づかせるための具体的な行動規範など、様々なものを確立する必要があった。生産者たちには、「連帯ネットワーク」を形成し、互いの商品を購入しあうことが奨励された。ほうきづくり職人は近所の仕立屋にほうきを売り、今度は仕立屋がほうき職人に服を売る、といった具合だ。当然ながら、このやりとりに参画する住民が多ければ多いほど、生産と取引の連鎖は拡大し、より練り上げられたものになっていくのである。

小売店に対しても、地域で生産されたものを仕入れるよう働きかけた。顧客は、いまや地元の店で買い物をするようになった住民たちだ。こうした活動によって、生産者自身が販売するという好循環サイクルが形成された。商品が売れれば売れるほど、より多くの住民が仕事を得て、もっと多くのものを購入できるようになる。そして最後には、経済成長が貧困をしのぐのである。

ジョアキンは、この好循環サイクルが絶えず繰り返されるためには、収入を保証する仕組みと、その収入をコミュニティ内部にとどめておく仕組みをつくらなくてはだめだと気づいていた。そこでコミュニティによって運営されるパルマス銀行は、独自の通貨「パルマス」を導入した。**パルマスは、ブラジルの法定通貨レアルの代替通貨という位置づけで、コミュニティ内部にかぎり、お金として認められる。**パルマスは地元の生産者、商店主、消費者にあっという間に広まった。人々にパルマスを利用させるために様々な取り組みがなされ、その結果パルマスは、地元商店と人々のあいだで日々やりとりされ、ビジネスを促進し、地域経済を潤すとともに、住民たちのあいだに連帯意識と新たな市場を生み出していった。ジョアキンはこう説明する。「住民たちのなかに、みんなでつくりあげた仕組みに対する強い信頼が生まれたんです」

人々をつなぐ銀行

ジョアキンは、パルマス銀行の構想はすべて――初期段階の戦略決定からリソース管理まで――コミュニティによって実施されたという点を強調する。銀行の開設にあたり、一番はじめにコミュニティが着手したのは、地域の生産と消費の活動を図に表し、生産に使われる材料について調査することだった。その結果、生産者と消費者がどこで仕入れや買い物をしているのかが特定され、どのようなものに対してニーズがあるのか、それはどこで、誰によって必要とされているのか、どのような原材料が手に入り、どのような材料が必要となるのかが明確になった。この情報をもとに、コミュニティの人々が再度集まり、パルマス銀行のビジネスモデルが決定された。このように自分たち自身でマネジメントにあたる、これは「エンパワメントの源泉」だ。コミュニティはこの源泉から栄養を得ることによって、能力強化を図り、技術力を磨き、政府との交渉力を高めていくことができるのである。

また、パルマス銀行は、生産者に必要な融資を提供する一方で、地元の消費者にも貸付をおこなうという、バランスのとれたシステムとして考案された。そのため、商品を売るための市場を探している商店の支援もするし、社会的連帯を基盤とした経済活動戦略に関する専門的な研修も実施する。さらに、女性の生産活動への復帰を支援するインキュベーターの育成にも携わり、生産チェーン全体を支援する幅広い活動――連帯資本、持続可能な生産、フェアトレード、倫理的消費――も実施する。貧しい人々が社会参画と地域の発展というチャンスをつかむには、これらすべての側面に同時に取り組む必要がある、とジョアキンは信じている。

私が初めてジョアキンの活動について読んだとき、神父になることをめざしていた人が、どうやって、新たな経済システムを生み出すことができたのか、なかなか理解できなかった。だがおそらく彼は、神父になるための勉強のかたわらで取り組んでいた活動から、コミュニティを組織する方法、社会環境を理解し、ともに暮らす住民のニーズを把握する方法を学んだのだろう。それを通じて、人の話に耳を傾け、他人の気持ちを理解する力を身につけ、理念に基づいて金融機関を創設した。その理念とは、彼が手を差しのべたいと願っている、まさにその住民たちとともに、住民たちによる、住民たちのための組織を立ち上げよう、というものだった。

モデルを分散させ、うねりを起こす

創設されてわずか数カ月のあいだに、パルマス銀行はコミュニティへの存在意義を示すことができた。しかし、もっと本質的なレベルで成功を収めるには、その活動範囲をコミュニティの外にまで広げる必要があった。そして、その目標もどうにか達成することができ、あまりに事がうまく運んだため、一年も経たないうちに、政府がブラジル中央銀行を介してジョアキンの構想に警戒感を示してきた。彼が考案したレアルと並ぶもう一つの通貨が、ブラジル経済にマイナスの影響を与えかねない、と懸念したのだった。

彼は政府に対して、パルマス銀行が、ブラジル中に存在する貧しいコミュニティを発展させる最適な方法であることを、じっくりと根気よく説明した。パルマス銀行のおかげで人生と暮らしぶりが変わりつつあるという人々の証言を用い、自分がやろうとしているのはブラジルの通貨を変えることではなく、エンパワメントを通じ、コミュニティが自らの力で発展していける仕組みをつくることなのだと主張した。エリアス・リノ――パルマス銀行のメンバーで、同時に受益者であり、チェンジメーカーでもある――はこう感じている。

コミュニティバンクは、私のように社会から取り残された人たちが、ともに変わり、発展できる数少ない方法の一つです。言い換えれば、ブラジル経済やグローバル経済が貧困層にほとんど何の機会ももたらさないなかで、パルマス銀行のような組織は、適切な環境さえ整えば、誰もが自分の運命の変革者となることができると証明しているのです。

ジョアキンの主張と住民たちの経験談が功を奏し、ブラジル中央銀行は、国内における新たなコミュニティバンクの設立や、パルマス銀行のモデルが普及する様子をモニタリングするための正式な部署を立ち上げた。

パルマス銀行の設立から六年が経ち、二つめのコミュニティバンクがセアラー州に開設された。その後、多くの地域組織がそれぞれ独自の銀行を設立しはじめた。それらは「コミュニティ開発銀行」と呼ばれ、現在ではブラジルの一二州に六三行が存在している。さらにそれらを結びつける国内ネットワークが導入され、共通の活動方法を定め、向上させる役割を担っている。

銀行としての機能を超えて

ブラジルの政府系研究所である応用経済研究所によると、二〇一一年一月時点で、人口の三九・五%が銀行口座を持っていない。パルマス銀行がある北東部では、五二・六%だ。従来型の銀行は小さなスラム街に支店を持つことにまったく興味がなかったため、先進的な考えを持つ銀行やそのほかの機関にとって、コミュニティバンクとの提携は、新事業に乗り出す絶好の機会を意味していた。たとえばブラジル人民銀行は、融資プログラムの保証人として、コミュニティバンクと提携を結んだ。逆に、コミュニティバンクはブラジル人民銀行の代理店となり、それによって住民たちは年金などの受け取りや支払い、当座預金や普通預金の口座開設、そのほかの銀行サービスを受けられるようになった。**住民にとっても、パルマス銀行にとっても、ブラジル人民銀行にとっても、関わる人すべてにメリットが生まれる状況ができあがった。**

パルマス銀行は、ジョアキンが、活動母体である〈パルマス研究所〉★のもとで実施した初めてのプログラムだった。パルマス研究所はより広い視点に立った活動を展開しており、コミュニティバンクの取り組みに関するデータを収集したり、活動の成果やコミュニティバンクに影響する問題、一部の銀行で実践されている解決手法の例などを広報物にして発行したりしている。こうした情報は、重要なデータや最近の動向を知らせる意味で既存のコミュニティバンクを助け、新たなコミュニティバンクの設立に寄与している。また、パルマス研究所は、コミュニティバンクの構想を維持し、発展させる一方で、あらゆる投資家やパートナーたちから見た組織的価値を高めるために、ブラジル国内の様々な地域の人々に対して研修を実施している。そのプログラムは、

★Instituto Palmas

他行との連携に必要な交渉力やマネジメント力、新たな金融商品やサービスの開発、モデルの普及など、六〇〇時間にわたる。最近では、ブラジルのトップスリーの大学と連携し、地元のコミュニティによるコミュニティバンクの設立と運営を支援している。

パルマス研究所の活動は、経済成長を支え、促進することによって、社会の主流から取り残されたコミュニティを活性化することに重点を置いている。今日ジョアキンは、コミュニティバンクのための新たな金融商品や技術サービスの開発において、重要な役割を果たしている。たとえば、スイスに拠点を置く世界的な保険グループ、チューリッヒ・インシュアランス・グループ・リミテッドとの提携によって、新たな保険商品が開発された。また、別のアショカ・フェローが運営するインドのソフトウェア会社マヒティ・インフォテック社との提携によって、コミュニティバンクのネットワーク管理やモバイルバンキングに役立つソフトウェアを集め、自由に利用できるようにした「無料でオープンソースのソフトウェア・プラットフォーム」が構築されている。実際、技術の進歩への対応は、パルマス研究所が直面する最重要課題の一つとなっている。そのあいだにも、ジョアキンは様々なビジネスチャンスを見出しており、パルマス研究所の活動が今後数年間でさらに拡大していくと予想している。そこには常に、地域社会、民間企業、行政組織との「誠実で率直なパートナーシップ」がある。

誰でも使える金融サービスへ

かつてジョアキンは、金融システムというものを、貧困層にとってあまりにも縁遠く、複雑な存在だと感じていた。彼自身も、その仕組みがよくわからなかった。だが彼は、地域経済の発展というニーズを初めて感じたとき、金融セクターがどう機能しているのかを理解し、貧しい人々にわかりやすく説明しなくてはならないと悟ったのだった。ところがここ数年で彼が感じているのは、金融の世界は思っていたほど複雑ではないということだ。苦労したのは、銀行や政府に対し、低所得者層も融資を受ける資格があり、金融サービスを利用できるようになるべきだと説明するときだった。その壁を乗り越えたとき、スラム街と住民の経済の方向性を変えることができた。あとは、地域の現実に即した金融と経済のメカニズムを構築すればいいだけだった。

従来型の銀行も、自分たちがコミュニティの考えや行動を十分に理解するにはまだまだ時間がかかる、ということを自覚している。これはまさに、通常の銀行のような組織でさえ、すべての人々にサービスを開放するにはまず自分たちの運営システムをつくりかえねばならない、と感じている理由だろう。彼らはそのために、コミュニティバンクに成功と利益をもたらした要素を真剣に分析している。その要素とはたとえば、コミュニティバンクが地産地消を活性化し、地域にあるすべてのビジネスを支援する役割を担っている点だ。そして何より重要なのは、銀行がコミュニティによって所有され、運営されている点である。ジョアキンの頭には、すでにそのインパクトが世界中のコミュニティに広がる光景が思い描かれている。ただし、それを実現するには、もっと多くの従来型の銀行がブラジル人民銀行を見習って、自らのシステムにコミュニティバンクの特性をとりいれる必要がある。ジョアキンは、低所得者層の金融サービスへのアクセスは、彼らの社会活動や生産活動への参画があって初めて可能になると確信しており、それこそが、銀行がすべての人に門戸を開放するために使うことができる成功のカギだと信じている。

このセクションでは、ビジネスセクターと社会セクターを合体させ、
多くの人々に影響を与えている深刻な社会問題を解決するための
持続的なパートナーシップを生み出す4つの革新的な方法を紹介する。

こうしたパートナーシップはCSR（企業の社会的責任）活動とは
まったく異質なもので、成長を支え、促進し、社会的使命を
持ちつづけるという確固とした目的と、
利益性の高いビジネスとを融合させたものだ。

「利益」は決して悪ではない。
ただし、それは適切にビジネスに還元されたり、
雇用の増加や賃金の改善に使われたりすることで、
社会から取り残された人々、貧しい人々、
一時的に困窮している人々に機会を与えるものであるべきだ。

多くの場合、プロジェクトのどこかの段階で投入された利益は、
インパクトを増大させ、持続性をもたらすきっかけとなる。

たとえば、DMTモバイルトイレッツ社は、
有料トイレ事業から得た利益を使って従業員の雇用や生計、
トイレの所有権獲得を促進している。

シェヌレット社は、営利目的の紙製パレットビジネスを、
公営のエコ住宅事業に役立てた。

NGOのシウダ・サルダブレは、
ごみ収集活動を活かし、小規模企業を創出した。

これらはすべて、「トリプルボトムライン・ミッション」の例であり、
市場が持つ力から社会的価値を抽出することにより、
大きなインパクトをもたらしているのである。

彼らはみな、進化を遂げている
「ソーシャルビジネスセクター」の一員なのだ。

アプローチ 3

市場の力で社会的価値をつくる

Using Market Forces to Create Social Value

アプローチ3へのコメント――ビル・クリントン

クリントン財団を創設して一〇年が経ち、世界ではかつてないほどに相互依存が進んでいる。国家が繁栄するためには、活力に満ちた民間セクターと実効性のある政府だけではなく、民間セクターができることと政府ができることの溝を埋める、革新的な非政府系のグループが必要だ。彼らが本領を発揮すれば、民間セクターや政府と協働し、どんなセクターが単独で行動するよりも速く、低コストで、大きな影響を与えながら、問題を解決し、チャンスをつかむことができる。そのなかで社会起業家は、この互いに依存した世界の将来を蝕むであろう過度の不平等や不安定性を解消するという、ユニークな立場にいる。

〈クリントン・グローバル・イニシアチブ(CGI)[★1]〉は、世界のリーダーや企業経営者、革新的な非政府系のグループのあいだにそのようなパートナー関係を築き、世界が直面する喫緊の課題を解決するために創設された。CGIメンバーは、アクション――市場を基盤とする持続的な解決方法に基づいた、よりよい生活への具体的で目に見える行動――へのコミットメントを表明する。二〇一一年の時点で、CGIのメンバーは、すでに一八〇を超える国々で三億人の生活改善に取り組み、事業規模は六三〇億ドルを超える。

二〇〇九年にCGIのメンバーが立ち上げたプログラムの一つは、ナイジェリアの患者たちが携帯電話を使って偽の処方薬を特定できる、というものだった。出回っている薬の八〇%が偽物と言われるこの国で、患者は薬の瓶に書かれた記号を携帯端末から送信し、CGIメンバーが立ち上げたスプロクシル社[★2]から直に鑑定レポートを受け取ることができる。この技術はすでに

★1 Clinton Global Initiative
www.clintonglobalinitiative.org

★2 Sproxil
www.sproxil.com

ビル・クリントン(William "Bill" Jefferson Clinton)
第42代アメリカ合衆国大統領(1993〜2001年).2001年にクリントン財団を設立し,エイズ撲滅や地球温暖化防止といった国際的な行動を推進し,取り組みをおこなっている.

一〇万回以上も利用されている。スプロクシルは、ナイジェリア食品医薬品管理局からの支援を得て取り組みを拡大し、途上国に住む多くの人々を守るとともに、偽造医薬品によって甚大な被害を被っている正規の製薬会社を支援していくことを決定している。

世界を巻き込んだイニシアチブによって民間企業と社会的企業の連携が強まるにつれ、斬新で革新的なアプローチがますます成功のカギとなる。ペルーとコロンビアでは、〈クリントン・ギストラ持続的発展イニシアチブ〉[★3]によって、様々な支援プロジェクトのすべての側面を逐次把握することができるシステムがウェブ上に開設された。そこでは、コロンビアのカルタヘナ市における小規模納入業者とホテルによる連携プロジェクトのような成功事例を見ることができる。コンピュータやスマートフォン、タブレット端末を使ったモニタリングシステムを導入することで、プロジェクトが終了するのを待たずに状況を分析できるようになる。事業を進めるなかで、うまくいっている活動を普及させ、そうでない活動を軌道修正することが可能になるのである。

韓国のソウル市では、〈クリントン気候イニシアチブ〉[★4]がデベロッパーと共同で、三五〇〇平方メートルほどの土地に、温室効果ガス排出量を現在の水準から約八〇％削減できる団地を開発している。この冒険的な事業では、主に下水熱を利用した地域冷暖房施設と、燃料電池コジェネレーションプラントを建設することで、二〇メガワットの電力を供給できるようにするのだ。

機会や繁栄、責任を共有する相互依存の世界――互いの異なる点を尊重する一方で、共通の人間性に目を向ける世界――をつくるのであれば、持続的で、応用が利き、目に見える戦略になおのこと頼らざるを得ない。政府、民間セクター、NGOには、引き続き連携し、機会と責任の輪を広げつづけるための革新的な方法を模索することが求められている。

★3 Clinton Giustra Sustainable Growth Initiative

★4 Clinton Climate Initiative

アルビナ・ルイス

Albina Ruiz

アルビナ・ルイスが構築しているのは、地域に根ざした廃棄物処理システムである。

それは、ペルーをはじめ、ラテンアメリカの国々における公衆衛生や健康状態の改善に、重要な役割を果たすようになっている。

廃棄物処理サイクルの各段階には、雇用と収入の機会を創出する企業のネットワークが誕生し、プロセス全体を通じてビジネスと社会的価値を一体化させている。

Chapter 8

ごみの山を宝の山に

ペルー

ごみ集積場に行き――ブラジルだろうがコロンビアだろうが、グアテマラだろうがペルーだろうが、インドだろうが――自分と同じ人間が作業をしているのを目にするたびに、私は胸が痛みます。多くは子どもを連れ、劣悪で危険な環境で作業をしています。そうした人々の労働環境や生活状況を見ていると、休んでいるひまなどない、この状況を何とか変えなければという思いに駆られます。私が思い描いているのは、ごみを拾い集めて暮らす何百万という人々が、行政や民間セクター、市民社会からしっかりとした支援を受けて、正規の廃棄物処理システムの一端を担う社会です。

――アルビナ・ルイス

一九八六年のことだ。小柄で黒っぽい髪をした二八歳の短気な女性が、六〇〇人を超える、怒りと殺気に満ちた男たちの前に立っていた。リマ市初の女性局長として採用されてから数カ月。町はずれでおこなわれた市職員労働組合との会議での光景だった。組合員は彼女に辞職を迫ろうとしていた。無理もない。組合員たちにしてみれば、困ったことにその女性は、就任直後の二、三カ月で公共の廃棄物処理事業を取り巻く不正を取り締まり、今度はリマのスラム街を含む地域を対象とした新たなごみ回収システムを計画しようとしていたのだから。

アルビナが言うには、当時彼女の頭にあったのは、首都を埋め尽くさんばかりのごみのことだけだった。この街に移り住んでから、彼女は路上の様子にショックを受け、愕然としていた。市内のいたるところに山と積まれたごみは巨大化し、いまや上に向かって伸びるのをやめ、藻のように横に広がりはじめ、行く手にあるものすべてを呑みこんでいった。一面が掃き溜めのようになっているため、人々はところかまわず——道路にも、川にも、空き地にも——ごみを捨てるようになり、そうしてつくりだされた不潔な環境は、住民から活力を奪っていった。見わたせば、悪循環はあちこちで顕著化していた。

そうした地区にごみの回収に来る人はいませんでした。低所得者はお金が払えませんし、市の関係者は、貧しい人は汚いところが好きだと信じていたからです。(ある市職員が言うには)

既存のごみ回収システムを変え、新たなものをつくりだす過程で、アルビナは労働組合と激しく対立することとなった。組合側は現状に満足しており、何かを変えることにいかなるメリットも感じていなかったのだ。組合会議の最初の議題が彼女に対する辞職要求だったのは、決して偶然ではなかった。しかし、採決の段になると、アルビナは突然、意表をついて立ち上がり、こう言った。「このなかに、私よりもうまく街の行政運営にあたれる人がいるのであれば、私は喜んで職をお譲りします」。会場は静まり返った。みなあっけにとられ、しばらくのあいだ黙ったまま、息をするのも忘れて身動きしなかった。我こそはと立ち上がる人はおらず、以後、その決議案が議題にのぼることは二度となかった。

ごみ問題の解決に向けて

その会議のわずか一年前、アルビナは工学の学位を取得した。そして、彼女の率直な物言いと、ペルーのごみ問題は解決できるという熱い思いが、近隣のエル・アウグスティーノ地区の町長の目にとまった。幸いなことにその町長は、「住みよい街づくりプロジェクト」の名のもとに道路から川に向かってスロープを建設し、人々が川にごみを直接捨てられるようにするタイプのリーダーではなかった。また、彼の地区が抱えるより深刻な問題を是正する手段として、ごみを活用したいというアルビナの考えも理解してくれていた。

アルビナは、ごみが人を表していることに気がついた。捨てられているもの一つ一つの向こう側にも、手前にも、人の姿を垣間見ることができる。**多くの人はごみを問題として考えるが、アルビナはチャンスと捉えていた。雇用を創出するチャンス、環境を改善するチャンス、公衆衛生を向上させるチャンス、政治的起業家や営利ビジネスの起業家とともに、もっと多くの社会起業家を育てるチャンスだ。**彼女は、社会を構成するどのセクターも、互いへの依存なくしては自らの役割をうまく果たすことはできない、と考えていた。彼女の理想は、すべてのごみの山を集めたよりも高くそびえたっていた。

私たちはビジネスセクターに依存し、同時に行政にも依存しています。私たちには、起業家精神に富んだビジネスマンや（最近ますます増えている）ビジネスウーマンも必要ですし、意欲にあふれた役人も必要です。そして、権力者としての役割を果たしつつ、多様で創造的な政策を実施するにはどうしたらよいかを模索する積極的な政府も必要です。そして、これら三者が一つになって、初めてこの街をどうしていくか、世界をどう変えていくか、どうやって変わっていくかを語りあえるのだと思います。

ごみ捨て場に隠された可能性

アルビナは、生まれてから高校卒業までをペルーのジャングルで過ごした。その事実を考えると、彼女の言葉がどれだけ先見の明に満ちているかを実感する。そして、農家の娘だった彼女が高校を卒業しただけでなく、技術者を志したという事実を考えると、彼女の言葉はさらに称賛に値する。ジャングルのなかに工学を学べる大学がなく、彼女が学業面での目標を達成するにはリマに出るしかなかった、ということが、ペルーに幸運をもたらした。

アルビナは、大都市での暮らしに心躍らせてリマにやってきた。しかし、がっかりしたことに、街に着いた彼女の目に飛び込んできたものは、虫のたかったごみがあちこちで悪臭を放ちながら、路上に積み上げられている光景だった。アルビナは、かつてそのようなごみの山を目にしたことはなかった。ジャングルでは、誰かが捨てたものは、何らかのかたちでほかの人やものの役に立っていたからだ。

当時、ごみ問題は不可避の課題だった。彼女がリマに移り住んだ一九八三年当時、リマでは毎日三五〇〇トンを超える量のごみが廃棄されていた。市が回収できるのはその三分の一ほどで、市内の三分の二の地域ではごみが散乱していた。もっとも貧しい地域においては、行政は知らん顔を決め込み、民間の廃棄物協会もあえて間に入ろうとはしなかったため、一部の道路はごみ集積場のようになり、匂いが充満して息ができないほどになっていた。その光景はアルビナが思い描いていた都会の暮らしとはあまりにかけ離れたもので、彼女は心から落胆した。彼女の住んでいた場所から見たリマは、視覚的にも嗅覚的にも、一つの大きなごみ捨て場だった。

彼女はいつまで経っても、その違和感を解消することができなかった。そこで、技術者として卒業する直前に取り組んだある研究課題で、廃棄物回収車によるごみ収集の効率を分析し、回収ルートを最適化するためのプランを発案した。クラスメートたちがスーパーマーケットや銀行の研究をしている横で、彼女はひたすらごみについて考えていた。いつも心のどこかで、ある大きな謎を解くための答えを見出そうとしていた。「どうして私の住んでいるところでは、ごみが回収されないのか？」という謎だ。研究の結果明らかになった答えは、市の回収車が物理的に大きすぎて、路上に積まれたごみのあいだや、貧しい人々が多く住む繁華街周辺の狭い登り道を進むことができないというものだった。そのとき彼女は思った。新しい仕組みをつくりあげなくては、と。

ごみは貴重な資源

アルビナが目の前にある廃棄物の山の向こうに思いをめぐらせると、ごみで生計を立てているたくさんの人々の存在が見えてきた。あらゆるものを拾い集め、再利用する人たちだ。「ブタ（Porcicultores）」と呼ばれる、ブタの餌となる生ごみを集める人。「ゴミ（Cochineros）」と呼ばれる、鉄くずや瓶を集める人。さらには、ごみ袋を開け、段ボールや紙類、プラスチックなど、お金になりそうなものを次から次へと抜き取っていく、様々なリサイクル業者たち。そうした人々は、呼び名こそあるものの尊厳はないも同然で、収入もほとんどなく、おまけに病気が蔓延した環境で危険な生活を送っていた。彼らは、のちにアルビナが立ち上げたリサイクル業者組織に組み込まれることになる。それは、**スラム街で有料のごみ回収文化を育て、リサイクルできるものを分別するよう奨励し、ごみは有効な資源だという考え方を定着させ、ところかまわずごみを捨てる習慣を徐々になくしていく組織だ。**つまり、彼らはアルビナによって、チェンジメーカー——自分と家族を助け、街の人々の役に立ち、リマに積まれたごみの山を宝の山に変える人——へと変貌を遂げることになるのだ。

アルビナは、狭い登り道やごみにふさがれた道でも通行できるような、新型の小型三輪トラックの設計と制作に取り掛かった。そして、三輪トラック、回収業者、リサイクル活動の三点を織り交ぜたシステムに、ごみ出しは収集車が来るまで待つよう訴えるキャンペーンを組みあわせるという構想を描きはじめた。その夢はどれも、スラムの住人がごみ回収サービスに対して毎月少額の金銭を負担する、という前提の上に成り立っていた。しかし、従来のやり方に取って代わる、あるいはそれを避けるための新たなシステムを導入するにはどうしても改革が必要であり、改革には、常に乗り越えなくてはならない障害が付きまとう。その障害は、摩擦、争い、嫉妬、妬み、ときには暴力さえも生む。しかしアルビナは、自分が改革のきっかけを起こす人間である以上、常に何らかの危険を抱え込む立場にいることを直感していた。そして彼女には、その危険を負う覚悟ができていた。

そして二〇一〇年

アルビナがごみ処理に携わってから二五年以上が経った。世界が新たな世紀《ミレニアム》を迎えたころから、彼女はＮＧＯ〈シウダ・サルダブレ★〉の創設者兼事務局長として活動している。シウダ・サルダブレは、地域に根ざした廃棄物処理システムを確立し、リマをはじめ、ペルー国内、さらにはラテンアメリカの国々における公衆衛生や健康状態の改善に、重要な役割を果たすようになっている。彼女の戦略の核にあるのは、地域によって組織され、回収－リサイクル－廃棄作業が効果的に結びついた、包括的かつ多面的なネットワークシステムだ。不法投棄の取り締まりや、不法投棄場所の撲滅などの取り組みもおこなっている。彼女の主な戦略は雇用だ。つまり、廃棄物の山から得た資源を売ってお金を得ていた人々を、小規模企業に組み込み、雇用を生み出そうというのである。そしてこの戦略は、廃棄物処理サイクルの各段階で実践されている。

それらの小規模企業は、シウダ・サルダブレのグループ組織に込み込まれる。それらは独立採算制をとっている。主な取り組みは、事業全体の効率化と、活動の企画－実施－評価－調整のプロセスにおける幅広い地域コミュニティの参加を促進することだ。スラムでごみを集めて暮らす違法な地下経済をリサイクル業者へと編成するという当初の活動以降、アルビナは、心の青写真に成功のカギとなる要素を常に加えながら、システム変革の実現をめざしている。また彼女は、廃棄物処理に関する最初の法律づくりにも邁進した。リサイクルへの取り組みを謳うとともに、リサイクルに携わる人々を廃棄物処理プロセスに関わる合法的な職業として位置づけるための法律だった。それは、二〇年にわたる長期戦の末、ペルー議会によってようやく可決された。卵を温める鶏のように、アルビナは、リサイクル業者向けにマイクロクレジットを開始した。彼らがコミュニティでごみ収集とリサイクルのサービスを提供し、そのお金でリサイクルされたものを買ったり使ったり、それを材料に新たな商品をつくれるような環境を整え、何百というリサイク

★Ciudad Saludable.「健全な都市」の意.

ル関連の小規模企業の立ち上げを支援したのだ。
アルビナは、雇用と収入の機会を創出する小規模企業による革新的なネットワークをつくりあげ、今までにない種類のチェンジメーカーたちの出現を可能にした。このチェンジメーカーたちは、自ら地域の小規模事業者になって、ごみ回収と処理の小規模ビジネスを始める人々だ。シウダ・サルダブレが提供するマイクロクレジットを利用し、やがてほかの人々を、ともに働く従業員として雇用する。その結果、雇用の機会が拡大され、家族や友人、隣人、コミュニティや街にプラスの影響をもたらす変化の好循環サイクルが生まれるのである。

地域のアイデアから持続的な解決法へ

ソニア・キスペは、シウダ・サルダブレによって回収された再利用可能な材料を使って、手工芸品やハンドバッグを作成している。小規模企業〈エコマノス〉の責任者として六名の女性を雇用し、リサイクルできる材料から財布やハンドバッグ、写真立てなどをつくっては、高級店に卸している。また、学校で手工芸品のつくり方に関するワークショップを開催している。

シウダ・サルダブレとアルビナ・ルイスさんのおかげで、私の生活は、ブタにやるための生ごみ拾いの毎日から一変し、いまや小規模事業家として家族を支え、子どもを大学に入れられるまでになりました。ワークショップにやってくる子どもたちは私のことを「先生」と呼びます。私の人生は大きく変わりました。今では、自分がほかの人たちのお手本になっているという自覚を持っています。

今日アルビナは、ペルー二〇都市で実施されているごみ回収とリサイクルのためのプロジェクトを管理し、一五〇名以上の雇用を通じて三〇〇万人を超える人々にサービスを提供している。シウダ・サルダブレによる廃棄物処理アプローチがあまりにも大きな成功を収めているために、ペルー政府はアルビナに国の政策立案にも参加するよう要請し、ほかのラテンアメリカの国々からは、彼女の手法を参考にしたいという声が聞かれるようになった。アルビナは、最初の手さぐりの状態から、すばらしい組織を築き上げた。社会から取り残された――ごみの山をかき分け、生活の糧となりそうなものを探していた――人々を巻き込んで、彼らを正規に雇用し、保健医療サービスや清潔なユニフォームを提供した。ごみのリサイクルや回収活動を組織化し、ビジネス上の交渉を重ね、銀行や企業経営者たちとの協力を通じて自らのモデルに持続性を持たせるとともに、あらゆる局面でリマ市との連携を深めてきた。

現在アルビナは、リサイクル業者たちの活動基盤をさらに広げるための取り組みとして、都市部でブタやヤギを飼育する農家の効率性を高め、経済的に存続していけるよう支援している。一方で、農家には廃棄されていた生ごみの利用を増やしてもらい、それによって、リサイクル業者たちのための新たな市場をつくりあげている。シウダ・サルダブレは、あらゆる面において大きな成功を収めている。**チームで働くことにより、回収業者はより大量のごみを回収することができるため、それだけ多くの取引につながり、よりよい暮らしを手にすることができる。周囲の人々がコミュニティを維持することのメリットと重要性を認識しているおかげで、回収業者もリ**

サイクル業者も誇りを持って生活し、また、自らを小規模企業のオーナーあるいは従業員とみなすことができる。人々が人間としての尊厳を取り戻し、持ちつづけるということは、物事の流れを大きく変えるきっかけとなる。しかも、尊厳というものは周囲に伝播する性格を持っている。伝染性と言ってもいいかもしれない。誰かの生活に起きた変化は、このようにして周囲の生活にまで変化を与えていくのである。ネリー・ティクセは、かつてはごみ拾いで生計を立てていたが、現在はサン・フアン・デ・ミラフローレス地区のリサイクル業協会〈ルパ（ＲＵＰＡ）〉のメンバーである。

以前は、大きな声で発言することも、相手の目を見て話すこともできませんでした。恥ずかしかったし、私たちのことをばかにしたり、ひどい呼び方をしていたりしていた人たちのことが怖かったからです。でも、シウダ・サルダブレのおかげでごみ拾いからリサイクル業者へと変わることができ、今では自分のやっていることが意味のある仕事、社会や環境、さらにはペルー経済にまで価値をもたらす仕事だと感じています。いまや私は、大きな声で発言することができます。そして、周囲の人にはこの仕事に敬意を払ってもらうようにしています。リマ市長や国会議員、ジャーナリストと話すのも怖くありません。自分の考えやリサイクル業者たちの夢を伝える方法も身につけましたから。今日私たちの仕事に対する社会の評価は、非常に高いと思います。

世界はペルーに続け

アルビナはこれから先も、前進を続けていくことだろう。彼女の目標は、ペルーが二度と大きなごみ箱と化すことなく、清潔な国、安定した国、健全な国になることだ。しかし、彼女の計画はペルーでは終わらず、ラテンアメリカ、インド、アフリカにまで広がっている。

ペルーでは、法律を制定できることを証明してみせました。リサイクル業者が大統領から官邸に招かれ得ることも証明しました。リサイクル業者たちは、環境大臣と複数回にわたって会いましたし、副大臣に至っては毎週テーブルを囲み、規制の実現に向けて話しあいをおこなっています。私たちは、こうしたことすべてを実証してきました。ペルーで達成できたのですから、ほかの国でも――ニーズがある国、他人の身上をまるで自分のことのように心配できる人たちがいる国、チェンジメーカーとなることに誇りを感じる人たちがいる国であればどこでも――できるはずです。なぜなら人々は、自分たちが物事を変えられるということを知っているからです。

アルビナの娘パロマは、シウダ・サルダブレの教育部門で責任者を務めている。彼女を見ていると、アルビナの精神が周囲の人々に受け継がれているということがよく伝わってくる。

一緒に育った友達のことを思い出します。一人は未婚の母になり、もう一人は犯罪者と結婚しました。どうして私だけ違うのでしょうか。両親という手本がいたからです。教育を受け、愛情を受け、自分と家族に誇りを持っていれば、人生はまったく違うものになります。私は自分に、世界を変えるにあたって、奉仕を伴った犠牲を払う準備はできたかと問いつづけています。両親を見ると、二人のなかに、ほかの人々のために物事を変えたいという情熱があることを感じますし、その情熱は自分たちで生み出したものだということがわかります。私にもできるはずです。すばらしいことだと思います。

突き詰めていけば、アルビナの究極の目標は、子ども時代にジャングルで培った知恵を世界に広めることではなかろうか。あらゆるものを尊重し、無駄なく使い、自分にとって価値のないものでもほかの人やものにとっては宝であることを知る。環境を壊すような足跡は残さず、村中を巻き込み、様々な人やものと自分の関係を考える。

私たち一人ひとりが、ジャングルの掟をもう少し活かしてみてもいいのかもしれない。

ポール・ライス
Paul Rice

ポール・ライスは、アメリカ大手のフェアトレード商品第三者認証機関〈フェアトレード USA〉の創設者にして、代表兼 CEO を務める人物である。

フェアトレード USA は、コミュニティに持続可能な発展とエンパワメントをもたらすとともに、生産者、労働者、消費者、産業界、ひいては世界中が恩恵を享受できる公正な貿易モデルの促進に貢献している。

Chapter 9

進化した資本主義モデル

アメリカ

印象に残っている貧困の統計値があるんです。この地球上には、一日二ドル以下で生活している人が二〇億人もいるという。私自身、開発途上国に長い間住んでいたからわかりますが、米や豆、オムレツ程度のものを一日三食口にしていたとしても、とても二ドルでは足りません。ですから大局的に考えると、現在フェアトレードによって恩恵を被っている生産者一四〇万人とその家族八〇〇万人は、ただの始まりに過ぎないのです。好調なスタートとは言えますが、まだまだこれからです。まずは、フェアトレードに参加する生産者数を現在の一〇〇万人から一億人に増やすことが目標です。それができたら、今度は一億人から一〇億人へ。私が考えているのは、そのくらいの規模の話です。それができないと感じたら、それは私がフェアトレードを捨てて、何か別の画期的な取り組みに参加するときでしょう。しかし、今もこうしてフェアトレードに携わっているということは、このビジネスモデルの核となる考え方がまだまだ拡大可能で、将来的には一〇億人という目標を達成できる力があると信じているからです。

——ポール・ライス

ポールの母親は「ワンダーウーマン」※だった。世界大恐慌のさなかに農家で育ち、一二歳で孤児になり、そしてシングルマザーとなった。彼女は夕食を口にせずにベッドに入らなくてはならないつらさを知っていた。幸いポール自身はそういった経験をしなかったが、農家での暮らしがどういったものか、懸命に働いても食べていけないというのがどういうことかを聞かされながら大きくなった。それゆえ、勤勉な農家の人々には、いつも親近感を抱いていた。幼いころも、若

★アメリカの同名コミックのヒロイン．正義と愛と平和を守るため、数々の敵に立ち向かう超人的な女性．

者に成長してからも、物があふれかえっているこの世の中で、貧困や飢えや不公平に苦しみ、何も手にできずに生きている人がいるという事実に、怒りを感じていた。

やがて彼は、飢えや貧困の根本的原因が何なのか、なぜ食糧純輸出国に飢餓が存在するのかということに疑問を持ちはじめた。農地配分が不平等だからか、資本が不足しているからか。十分な食糧を生産し、貧困をなくすために不可欠な要素がほかにあるのか。それとも……。時の権力者に対する学生としての反骨精神と、抑圧された人々への共感を胸に、彼は問題解決に向けて行動を起こそうと立ち上がった。

ちょうどそのころ、ニカラグアは革命の真っ只中にあった。金持ちから土地を取り上げ、貧しい人に分け与えるという運動が、ポールの目には、貧困の根底にある構造上の問題を解決しているように映り、自分の見解と一致していると感じた。一九八三年の夏、彼はニカラグア行きの片道航空券を手に、革命に参加するため現地に向かった。目標は、途上国の貧しい農民たちと一緒に働きながら実践経験を積み、二年ほど生活する間に残りの人生で何をすべきかを見極めることだった。最終的に、滞在は一一年に及ぶことになった。

失敗の原因

ポールいわく、最初の七年で実施した活動はことごとく失敗に終わった。どれもこれも、第二次世界大戦以降、国際援助機関が進めてきた典型的な貧困削減プロジェクトばかりだった。絵にかいたようなトップダウン方式で、ワシントンＤＣやロンドン、パリのオフィスに座った人々がよかれとばかりに主導権を握り、何百億ドルという大金を途上国に送る。ポールはプロジェクトに携わりながら、自分たちのやっていることが、逆に途上国の人々の国際援助に対する依存体質を助長しているような気がしてならなかった。村人たちが自ら問題を解決できる力を身につけるよう後押しするということはなかった。

ポールの分析によると、プロジェクトが失敗に終わった大きな原因は、生産のみに焦点をあてていた点にあった。農薬やハイブリッド種子を用いて、一定の広さの土地から得られる生産量を倍にするよう農家の人々に指導する。しかし、より多くの作物が収穫できたとしても、農薬や化学肥料に頼った農業ではコストがかかりすぎるため、結果的に農民たちが借金に追い込まれるという例が少なくなかった。やがてポールはある結論にたどりついた。村人が貧困から抜け出せるか否かは、単に彼らがどれだけのトウモロコシやコーヒーを生産できるかにかかっているわけではない。問題は、シーズンの終わりに収穫したものをいくらで売れるかなのだ。農民の生活が一向に変わらないのは、彼らが市場に直接アクセスすることができず、地元の仲買人に驚くほどの安値で作物を買いたたかれていたからだった。ポールが関わったプロジェクトは、どれも市場の存在を無視していたがために、村人を貧困から救い出すことに失敗したのである。

貿易のすすめ

ポールが生産と価格のジレンマに悩みはじめていたころ、彼の耳に、ヨーロッパで自らを「フェア・トレーダー」と名乗るグループがいるという話が聞こえてきた。経済面や環境面での持続的発展を推進しつつ、援助ではなく公正な貿易を通じて貧困削減をめざす人々だった。**生産者の労働や収穫物に対し、従来よりも多くの対価が支払われるようになれば、農民たちは海外からの慈善活動に頼らなくとも、自らの力で生活水準を向上できる。**それが彼らの主張だった。

ポールは、オーガニック認証運動の前例に倣い、高級コーヒーをニカラグア国内の相場の一〇倍以上の価格で買い取ることを希望する、ヨーロッパのバイヤーを探し当てた。しかし、最初の出荷分のコーヒーを農家から買い取ろうにも、ポールの手もとにそんな資金はない。一軒一軒の農家を訪れ、ずだ袋一〇個分のコーヒーの販売を自分に委託してほしいと頼み込んだ。そうすれば、コンテナ一個をいっぱいにして出荷することができる。何カ月ものあいだ田舎を飛び回り、それまで一緒に仕事をしてきた知り合いの農家を説得してみたが、最終的に、この確証のない話にひとまず乗ってみようという勇気ある農民は、たった二四人だった。通常、一〜二エーカー※の土地を持つ農家が一年で生産できるコーヒーの量は、一トンほどだ。五〇〇グラムあたり約一〇セントという相場で考えると、一年働いた末、農家にもたらされる収入はたった二〇〇ドルほどという計算になる。これでは一日一ドルにも満たない。

しかし、ポールの呼びかけで農民たちが一つの目標に向かって団結した結果、まずはコンテナ一個分のコーヒーを海外に出荷することができた。三カ月後、ポールはサント・ドミンゴにある学校の教室を借りて、ミーティングを開いた。農家の夫婦から子ども、おばあさん、飼い犬にいたるまで、みなが自分たちのコーヒーのその後を聞きに集まった。ポールの手にあったのは、あふれんばかりの現金が詰まった道具箱だった。コーヒーは、五〇〇グラムあたり一ドルもの利益を生んでいた。一年で二〇〇ドルほど稼げればいいと思っていた人々が、何と平均二〇〇〇ドル

※1エーカーは約4,000平方メートル.

もの収入を得たことになる。ほとんどの人にとっては、かつて見たことのない大金だった。ポールは一夜にして伝説の人となり、「一ドルのポール」というあだ名まで頂戴したのだった。

翌年には三五〇世帯、三年めには三〇〇〇世帯が、この活動に参加するようになった。みな、ニカラグア北部にあるセゴビア地域の農民たちだった。ポールのおかげで、彼らは共同でコーヒーを精製して直接輸出することが可能になり、三段階にわたる仲買業者を通さない分、多くの利益を手にできるようになった。一九九〇年、ニカラグア初のフェアトレード認証生産者組合〈プロデコープ★〉が誕生した瞬間だった。

主人公は農家

生産者組合がもたらした文化的、政治的意義は、絶大だった。小規模農家の人々がコーヒーを育てるのは、それがビジネスだからではなく、祖父や曾祖父がやってきたことだからだ。コーヒー栽培は、彼らにとってアイデンティティそのものだった。そして、それ以外に自分に何ができるかということは、一度たりとも考えたことがなかった。そうした人々が、今では幅広い役割をこなし、コストを抑え、利益を増やせるようになった。**精製も、運搬も、輸出もすべて自分たちでこなす。最後には、銀行の機能さえも備えるようになった。成功するにつれ、コミュニティに入ってくるお金を管理する村の銀行が必要になったからだった。**また彼らは、高価で、しかも環境破壊を引き起こす化学薬品への依存を減らすために有機栽培に関する研修をおこない、メンバーを対象としたオーガニック認証プログラムも開始した。村人たちは学校を建てはじめた。井

★Prodecoop
www.prodecoop.com

戸を掘り、きれいな飲み水を初めて村に引き入れた。以前であれば、政府や慈善団体が何とかしてくれるまでじっと待っていたことを、いまや自分たちの手で実現するようになったのだ。誰の手も借りず、自分たちだけでやってのけたという誇りと尊厳が、目には見えない褒賞となって、その発展を支えていた。ポールはこう振り返る。

「エンパワメント」はすっかり使い古され、陳腐な常套語になってしまいました。しかしそれは、疑うべくもない、実体を伴った目に見える変化です。農民に話しかけたときに、彼らがこちらを外国人だと思って卑屈になる代わりに、しっかりと目をあわせて話ができるようになった、と言えば、わかっていただけるでしょうか。

プロデコープの誕生から二年が経ったころ、その功績に触発され、近隣に新たな生産者組合が設立された。〈アルデア・グローバル〉★1だ。ニカラグア北部の山間に住む二二名の地元農民によって設立されたもので、持続可能な農業活動を推進し、環境保護と生活向上を目的としていた。

今日アルデア・グローバルは、一二〇〇人のメンバーを抱え、効果的な商業化や組合員間の連帯強化、新たな融資サービスの推進をおこなうとともに、環境への取り組みを続けている。また、ジェンダーの公正についても、優先課題として掲げている。二〇〇四年に国際フェアトレードラベル機構（FLO）★2からフェアトレード認証を受けたことが、そうした取り組みを達成する追い風となっている。さらに二〇〇七年には、アメリカの旅行誌『トラベル・アンド・レジャー』が主催するグローバル・ビジョン賞のコミュニティ・アウトリーチ部門と、ニカラグア生産輸出

★1 Asociación Aldea Global Jinotega
www.aglobal.org.ni

★2 Fairtrade Labelling Organizations International
www.fairtrade.net

業者協会★が主催するベスト・アソシエイティブ・カンパニー賞という、二つの賞を獲得した。アルデア・グローバルは、ニカラグア全土で見られる生産者組合の発展と、フェアトレード運動が農家や農村、そして人々の未来に及ぼす多大な影響を示すよい例となっている。

フェアトレードがもたらす効果とは、農家が作物からより多くの収入を得られる可能性だけを指すのではありません。むしろその仕組みを通じ、人々が自らの発展の主人公になれることこそが、本当の効果です。フェアトレードは私たちに、より公正な社会の構築に貢献する機会を与えてくれるのです。

——ルフィノ・ヘレラ・プエロ（アルデア・グローバル）

市場を基盤としたエンパワメントと持続的発展のプロセスが大きな変化をもたらすことを目の当たりにしたポールは、ニカラグアに残って、自らが手掛けたコーヒービジネスの発展に力を注ぐつもりでいた。しかし最終的にはその成功が、彼にアメリカへの帰国を決断させることとなった。

四年にわたってプロデコープを運営し、ニカラグア北部一帯の何百という村、何千という家族の生活が急激に変化していくのを目の当たりにするなかで、私は、変革をもたらす要因としてのフェアトレードの力を実感しました。持続的発展とコミュニティのエンパワメントを達成するモデルとしては、かつて私が取り組んできたもの、あるいは名だたる組織が推し

★Association of Producers and Exporters of Nicaragua

進めてきたものよりも、有効な手段だと感じます。当時、フェアトレードの分野ではヨーロッパが先駆け的存在で、アメリカでの取り組み例はほとんど見られませんでした。確かに、フェアトレードを推進するアメリカ企業は二、三あり、毎年数百万ドル程度のビジネスにはなっていました。しかし、世界中の生産者三〇〇〇万人によって支えられ、一八〇億ドルもの規模を誇ると言われるアメリカのコーヒー市場にとって、それは大海の一滴に過ぎません。私は思いました。なぜアメリカでは、ヨーロッパのモデルを真似てみようという人が現れないのだろうか。それを応用したり、自分の国に合うようにつくりかえたりしてみようという人が出てこないのだろうか、と。

リバース・イノベーション

ニカラグアで一一年を過ごす間に、ポールは内戦を体験し、三〇〇〇世帯の組合員を有する売上高五〇〇万ドルのコーヒー生産者組合を築いた。ニカラグア人女性と結婚し、一人息子の父親にもなった。ポールには、アメリカに帰る理由も、その意志もまったくなかった。彼にとってはニカラグアが故郷だったのだ。しかし、ラテンアメリカで挑戦を始め、人々の生活が変化するのを目の当たりにし、しかも変革の手段としてのフェアトレードを世界一の消費大国が認識していないことに気づいた以上、ほかに選択肢はなかった。「戻りたかったのではなく、戻らなくてはならなかったんです。ヨーロッパで広まっているこの画期的なモデルを、アメリカに持ち込み、そこで根づかせることができるかどうかを確かめるために」

ポールに課せられた使命は明確だった。グローバル経済において、農民の生活が守られ、コミュニティが発展できるよう主張できる新たな仕組みに、農家の人々が加われるよう支援することだ。彼にとっては、それこそがフェアトレードの本質だった。彼は、それを実現するための三つの柱を、組織、起業家精神、そして、この仕組みから生じる商品の価値を消費者に広めることだと考えた。ポールにとって、それは単に、技術支援や研修、質や生産量の向上の問題ではない。資本へのアクセスだけの話でもない。三つめの柱はすなわち市場へのアクセスであり、それには賢い消費者の存在が必要だ。三つの柱が揃わなければ、持続的発展を達成することは難しい。

マイクロファイナンスから市場連携モデルへ

これまでの経緯から、ポールは、市場連携モデルが国際開発分野における今後の大きな潮流であり、〈フェアトレードUSA〉がもたらす革新的な貢献であると確信している。二〇年前にマイクロファイナンスが開発援助の世界に新たな活力と秩序をもたらしたように、これからは、市場連携の構築を通じ、持続可能な商品に需要を結びつけ、伸ばしていくことが、国際社会における主流となるだろう。それは、生産者と消費者、そしてビジネス界にも波及効果をもたらすはずだ。そしてその波は、活動家の世界——フェアトレード運動は今でもその一端を担っているとポールは感じている——にも広がっている。

かつてビジネス界では、採算性と持続性は両立しないと考えられていた。企業は、利益を追求しようとすれば持続性は二の次にせざるを得ず、逆に持続性を優先しようとすれば、利益を犠牲にしなくてはならないと思われていた。しかし今日、企業は、その二者を同時に達成することが可能であるということを認識しつつある。それどころか、**持続性によって、長期的な成長、採算性、ブランド力が促進されると考える企業も現れている。採算性と持続性のジレンマを克服することは可能であり、さらに進化した資本主義モデルが誕生するのではないかという期待感が、フェアトレード運動を通じて生まれつつあるのだ。**それは進歩的利己主義とでも言うべきもので、より幅広い議論に火をつけ、フェアトレードの世界に乗り出してみようという企業の数をはるかにしのぐ一大現象を生み出している。美食家向けの食材輸入業者ヘンリー・スミスは、最近ポールに向かってこんなことを口にした。

フェアトレード商品を扱うようになってから顧客層が広がりました。消費者は、フェアトレード認証を受けた商品を好んで買っていくようになったのです。現在は毎月一〇〇万ドル程度のフェアトレード商品を仕入れていますが、買い物をすれば世界を変えられると消費者たちが気づくことで、もっと多くのフェアトレード商品を仕入れられるようになればいいと思っています。

ポールは過去を振り返り、次のように語っている。

若いころは、反資本主義者でした。二〇歳の私は、企業は往々にして貪欲であり、社会は企業に無理やり倫理観を持たせるよう、圧力をかけつづけなくてはならないのだと思い込んでいたのです。しかし今は、対立的なアプローチでは企業の姿勢を変えることはできないと思うようになりました。ニカラグアでの経験を通じて、市場は農家の人々を貧困から救い出す大きな力になると知ったからです。企業を私たちの活動に巻き込み、農家とのあいだに共通の利害に基づくパートナー関係を築かせることで、農民にとっても、企業にとっても、消費者にとっても、メリットのある状況がつくりだせることに気がつきました。

ポールは、尻込みをする企業に対し、小規模から徐々にスタートするよう助言する。消費者が五〜一〇％余計に払ってフェアトレード商品を買うかどうかが不安であれば、とりあえず試してみて、その後のことは消費者の反応を見てから決めてはどうか、とすすめるのだ。観念的なアプローチというより、現場に根ざしたアプローチである。それは、積極的行動主義者の新たなあり方で、フェアトレードはただ影響を与えるというだけでなく、目的を達成する力を持っている。これは、単に世界の不正を激しく糾弾するのではなく、効果的で有効な代替手段を後押しする。これは、全米の学生に広まっている考え方だ。

二〇歳に差しかかると、何か行動を起こしたくなります。いまやアメリカ中の二〇歳の若者が、フェアトレードを効果的な解決手段として捉えています。大学を利己的だと糾弾する代わりに、学生食堂の責任者のもとへ行き、こう言うんです。「このフェアトレードってやつを見てくださいよ。ぼくたちの活動はあなた方の事業にとって得ですよ」。この方法はうまくいきますし、学生たちにとっても、自分たちのアプローチを考えなおす機会になります。

だって実際に、その方法で変化を起こすことができているんですから。そうした活動のおかげで、企業は倫理的な方向に向かって歩きはじめており、ゆっくりですが確実に世界中の人々の生活に目に見える変化をもたらしています。

従来型のグローバル資本主義は、供給安定性をリスクにさらす。供給プロセスにおける児童就労の事実や、工場から大量の汚染水を排出している事実を誰かにどこかで摘発されることで、企業の評判に様々な傷がつくからだ。最近の考え方では、持続的な供給プロセスはビジネスにプラスの影響を与えるとされ、これまでCSRや社会奉仕活動の一環として捉えられてきた持続性の問題が、いまやビジネスモデルの核を成す要素へと変化している。**フェアトレードが持続可能な供給に欠かせない存在になりつつあるのは、それが厳しい環境基準と労働基準、そして――オーガニック認証システムと同様――外部機関による認証と監査という、消費者にとって新たなメリットとなる付加価値を伴っているからだ。**これは有機野菜だ、これはフェアトレード商品だと自ら主張すればよいというものではなく、信用に足る、独立した第三者機関からの証明を受けなくてはならない。

買い物を通じた人助け

その活動を支援しているか否かにかかわらず、多くの企業はフェアトレードの成長と成功を目にすることで、持続的な供給プロセスが実際にビジネスにプラスの影響を与えることを実感している。消費者が持続可能な製品に関心を持っており、少々高くても喜んで購入することもわかってきた。そうした事実に、多くの先進的企業やそのライバルたちが刺激を受けている。フェアトレードが、ポールが言うところの倫理的調達や持続可能な消費、さらには、社会がグローバル資本主義の大胆な転換点に向けてほぼ確実に動いていることを示す、説得力ある例であることは間違いない。企業側も、社会的責任に即した労働基準や環境の持続性を推進することが自らのためになる、と認識しはじめている。資本主義の新たな顔は、より持続的で責任ある表情を見せている。もちろん、アダム・スミスが正しかったという声や、消費者の視点から見れば持続性など何の価値もないという主張は、今もあちこちから聞こえてくる。だが、フェアトレードの軌跡に目を向けると、そこにあるのは正反対の答えだ。消費者は持続性を購入している。自分たちは人として正しいことをしており、何かを傷つけるようなことはしていない、世界を変えようとしているのだという気持ちに、対価を払っているのである。

一九九四年にアメリカへ帰国したときのポールは、自分が唯一なすべきことは、農家の人々へのエンパワメントだと感じていた。そのための手段としてフェアトレードがまさに効果的だったのは、消費者の参加と影響力を味方につけることができたからだった。そうして購買サイクルが促進されることで、少しでも質の高い作物を育てようという農家の意欲にもつながった。ポールはすぐに、農民や労働者へのエンパワメントと同様に、消費者に対するエンパワメントも重要なカギであることに気がついた。アメリカ国民は、世界中で起こっている悲劇や気候変動といった、この時代の社会問題や環境問題に無関心なわけではない。憂慮しながらも、自分に何ができるのかわからずにいるのだ。おまけに、自分自身を養うのが精いっぱいで、農民のことを考えたり、新聞に投書したり、ときには投票に行く余裕すらなくなっている。それに、自分一人が声を上げてもどうせ何も変わらないという思いもある。だが、人は誰でも食事をし、服を着る。それならば、よりよい世界の実現に向けて、一票を投じるつもりでお金を使い、世界中の人々が声を上げるのを手伝ってみてはどうだろうか。

ポールは、購買活動というものを、寛大さと善意を示す行為へと変えることで、誰もが好循環サイクルの一部になれると確信している。消費者が、一杯のコーヒーのように些細で日常的な習慣を、大陸の端まで手を伸ばして農家の人々を支える手段へと変えることで、その家の子どもが学校に通えるのだとしたら、それは極めて大きな影響力を持っている。そして、コーヒーであれ、バナナであれ、花であれ、Tシャツをつくる原料であれ、アメリカにおけるフェアトレードの急成長は、消費者たちが買い物を通じて世界を変え、人助けをしたいと思っていることの表れだ。自分の選択がどのような効果をもたらしたかを一度目にすれば、問題解決の一助となりたいという気持ちが生まれ、それがフェアトレードの成功のカギとなる。

非常に簡単なことだ。あっちのコーヒーの代わりに、こっちのコーヒーを買おう。あそこのバナナではなく、ここのバナナを買おう。それだけで、世界問題の解決に向けたこの画期的な取り組みの一端を担うことができるのだ。その行動を通じて、消費者一人ひとりがチェンジメーカーとなる。そしてそれこそが、まさに必要とされている解決法なのである。

アイザック・ドゥロジャイイェ

Isaac Durojaiye

アイザック・ドゥロジャイイェ（別名オツンバ・カダフィ）は元ボディガードから社会起業家に転身し、〈DMT モバイル・トイレッツ〉を創設した。

アフリカにおける簡易式公衆トイレへのアクセスと利用という新たな文化現象に根ざした社会的企業だ。

2012 年 5 月に急逝。

Chapter 10

トイレビジネスが世界を救う

ナイジェリア

トイレビジネスって、別に笑いごとじゃありませんよ。人間誰でもトイレに行きます。それだけは、他人に任せることはできません。どんなに偉い人も、どんな金持ちでも、代わりに誰かにお願いすることはできない。毎日最低でも一度か二度は、自分で何とかしなくちゃいけない問題です。ですから、トイレに行くという行為は、人間にとってとても重要なんです。六〇億人、七〇億人が絶えずトイレに行っているとしたら、それは世界的な現象であるとともに、ものすごいビジネスチャンスです。顧客は星の数ほどいます。トイレもひとひねりすればビジネスになるという考え方――トイレを通じて人々がお金を得ることができ、適切に管理されれば、トイレは人々の生活や健康、幸福の増進に役立ち、同時に国の労働力によい影響を与えることができるという考え方――は、トイレや排泄物処理への取り組みを非常に価値あるものにします。仕事を通じてそれらをいっぺんに達成できると思うと、私は心がうきうきしますし、大変な満足感を覚えるのです。

――アイザック・ドゥロジャイイェ

アフリカやアジアには、国民の大半が公衆トイレという概念になじみのない国がいくつかあるが、ナイジェリアもその一つである。トイレが当たり前のように各家庭に設置されている社会や、水洗式トイレが普及している社会で暮らしている人がアイザックの言葉やイノベーションを耳にしても、すばらしいという程度にしか思わないだろう。アイザックは、誰も見たことのない、持続可能な排泄物処理のビジネスサイクルを考案した。そのアイデアをもとに、〈DMTモバイルトイレッツ〉がつくられた。利用者の文化に配慮したトイレをデザインすることから始まって、住民の手による設置、清潔感の確保、ニーズのある地域への戦略的な設置、シングルマザーとのフランチャイズ契約の締結に至るまで、アイザックは、公衆トイレの定着に向けて社会に変化をもたらしてきた。彼は、トイレというもののイメージを向上させて一定水準の暮らしを実現するなかで、それに関連した話題や習慣、行動に対する長年のタブーを払拭したのである。

一万人に二つのトイレ

何世紀ものあいだ、我慢できないときには道端や茂み、壁、人目につかない（ときにはつくこともあるが）場所で用を足すことが許されてきた国で、いったいどうしてトイレビジネスを始めようと思ったのか？　アイザック本人も、まさか自分がトイレビジネスの起業家になるとは想像していなかったし、なろうと思ったこともなかった。身長一八〇センチ、体重一三六キロ超の心優しい大男は、ナイジェリアの大物政治家や要人を守るボディガードだった。依頼主が人と会っている間に尿意をもよおすと、アイザックは外に出て近くの茂みに目立たない場所を探さなくてはならなかった。ところが、彼のように体が大きい人間にとって、人目を避けるのは至難の業だった。身につけているのが立派なスーツであれ、カジュアルな服であれ、アイザックには、多くの人目につく屋外で用を足すということが汚らしくて下品な行為に思えた。周囲にトイレが見つかることはごくまれで――店にもレストランにもトイレはない――あったとしても、今度は流すための水がない。「プライバシー」と「トイレ」という単語が一つの思考プロセスに共存することはなく、そうした設備はあくまで贅沢品であり、日常的に使えるものではなかった。

あるとき、アイザックは、一万人ほどのゲストが招待される結婚式の警備計画を練っていたのだが、ふとあることに気がついた。会場にトイレが二つしかないのだ。そう、たったの二つだけ。しかも、見たところ、誰もそれをおかしいと感じていない。ゲストが茂みに入っていくことは安全上問題があり、唯一の解決方法は仮設トイレを用意することだった。だが、四週間かけてナイジェリア中を探しまわっても、一つとして見当たらない。アイザックがビジネスチャンスとなりうるニーズに気がついた瞬間だった。いっそのことトイレをつくってしまおうかと軽い気持ちで考えはじめ、最終的に、大勢のゲストのために一八基の仮設トイレを準備した。結婚式が終わってまもなく、アイザックはボディガードの仕事を辞め、トイレビジネスという大勝負に専念することを心に決めた。

今日アイザックのトイレビジネスは重要なビジネスへと成長を遂げ、トイレをつくりあげるという当初のアイデアから公衆衛生プログラムへと発展し、アフリカをはじめとした世界中のトイレのない地域に広まっている。推定では今日、世界人口の約四〇%にあたる二六億人がトイレを利用することができず、いたるところで排泄をしている。排泄物がきちんと管理されていない、もしくは下水道へ流すシステムが確立されていない環境では、あらゆるところに放置されている。道、空き地。何より危惧されるのが、飲料水に浸透する可能性がある場所だ。結果として、毎年一五〇万人以上の子どもが、慢性下痢症の合併症によって命を落としている。★

一九九九年にアイザックがビジネスを始めた当時、ナイジェリア国内で使用できる公衆トイレは五〇〇基にも満たなかった。それが、主にＤＭＴによる取り組みのおかげで、二〇一一年の終わりには五〇〇〇基まで増えた。また、政府も全国の学校に一万七〇〇〇基のトイレを増設する

★推定26億万人がトイレを利用することができないという統計については，次のテレビ番組を参照のこと：“World's Toilet Crisis,” Adam Yamaguchi, Correspondent/Executive Producer, Current TV, originally aired June 9, 2010；オンラインでも閲覧可：current.com/shows/vanguard/episodes/season-four/worlds-toilet-crisis/（2011年9月3日閲覧）.

契約を結んだ。これら二万二〇〇〇基のトイレが、フランチャイズ権を与えられた何千という女性たちの手によって運営されている。彼女たちは、かつては考えられなかった水準の収入を手にし、家族を養い、子どもたちを学校に通わせ、卒業させている。さらには、人々が野外で用を足すことがなくなったために、公衆衛生システム全般の向上につながっている。アイザックのトイレビジネスがナイジェリア全体にもたらす経済的メリット、そして大きな社会的メリットに、国民も政府も大きな関心を寄せている。

トイレマーケティング入門

最初にアイザックが描いていたビジネスは、どちらかというとシンプルで、表面的なニーズ——どのようなトイレであれば社会に浸透するかを考え、製造する——に応えるというものだった。だが、やがて彼は、トイレというものが想像以上に文化と密接な関わりを持っていることを実感するのである。

残念なことに、彼の視点がどんなに重要な側面を持っているのかを理解できる人は少ない。人口一億五〇〇〇万人を抱えるナイジェリアの社会は、様々な文化や宗教によって構成されている。当初、アイザックは環境への配慮を重視し、水を使わずに微生物の力で排泄物を分解するバイオトイレをつくろうと考えていた。しかし、すぐにややこしい事態に直面した。

環境重視型のトイレを北部のイスラムコミュニティに導入しようとしても、受け入れてはもらえません。イスラム社会では、トイレに行ったあと、水で浄める習慣がありますから、水を使わないトイレを設置しても使ってはもらえないんです。一方で、水が大変貴重な南部に行けば、しゃがむタイプの、水に頼らないバイオトイレは大きな強みです。ただし、もう一つ忘れてはならないのは、すその長いゆったりとした伝統衣装を身につけた女性たちのことでした。しゃがむタイプのトイレを使うときに、できる限りすそをたくし上げないで済むほうが便利ですからね。

アイザックが感じたのは、**トイレと文化は切っても切れない関係にあり、それぞれの習慣に合ったトイレが求められている**ということだ。それができなければ、誰一人としてトイレを使わなくなる。使いやすさとメンテナンスの容易さは、どのタイプのトイレにも備わっているべき条件であるとはいえ、彼はいわゆる「適材適所」のデザインを完成させる必要があった。彼が持つ直感的なビジネス感覚と理論的なマーケティング手腕に加え、切実なニーズに応える製品を生み出す力のおかげで、製品はおのずと利用者を獲得していった。ニーズ、トイレ、文化という三つの要素を、戦略的な配置と結合させる彼の能力が、アイザックにとって、市場における最大の強みとなった。

ビジネス的な側面と社会的な側面が彼のなかでまとまりはじめ、自らの画期的な取り組みが多くのコミュニティにもたらすであろう変化に、アイザックの心は弾んでいた。そこで彼は、単にトイレの清掃とメンテナンスを担う人員を雇うという要素を加える代わりに、ビジネスとしての持続的な排泄物処理サイクルと表裏一体となった、社会変革を促す循環サイクルをつくりだそうとした。社会的メリットと経営的判断の双方から、彼は自らのビジネスモデルをフランチャイズ化させたのだ。それは、彼自身の母親がシングルマザーとして味わった苦労に基づいて生まれた案だった。**単身家庭の母親にトイレを貸し出し、運営権を与えるという仕組みで**（**現在ではその対象を、問題を抱えた若者にまで拡大している**）、**運営権を手にした女性たちはトイレをぴかぴかに保つ代わりに、トイレ使用料から得られる収益の五〇％を受け取ることができるというものだった。**

利用のつど料金を徴収するコインビジネスとして成り立たせるためには、常に一定の人々によって利用されることが前提だった。人々にトイレの利用を促すには、快適な環境を整えることが条件だが、その一つが清潔な空間だった。清潔感を保つということは、結果として、公衆衛生の向上にも予期せぬ効果をもたらすことになる。この事業のビジネス的な側面と社会的な側面が、トイレのデザインと文化の関係と同様に表裏一体の関係であるということを、アイザックははっきりと悟ったのだった。

トイレの運営権を持った女性たちは、自分たちが社会や住民たちの健康に重要な役割を担っていることを知ると、一層誇りを持ってトイレの維持管理や清掃をおこなうようになった。そして、自分たちの役割がコミュニティの人々からの支持を集めるようになると、彼女たちの仕事に対する意識や態度はさらに変わった。最終的には、収入が重要なインセンティブとなっていることは言うまでもない。ある女性は次のように語っている。

「あのね、トイレで稼いだお金って言っても、別に臭いわけじゃない。あたしはトイレのおかげでこうして働けるし、子どもを学校に行かせてやることも、家族を食べさせることも、この辺の人たちの暮らしをよくすることもできるんだ。あたしに言わせれば、トイレはまさに金の卵だよ」

どこに置くかが問題

近代的なトイレ設備に慣れている人たちに、トイレのありがたさやトイレがコミュニティにもたらすカスケード効果※のすばらしさを理解してもらうのは難しい。アイザックと彼の同僚たちは、トイレを置けそうな場所を絶えず探している。それは、ビジネスであるとともに、社会的な使命でもある。たとえば、アイザックは以前、出動要請の多い救急センターにトイレを寄贈したことがある。というのも、ある住民が助けを求めて救急センターにやってきたとき、救急車のドライバーは茂みで用を足しており、それがあまりに遠く離れた場所だったために、ドライバーは大声で呼ばれても気づかなかった、という話を聞いたからだった。そこでＤＭＴはトイレをセンターに無償で提供し、メンテナンスをはじめとした様々なサービスをボランティアでおこなっている。救急隊員が必要とされたときにいつでも出動できる態勢でいられるよう支援を申し出ることは、自分に課せられた社会的責任だとアイザックは感じたのだった。

同様に、彼は二〇〇基以上のトイレをナイジェリア国内のあちこちの公立学校に寄贈した。そのおかげで女子生徒の出席率が上がり、赤痢で欠席する生徒の数も格段に減少した。また、生徒たちが茂みに入らずに済むようになったため、サソリに刺されたり、蛇にかまれたりといった被害が少なくなった。アイザックにとっては、それらの変化を耳にし、自分の製品やサービスがコミュニティ全体に大きな安心感をもたらしていると実感することが、この上ない喜びだ。生徒たちの親はさらに喜んでおり、トイレを運営する女性たちはすっかりコミュニティの英雄となっている。

※ある取り組みが次々と影響を及ぼすこと.

トイレビジネスがもたらす暮らし

トイレをまじめに管理する女性の労働時間は一日約一二時間。一週間のうち六日間は仕事をし、うち一日を入念な掃除とメンテナンスに充てる。彼女たちの平均収入は一日一四〇〇ナイラ（約九ドル）。一カ月では二万六〇〇〇ナイラ（一六四ドル）になり、ナイジェリアにおいてトイレ運営者が手にするにはかなりの額だ。しかもこれは、あくまで一基のトイレから得られる収入であり、多くの女性は複数基のトイレを運営している。そして、トイレに行くという習慣が浸透すればするほど、彼女たちの収入は増加する。加えて、一部のトイレは——たとえばビーチなど格好の場所に備えつけられたものなどは——ほかよりも繁盛していて、毎日一〇〇人近い人に利用されることもあり、その結果、月五万六〇〇〇ナイラ（三五三ドル）もの報酬につながる。これは、ともすれば、大卒のナイジェリア人の給料を上回る額だ。

アイザックの好循環サイクルには、ほかにもとっておきの仕掛けがある。**トイレの平均リース期間は一二カ月から一八カ月だが、女性たちがそのあいだまじめに働きつづけていれば、トイレを購入した場合のローンに相当する額のロイヤリティを収めたことになり、トイレの所有権が与えられるのだ。**女性たちは——きちんと掃除し、メンテナンスをしておかなければ、収入が減るとよく承知した上で——自分の財産を所有できるようになる。こうして好循環サイクルは持続可能なものになり、その効果は家族、友人、隣人へと徐々に波及し、地域経済の安定へとつながっていく。関わっている人すべてにメリットがもたらされる状況が生まれるのである。

ラゴス市にあるオジョドゥ・バーガー・バスターミナルで「ダヨの母さん」として知られる

ミセス・アデインカは、アイザックからトイレの運営権を譲り受けたシングルマザーの一人だ。現在一四基のトイレを借り、運営している。四人の子どもは事あるごとに母親のトイレ掃除を手伝ってきた。彼女がトイレを通じて得た収入で四人は学校に通うことができ、うち二人は大学にも進学した。長男のダヨは、大学の卒業を目前に控えたある日、アイザックに相談しに来た。DMTのビジネスモデルに倣った画期的なアイデアを一緒に練ってほしい、というのだ。ダヨが始めたいと考えていたのは、市内の道路をきれいにするビジネスだった。彼はいまやチェンジメーカーとしてアイザックのビジョンを活用し、進化させたものを使って新たなビジネスを立ち上げ、もう一つの巨大な社会ニーズに応えようとしている。

トイレのさらなる可能性

挑戦と課題はまだ残っている。トイレがより効率的に設置されるようになり、その利用が人々のあいだに浸透していくと、排泄物をどう処理すべきかという問題が喫緊の課題として浮上してくる。アイザックが政府に有料で始末を依頼するしかなかったときには、それがその後どうなったのかよくわからなかった。適切に処理されているのか、沼に廃棄されて別のコミュニティの飲料水を汚しているのか見当もつかず、彼は不安になりはじめた。そんな不安を払拭するため、アイザックはバイオガスプラントを建設することにした。そうすれば、排泄物の再利用が可能になり、その結果最終生成物を自分たちで管理できるため、政府の廃棄場に送らなくて済む。彼が建設しているのは、人間の排泄物を燃料に変え、発電に利用することができるプラントだ。残った汚泥は有機肥料になるため、アイザックはそれを農家に提供し、食糧生産の向上に役立ててもらおうと考えている。アイザックはこう主張した。「食糧が豊富な国、安全が確保された国、高水準の公衆衛生と公衆トイレを有する衛生的な国は、すばらしい国家となるはずです」

衛生は独立よりも重要である

――マハトマ・ガンジー

アイザックは、変化の波がトップダウンである必要はない、と考えていた。変化は数多くの個人によって引き起こされねばならない。そうすることで、プラスの変化が社会経済構造の最下層にもすばやく伝わる。「人に尊厳を与えるということは、達成感、行動の指針、世界が求める変化の担い手となる手段を与えるということです。敬意の気持ちを広めたければ、すべての人に働きかけること。すると、炎のようにあっという間に広がります」。実際、この信念に基づき、アイザックはトイレのＡＢＣＤというものを考えついた。

トイレは構造的（Architecturally）に受け入れられやすいものでなくてはいけません。これが「Ａ」です。「Ｂ」については、トイレを使うことに対する人々の行動（Behavior）や考え方が変わらなくてはいけません。次の「Ｃ」は清潔感（Clean）です。清潔感は、トイレにとって命です。最後に「Ｄ」ですが、排泄物を正しく処理（Disposal）することはとても重要です。これが模範的なトイレと排泄物処理システムに関するＡＢＣＤです。

世界にはトイレを利用できず、コレラ、赤痢、腸チフス、下痢といった、予防可能な病気によって苦しんでいる人が二六億人いると言われている。アイザックの目標は、その問題を解決するメカニズムを構築することに変わった。彼はまず自分の地元から活動を始め、次にラゴスへ、次にナイジェリア各地へ、さらに西アフリカ、そしてアフリカ全土へと拡大していくことを考えていたが、同時に、世界にはトイレを使えない人がまだまだたくさんいることを認識していた。これは世界全体で見られる事象であり、それには世界全体における取り組みが必要だ。

ナイジェリアで成功した方法はガーナでも使えるかもしれませんし、アフガニスタン、ペルー、ブラジルでも効果を発揮するかもしれません。そのアプローチが有効かつ応用可能で、高い順応性を持っており、最終的に人々の生活水準と尊厳を向上できるのであれば、世界のあちこちで試みられるでしょう。

アイザックのビジネス手法の原点は、雇用をインセンティブとしたモデルにある。これは、アメリカをはじめ、世界各地で好まれるアプローチだろう。彼は、市場の力を使って社会的価値をつくりだすことによってシステム変革を可能にした社会起業家の典型的な例だ。彼の場合、人々の行動を変えるにあたってのもっとも手ごわい相手は、外で用を足すような文化的慣性、基本的な衛生習慣の欠如、トイレは汚い場所だという固定観念だ。アイザックのビジネスモデルが持つ社会的な側面は、ナイジェリアを含むアフリカ諸国における一般的な社会経済システム——大量の若者が職にあぶれ、人口の大部分がトイレや水道水など衛生設備を利用することができず、女性は機会を奪われ、公衆衛生インフラが欠如している――を踏まえたものだ。彼は空間と場所の提供をはるかに超えた価値を創出することで、文化上の障害を社会的財産へと変化させてきたのである。

フランソワ・マーティ

Francois Marty

フランソワ・マーティは、独自の総合的なアプローチによって、低所得者向けに、高品質で環境にやさしい住宅を提供し、建設事業、公営住宅、雇用の分野を一新している。

その取り組みのなかで、彼は地元で手に入る資源を建材として使用し、伝統技術と近代技術を融合させ、さらにはそれまで労働市場から締め出されていた人々を従業員として雇用している。

Chapter 11

安くて革新的な家を

フランス

かつてはトラック運転手になるのが夢だった。移動の日々を続けることで、人生そのものが長い休暇のように思えてくるから。そんな夢を持った男性が、どこから話せばよいものかわからなくなるような、多面性を持った環境的・経済的・社会的なプログラムを考えついた。フランソワ・マーティが創り出したのは、何とも説明しがたいビジネス生態系《エコシステム》なのだ。彼の口から語られる生い立ちは、今日の功績からはまったく想像がつかないものではあるが、奇妙にも、その過去こそが彼を天命――今日まさに彼が携わっていること――へと導いた。フランソワの物語を聞いていると、「人生においては何事も必然である」ということわざに信憑性を感じられるようになる。一つ一つの紆余曲折が、彼の構想を一歩ずつ進化させてきたからだ。すべては、昔の自分を彷彿とさせる若者たちを助けたい、という思いから始まった。貧しくて、十分な教育も受けられず、少々荒れていて、先の見えない将来を抱えた若者たちだ。

イノベーションとイグゾベーション

利益を目的とした消費者本位の製材ビジネスとして始まったものが、北フランスの市民権を持たないコミュニティに雇用をもたらすための手段に変身した。今日では、フランス最大手の搬送用紙製パレット★製造業者だ。フランソワがその過程で発見した、ビジネスを成功と持続に導くためのカギが二つある。一つは、仕事への定着度を向上させるために、新しい従業員にはまず研修を受けてもらう仕組みを築くこと。二つめは、「イグゾベーション（exovation）」の原則に従うこと。イグゾベーションとは、イノベーションと反対の状態を表すためにフランソワがつくった

★貨物をフォークリフトなどで移動するための運搬用の荷台.

言葉で、外部からの資材に頼らず、かつて家を建てる際に使われていた地元の資源――粘土、麦わら、麻、特定の種類の木々――の活用方法を学びなおすことを奨励する意味を持つ。「追い払う（exorcize）」と「イノベーション（innovation）」という二つの単語を掛けあわせてできた言葉で、フランソワが、誰もが使える単純な機械の開発に音を上げる技術者たちを追い払いたい、と冗談めかして言うときにも使われる。

フランソワの分析によれば、自身のこれまでの成功を支えてきたのは、あるシンプルな自己洞察だった。それは「自分がここにいるのは、人々を助けるためではない。住民たちとともに起業家になるためなのだ」というものだ。彼の目的は住民の先頭に立つことではなく、人々が社会的な力を身につけ、彼のアイデアや手法を活用してより大きなことを成し遂げられるよう支援することだ。彼が持つ自己評価の基準はユニークだ。**自分が持っているアイデアが名案か否かは、周囲がそれを盗み、もっと大きなことを思いついたかどうかでわかる**のだという。フランソワの頭にあるのは、ともに働く仲間たちがチェンジメーカーとなり、自分を追い越してほしいということだけだ。彼にとって、それは大きな楽しみであり、周囲が成功するようサポートすることが何よりの喜びなのである。また、仲間の成功は彼自身の利益にもなるという。誰かが何かを成し遂げるたびに、自分はそこから新しいことを学び、別のものに活かすことができるから、と。

新しい開発のかたち

パレットやエコ住宅の建材が生産されるフランソワの広大な材木置き場は、いつも活気にあふれている。男女を問わず、様々な年齢の人々がのこぎりで木を切ったり、機械を動かしたり、トラクターを運転したりして、エネルギーに満ちた空間をつくりあげている。フランソワが、社会的に疎外された人々に対して木構造やエコ住宅建設の研修をおこなうなかで、特に気を配っているのが、この業界で働き、成功する機会の少ない女性を男性と平等に扱うことだ。彼は通常、女性たちを午後のシフトに回すようにしている。その時間帯を希望する女性が多いからだ。

女性は一日に二つの仕事をこなさなくてはなりません。移民家庭では、夫の仕事が見つからないというケースが多いのですが、妻だけが仕事をし、夫が無職の場合、女性は家にいる間、むしろ奴隷のように働くことになります。彼女たちが午後から仕事に出て、夜まで帰ってこなければ、夕食をつくり、サッカー中継が始まる前に子どもを寝かしつけるのは、夫の役目になります。そうでもしないと、女性たちは日中にフルタイムで働いたあと、家に帰り、夕食の準備も子どもの世話も、その他家事全般をこなさなくてはなりません。

フランソワがイノベーションとイグゾベーションに満ちた構想にたどりつくまでには、いろいろと回り道があった。いわく、彼は「過激な環境保護論者」である両親のもとで育った。一〇代後半になると、フランソワは誰の手にも負えなくなり、四年間をアルプスの山間にある男子修道院で過ごすことになる。そこで得た知識はどれも――読み書きも歴史も――聖書を学ぶなかで吸収したものだという。修道院を終えるころにはすでに、トラック運転手になることを夢見ていた。しかし、どういう因果か、フランス南部の自由闊達なヒッピー社会で仕事をしながら暮らすことになり、そこで将来妻となる女性と出会った。彼女の父親は農民で貧しく、九人の子どもたちには食糧も十分に与えられないような生活だった。しかし、どの子にも読書と勉強だけはさせるようにしていた。彼女の父親自身も四カ国語を話すことができ、齢をとって目が見えなくなってからも、トルストイをロシア語で暗唱してみせた。フランソワにとって、義父はある意味手本だった。彼はフランソワに、たとえ農民であっても天才と呼ばれることはできるし、九人の子どもたち全員に教育を受けさせ、幸せな人生を歩ませることも可能だと教えてくれた。

南部にとどまっていたフランソワのもとに、カトリック教会の司祭から、北部に来てイラン人難民のコミュニティでの仕事を手伝ってほしいという依頼が舞い込んできた。フランソワは、妻とともにカレー市へと移り住んだ。難民たちが自分たちの手でフランスでの新たな生活を切り拓いていけるようになるには、どうやって支援するのがよいのかと考えながら。

必要は発明の母

「もしお金があったら」とフランソワは振り返る。「あんなこと思いつきもしなかったでしょうね」

彼は、周囲がもてあましている若者たちに意義ある仕事を与える手段として、製材業を始めた。同時に、フランス南部での経験から、手ごろで妥当な住居が不足しているという事実が移民たちの窮状の原因であることに気がついていた。そのため、家族の誰か一人でも貧困から抜け出し、満足な生活を送ることができないのだ。そこで彼は、新しいかたちの公営住宅事業を立ち上げて、消費者本位のパレットビジネス（活動の主な資金源だ）と組みあわせ、〈シェヌレット★〉と名づけた。シェヌレットとは、牧草地に生える堅牢で強靭なオークの一種であるとともに、最初に製材所が建てられた地区の名前でもある。**組織の基盤となっているのは、創造性に富んだ環境重視の設計方針と、安定感と安心感に包まれた発育環境を若者に提供するという意図を伴った新たな施工プロセスだ。**

エコ住宅は建設費用だけを見ると割高だが、総費用で考えたとき、月々の住宅ローンや家賃に加え、上がりつづける水道光熱費を支払わなくてはならない家主あるいは借主にとって、大幅なコストダウンにつながるということをフランソワは知っていた。互いを補完する二つのビジネスは絶妙な組みあわせに思えた。一方が木材を供給し、もう一方が新たな基準に沿って手ごろな住宅を建てる。そうしてできあがるのは、顧客が求めるすべての要素を兼ね備えた美しい住宅で、近所が見える窓や、車いすに乗った高齢者でも外の様子を確認することができるドアまで取りつけられている。ほかにも、フローリング、高性能の遮音材や断熱材、土壁、十分な自然光の取り入れ口や薪ストーブ、雨水集排水設備など、光熱費を最小限に抑える設計になっている。また、フランソワは、そうしたニーズに応えるために、古くから用いられてきた環境にやさしい資材や建設技術を探し出した。シェヌレットの大きな目標の一つは、エコ住宅の価値に対する認識の転換を通じて、人々が建設段階だけでなく、より長期的な視点からその効果を認識するようになることだ。現在では銀行と提携し、低所得者であっても不動産を所有できるよう、これまでよりも返済期間の長いローン制度を立ち上げようとしている。

エコ住宅事業を成長に導く間も、フランソワが当初の目的を一度たりとも忘れたことはなかっ

★Chenelet.
www.chenelet.org

た。問題を抱えた若者が、意義と達成感のある仕事を得られるようにする、というものだ。彼は、環境への取り組みを拡大することで、従業員の数を大幅に増やせることに気がついた。しかし同時に、その人々の多くが、教育を受けていない単純なスキルのみを持った人々で、彼らには複雑な機械を使いこなすのは難しいであろうこともわかっていた。そこでフランソワは、技術者たちに、誰にでも使える簡単な機械の開発を依頼した。

「高い技術と教養を持った人間にしか扱えない機械をつくっている技術者なんて、みんな追い払っちゃいましたよ。彼らさえもそうした機械を使いこなせなかったんですから」

そうして、原木を木材に変えるために必要な裁断や加工の機械は、ほとんどすべてつくりかえることができた。この地方では、地元の木は高さや強度の面で劣っていると考えられていたため、建材として利用される原木の多くを輸入に頼っていた。フランソワが開発した、様々な能力を持った機械のなかには、地域の木材からとった厚板を隙間のないようにきっちりと合わせて切り、重ねあわせ、接着させることで、通常の輸入品よりも強度に優れた木材をつくりだす、という魔法を見せるものもあった。そうやってフランソワは、エグゾベーションの原理がイノベーションと合体することによって、それまで存在しなかった二つの産業を持続的に発展させることができるという事実を証明してみせたのだった。

様々な角度から考える

エコ住宅ビジネスがもたらす副次的効果の一つは、それが技術者たちにとって、異なる視点で物事を考えるトレーニングの場となることだ。ピエール・ゴーダンは昔ながらの訓練を受けてきた技術者で、世界最大の建設会社に勤めたのち、二〇〇九年にシェヌレットに入社した。彼は環境保護に対して非常に高い意識を持っており、これまでもずっとそうだった。しかし、それでは不十分だったと彼は言う。

（前の会社では）自然材料である土による建築の発展のために働いていました。しかし、貧しい人々のために家を建てていたわけではありませんでした。ここは、まったく違う考え方です。だからこそ、私はシェヌレットが大好きなんです。ここでは、単に土を使った建材で家を建て、それに関連した技術や工程を向上させようというだけでなく、自然の力を利用して、公営住宅の価格を抑え、人々に選んでもらいやすくしているのです。それは私の仕事に新たな意義をもたらしてくれます。

またフランソワは、シェヌレットの創生期に影響力を持った慈善事業家と偶然出会い、ビジネススクールで学ぶ機会を与えられた。そして、経営学修士という学位と在学中に学んだ知識を活かし、シェヌレットのように社会的な目的を持った企業に対して、インセンティブと優遇金利を適用するという三つの法案の素案をつくりあげ、提唱し、可決させた。そのうちの一つでは、政府が公共事業の業者を選定する際の基準が見直され、契約を勝ち取るための条件を、「より安い」ではなく「環境面での持続性を有していること」としている。

シェヌレットグループは現在八つの社会的企業からなり、それぞれが異なる機能を持ちつつも、目的と活動の主眼という点で一致した考えを持っている。フランソワによって、「シェヌレット」の名は品質（貧困層のための、最高品質のエコ住宅）と、地元にある天然資源の利用、伝統的な建設技術と近代技術の融合、労働市場から締め出されていた人々の研修と雇用、という手法の代名詞になった。シェヌレットからの支援と指導のもと、フランス中の貧しい都市や町がそれぞれのエコビジネスを立ち上げている。たとえば、北部のさびれた町ルヴァンでは、シェヌレットと共同で住宅建設を進めながら技術を習得し、独自のエコ産業を発展させようとしている。最近では、自分たちで建材を生産すべく、町にある大きな建物を改修して、シェヌレットの製材所を手本にした工場をつくることが決定された。工場と住宅ビジネスに支えられたルヴァンの人々は、新たな雇用機会や研修プログラム、手ごろで持続性のある住宅を通じて、町に活気を呼び戻している。

チェーン店の経営とは違う

フランソワは、実体験に基づく知識から、すべてを自己の経験に当てはめて考えることはできないと感じている。成長し、新たな方法、新たなシステムを見出すには、ほかの人の経験に照らしあわせてみることだ。彼はマッキンゼーのビジネスモデルの信奉者だが、マッキンゼーモデルをプロジェクトに適合させることが大切なのであり、その逆では駄目だと考えている。シェヌレットモデルをフランス全土、さらには国境を越えてフランス語を公用語とするモロッコへと普及させる際にとった戦略は、**彼自身が国内外のほかの地域に行って活動するのではなく、同様の**

夢を抱くほかのグループや協会、機関を探し出すということだった。どのように活動するかについては、給与を一定額に抑え、貧困層向けの公営住宅に焦点をあてているかぎり、各組織にゆだねる。二〇一〇年には、八〇〇名の雇用能力を持った一七企業が、公営エコ住宅の普及を目的に、フランス国内でネットワークを形成した。シェヌレットのグループ企業による投融資が提供されている。

フランソワと彼のチームメイトたちは、急激すぎる発展と、生活改善を目的とした取り組みでは常に優先されるべき価値観の低下に、警戒感を示している。人々をネットワークに取り込み、連携して活動できるようになるには時間がかかることを、彼らは承知している。シェヌレットの取り組みを理解してもらい、異なる環境に合わせて変化させていくことも同じだ。チェーン店を立ち上げるのとは違う。建物、地元で手に入る資源、融資の仕組み、法律は、どれも地域ごとに変えていく必要がある。フランソワは、エコ住宅ネットワークをリナックス※に重ねあわせる。共有された経験に基づき、自由に利用、改良できるからだ。

フランソワの普及に向けた戦略は、これまでの彼の取り組み同様に単純化され、かつ利他的だ。仕組みを売ることはしない。提供しているのは、同胞精神と、既存のシステムにとらわれない発想力だ。個々のシステムが、フランソワ自身やほかの人たちのものとどれだけ違うかは関係ない。それぞれが異なった資源、異なった建設方法を用いつつも、ほかの人たちの取り組みを目にすることで、誰もが新しいアイデアを思いつく。

ネットワークに加わった一部のメンバーとは、密なビジネス関係を結んでいます。ほかの

※世界中のボランティアたちによって改良が重ねられているコンピュータのOSソフト.

グループに関しては、行く手を照らしてあげられればいい。私たちがやろうとしていることは、ガソリン給油ポンプのような新商品を開発することではありません。低所得者層のために家を建てたいという人々のあいだに、連帯感を生み出すことです。それがセクター全体の発展と、そこに属する各企業の強化につながると思っています。心を込めて語りかければ、誰もがすべてを理解してくれます。

人間の価値への投資

シェヌレットは、公営住宅のイメージを環境にやさしい手ごろな住居へと変化させ、フランソワはそれが経済的に実現可能なことを実証している。また、それまで存在しなかった社会的企業セクターを生み出すと同時に、社会から取り残された人々のためにエコ住宅建設にかかる雇用を創出している。そうすることで、公営住宅の運営自治体や建設会社に大きな収益を約束しつつ、低所得者エリアに環境面でも経済面でも大きな効果をもたらしている。

さらにフランソワの活動は、深刻な労働者不足にあえぐ建設業界の生産力向上に貢献している。なかでも、エコ住宅分野は人手不足がもっとも顕著だ。シェヌレットは三つの要点として、人、地球、収益を掲げ、さらに四つめとして、持続的変革と自己実現を加えている。フランソワは言う。「**人間というものの価値に投資するんですから、見返りは金銭的なものではありません。**どういう結果になろうが、自分をより豊かにしてくれます」

完全な市民権の追求とは、階級、民族、性別、宗教、貧困、
身体的あるいは精神的能力などによって、
ほかの人々よりも人生が制限されてしまっている人々の
平等を確保し、人権を保証することをいう。

このセクションでは、そういう人々を経済の本流に戻そうとする
取り組みについて紹介する。
すなわち、彼ら自身やその家族、所属する社会が
発展できるように公正な機会を与えることだ。

障害のある人、社会的に疎外された人、生まれた場所や
育った社会が悪かったというだけで
人生の大半を困窮のなかで過ごさなければならない人が、
完全な公平性を獲得しようと立ち上がる話だ。

彼らは、ときに「恵まれない人」「抑圧された人」という言葉で
表現され、機会が非常に限られているために、
異なる生き方を模索する自由さえ持たないのである。

このセクションで登場する社会起業家たちは、
世界の様々な人の完全な市民権を求めて活動する多くの
アショカ・フェローたちにとって、模範的存在である。

彼らの目的は、それまでチェンジメーカーになれるわけがないと
信じられていた人々が才能を伸ばし、力を手にできるような
新たなシステムをつくりだすことにある。

社会起業家たちとともに活動したそれらの人々は、
やがて次世代のための新たな現実を創造するのに
不可欠な強靭さと手本を示してくれるであろう。

アプローチ 4

完全な市民権を追求する

Advancing
Full Citizenship

アプローチ4へのコメント——ギータ・ラオ・グプタ

経済的・社会的不平等は、人間の政治、経済、文化システムの根底を揺るがしかねない断層のようなものだ。収入や性別、人種、カースト、ジェンダーを理由に市民生活から疎外された者が一人でもいれば、そのしわ寄せは社会全体が負うことになる。自由を奪われた者は、家族を守り、社会に活力をもたらす生産活動やイノベーション、知的活動に貢献できないからだ。

所得格差は貧困層にとってもっとも切実な問題で、市民参加を妨げる。しかし、市民権の獲得は富の創造だけでは実現できない。貧困は多面的な問題だからだ。貧しい人々の自由を制限しているのは、乏しい経済力だけではない。権力を握り、行使する富裕層との社会的距離という要因もある。富は重要な要素ではあるが、人間の政治活動や経済活動、市民活動への参加を保証することはできない。そうした活動への参加を可能にするのは、差別にあえぐ人々のアイデンティティを尊重する政治だ。社会が収入や性別、人種、宗教を理由に個人を排斥するのか受け入れるのかということは、対象となる個人の家計や教育、健康を大きく左右する。

私自身、女性や子どもを取り巻く不平等に焦点をあてた活動をしている。女性たちは、経済的・社会的不平等によって様々な権利が奪われている。彼女たちは能力を発揮し、自らを成長させ、自らの手で生産したものに対する満足感や経済的恩恵を享受することができない。そのつけは、社会全体、さらには後の世代にまで及ぶことになる。女性が生産活動に携わることができなければ、子どもたちが苦しむことになるからだ。そして、生産力の半分しか活用していない社会では、労働による成果もその分乏しいものになる。端的に言えば、女性や子ども、社会全体にとって、

ギータ・ラオ・グプタ(Geeta Rao Gupta)
女性研究国際センターの元所長. 現在はビル・アンド・メリンダ・ゲイツ財団の上級研究員と, ユニセフ事務次長を務める.

経済的あるいは社会的排除とは、甚大な経済的損失を伴った憂慮すべき不正義なのだ。

差別は個々人の考え方や行動など、いわばプライベートな問題であるため、行政はどうすることもできない、という声をしばしば耳にする。しかし、女性や子どもへの暴力根絶に向けた取り組みを見てもらえれば、そんな主張の綻びがはっきりと浮かび上がってくる。家庭内暴力は、明らかに国際人権基準を侵害し、社会に大きな代償を負わせる行為である。家庭内暴力の根絶には政策による介入――被害者の保護と支援、加害者への処罰に向けた連携――が必要だ。政策的措置はまた、女性をはじめとした様々な社会的弱者を苦しめるほかの社会悪を是正するにあたっても、大きな役割を果たすことができる。

不平等を是正することの経済的根拠を紹介しよう。二〇一〇年にユニセフは、「へき地の子どもやコミュニティを救うのはコストがかかりすぎる」という社会通念に疑問を呈した。世界一五カ国の約一八万カ所で実施されたモデリング調査では、最貧困層や最弱者に的を絞った支援が倫理的な意味でだけでなく、実践においても正しいことが明らかになった。公平性に基づくアプローチでは、投資額を一〇〇万ドル増やせば、従来の保健医療の施策に比べて、最大六〇％多くの子どもの命を救えると言われている。プログラムの焦点を公平性に絞り込むことこそが、ミレニアム開発目標の達成に向けた流れを加速させる、もっとも効果的でコストパフォーマンスの高い戦略だ。それは、とりわけ低所得と高死亡率に苦しむ国々に当てはまる事実である。

包摂的政策を推進し、保健医療、教育、保護プログラムをもっとも必要とする人々に提供できれば、不平等を是正し、人々の社会参加を促すことも夢ではない。これこそが、社会でもっとも不利な立場におかれた人々の完全な市民権を追求する、一番確実な方法なのである。

ジェルー・ビリモリア
Jeroo Billimoria

ジェルー・ビリモリアは、〈チャイルドライン・インド〉〈チャイルド・ヘルプライン・インターナショナル〉〈アフラトーン〉〈チャイルド・アンド・ユース・ファイナンス・インターナショナル〉という4つの組織の創設者として、15年間にわたって児童虐待の撲滅に携わっている。

身体的虐待を受けたストリートチルドレンのサポートに端を発した彼女の活動は、やがて子どもたちの金融リテラシー（経済的資源を効果的に活用するための知識やスキル）や経済的機会の欠如への対応という、より根本的な取り組みに発展し、世界中の子どもたちの経済的未来が保証されるよう支援している。

Chapter 12

経済的自由と子どもたち

インド

子どもたちの多くは自分の家で家族と暮らし、学校に通い、そして、それぞれの文化の慣習に従った日常生活を送っている。なかにはお金を稼いで家族を支える子もいる。そうした子どもたちは恵まれている。わが家に住み、多少なりとも家庭というものを味わうことができるのだから。一方で、多くの子どもたちが、インドをはじめ世界中の路上で、独自の家族や社会を築きながら生きている。このような路上社会は、たいていの国に存在している。そこに属する子どもたちは、ある国ではストリートチルドレンもしくは浮浪児、ある国ではストリートギャング、さらにある国では不潔な子とか厄介者とかいう名前で呼ばれている。様々な呼び方が存在するにもかかわらず、人々が日常生活のなかで、彼らの置かれた状況に目を向けることはほとんどない。

欧米社会では、ごくまれにそうした子どもたちを見かけることはあるものの、それは決して日常的な光景ではない。目にしないことについて考える人は滅多にいない。万が一そうした場面に遭遇してしまったときには、人々は冷淡にも、遠視を患ったように目の前の現実を捉えるのをやめてしまう。しかし、そうした光景が日常となっている社会に住んだ場合にも、皮肉なことに似たようなことが起きる。人々はそうした現実に目をとめなくなり、ありふれた出来事について深く考えるのはよそうと考えるようになる。やはり目の前の都合の悪い出来事に無関心になるのだ。いずれにせよ、子どもたちが路上でその日暮らしの生活を送り、違法行為だろうが反道徳的な行為だろうがなりふりかまわずに、稼げるお金はすべて稼ごうとする姿を想像するのは決して楽しいものではない。

路上の逸材

そこに登場したのが、インド人ソーシャルワーカーのジェルー・ビリモリアだった。彼女は、支援対象だった「私のストリートチルドレン」の生活を理解したいという思いから、子どもたちと一緒に路上で生活したことがある。彼らのための支援策を考えるにはそれが一番だと思ったのだ。彼女自身はその夜の冒険から学んだことを誇りに思っていたのだが、ある晩、一人の子どもにこう言われたのだった。「ぼくはここで暮らしてる。ぼくらと一緒にいるのはあんたの自由だし、そうやってこっちのことを知ったつもりでいるんだろうけど、あんたの場合、この生活が終わったら帰る場所があるってわかってるじゃないか。全然違うんだ。**夜になったらあんたたちソーシャルワーカーは家に帰って、ぼくたちには頼れる人が誰もいなくなる。そんなので、ぼくらのことなんかわかるもんか**」。その言葉は、路上で目にした現実と相まって、ジェルーの考え方に大きな影響を与えた。

一九九六年、ジェルーは〈チャイルドライン・インド★〉を立ち上げた。彼女の言葉を借りれば、それは子どもたちに路上生活を始めさせないための予防プログラムではなく、路上で生活している子どもたちへの支援を目的にしたものだった。というのも、子どもたちはすでに路上にいて、そこでひどい虐待を受けていたからだ。彼らが嫌がらせを受けたり、しつこくつきまとわれたり、厄介ごとに巻き込まれたときに手を差し伸べる、そのための手段がチャイルドラインだった。夜中に（夜が明けたあとの日中にも）行き場所がなかったり、頼れる人がいなかったりするときにサポートを提供する。ジェルーは、路上社会について誰よりもよく知っているのはそこに住む子どもたち自身だということを理解していた。だからこそ、ストリートチルドレン本人が口にしたもっとも切実なニーズに基づいて、そのプログラムを立ち上げたのだった。

★Childline India
www.childlineindia.org.in

チャイルドライン・インドにはフリーダイヤルが設けられ、ストリートチルドレンがどこの公衆電話からでも助けを求められるようになっていた。やがてジェルーは、家族の崩壊をきっかけに路上生活を選ぶ子どもたちには、起業家的な精神が備わっているのではないかと思いはじめた。子どもたちからの電話相談を受けていくうちに、その仮説は確信に変わっていった。路上で生き抜くためには勇気と知恵、忍耐力、さらに革新的で創造的な考え方が必要だと感じるようになったからだ。ストリートチルドレンは危険を冒すことをいとわない。そして起業家としての資質を兼ね備えている。ただし、金銭を扱うことに慣れておらず、いくらか手にしたとしても、あっという間に年上の子や大人たちに取り上げられてしまう。貧困の渦は子どもたちを捕え、売春や麻薬、度重なる違法行為に引きずりこんで、彼らの人生を世間の目や耳から遠ざけ、消し去ってしまうのだった。

こうした気づきはジェルーの頭から離れなくなった。

悪循環を断ち切る

チャイルドライン・インドは、頼れる相手がいない子どもたちの悩みを軽減することを目的に、通話無料・二四時間の緊急電話相談と事後サポートを提供する初の組織となった。研修を受けたストリートチルドレンによって運営され、包括的なアプローチを用いて、子どもを支援する様々な団体や警察官、ソーシャルワーカーたちとフランチャイズ方式を通じた広範囲のネットワークを築いた。★

★"Better World Entrepreneurs: How a Force, No Matter How Small, Can Impact Change and Betterment of Global Societies," *Bangkok Post*, August 16, 2008.

チャイルドライン・インドの評判は世界中を駆けめぐり、ジェルーがようやく一息つくころには、あちこちの街や国から、同様のプログラムを立ち上げてほしいという依頼が入るようになっていた。ジェルーは、真のシステム変革を実現するには世界的な取り組みが必要だという認識から、二〇〇三年に〈チャイルド・ヘルプライン・インターナショナル（CHI）〉★を創設した。プログラムはあっという間に一三三の国に広まり、その数は現在も増えつづけている。CHIは電話相談サービスのネットワークを築き、今日までに一億四〇〇〇万件を超える電話に対応している。驚くべきことに、こうして同様の取り組みが各地に広まる勢いを得たジェルーとCHIチームは、世界規模での政治運動と大胆な政策転換を引き起こした。たとえば二〇〇八年には、国連の専門機関の一つである国際電気通信連合が、世界中の子ども電話相談センターのフリーダイヤル番号を統一することを推奨する案を追補として採択した。

それでもジェルーは満足しなかった。プログラムが広い範囲で成功を収めていることは誰もが認めるところだったが、その仕組みは、子どもたちが最初から路上生活をしないで済むようにはなっていなかったからだ。どうすれば虐待を撲滅できるのか、どうすれば貧困問題を改善できるのか、どうすれば子どもたちを学校につなぎとめられ、どうすれば路上生活の悪循環を断ち切ることができるのか、彼女は考えた。そして、自らに極めて難しい問いを投げかけた。「あの子たちの人生を根本的に変えるには、何が必要なんだろう？」

私が最初に思い浮かべたのは、自分自身の経験でした。私がまだ少女だったころの経験です。父が重病を患っている間、私は家計を管理しなくてはならなかったのですが、そのとき、

★Child Helpline International
www.childhelplineinternational.org

自分が驚くほどやりくり上手だということに気づきました。当時私は若く、一五歳くらいでしたが、父が手取り足取り教えてくれたおかげで、そのようなことができたんです。

貯金のすすめ

そうしてジェルーは、あのときの自分自身の経験や、危機的状況に陥った家族を支えるために、父からどのように権限を与えられたかについて考えはじめた。彼女が感じたのは、子どもたちにはお金について理解する力、自分自身を信じる力、ひいては人生を変える力があるという事実を、大人たちが気づいていないということだった。その思いは、もう一つのシンプルな気づきと相まって、ジェルーに〈アフラトーン★〉という名の新たなプログラムを創設させるきっかけとなった。その気づきとは、通常、子どもたちが路上生活を始めるのは八歳、九歳、もしくは一〇歳であり、すなわち彼らは小学校教育を最低一年は受けている、というものだった。つまりジェルーは、彼らが引き続き学校に留まり、路上で生活しなくてすむような仕組みを考えればいいのだ。**増えつづけるストリートチルドレンの問題に根本から対処するために、子どもたちに十分な金融リテラシーを身につけさせることにした。学校に基盤を置いたプログラムを構築して、その日暮らしではなく、人生を長期的に見据える大局的な視野を授けようとしたのだ。**そうすることで子どもたちのなかにある起業家的なたくましさを引き出し、お金をかせぐ意味を変えようとした。CHIが路上の子どもたちを支援するのに対し、新たなプログラムであるアフラトーンは、路上で暮らしはじめる前の、学校に通う子どもたちを対象としていた。

★Aflatoun
www.aflatoun.org

アフラトーンは二つの前提によって支えられている。一つは、ジェルーのソーシャルワーカーとしての経歴と、子どもたちを路上に追いやらざるを得ない状況から守ろうという強い思いに起因した、職業上の前提。もう一つは、純粋に彼女独自の論拠——子どもたちは、社会的・経済的権限を与えられることで、自らの人生における変化の担い手となり、貧困の連鎖を断ち切り、より公平な世界を築くことができるという確信——である。彼女にとって、アフラトーンのモデルはある言葉の上に成り立っている。それは「信頼」だ。他人に対する信頼、そして自分自身に対する信頼である。

未来を築く学習プログラム

多くの国では、アフラトーンの対象グループは貧しい子どもたちだ。彼らの手もとには貯蓄に回すお金こそほとんどないが、貧困国でさえ、子どもの多くは少額のお金を持っているということは、経験則から明らかである。親からお小遣いとしてもらうこともあれば、何か特別な機会に知り合いや親戚からもらうこともある。奨学金や、放課後のアルバイトで稼いだお金ということもある。

ブルキナファソのある子どもは、アフラトーンのプログラムに参加して一年で十分な額の貯蓄をすることができ、中古自転車を買った。そして、それを使って自転車レンタルを始め、現在では五台の自転車を所有するようになり、家族と協力して弟を学校に通わせている。こうした話は決して珍しくない。アフラトーンのプログラムに子どもが参加するということは、その親きょうだいやコミュニティをも巻き込むことにつながる。自分の子どもが貯金について学んでいることを理解している母親は、ひそかに家計のいくらかを子どもに渡し、貯蓄させるようになる。そして、アフラトーンによる指導のもと、それを元手に子どもたちに小規模ビジネスを始めさせる。ある母親の子どもは、貯金を使ってビーズ細工の材料を買い、できあがったものを販売した。

どんなに小規模であろうと、こうしたビジネスのおかげで、子どもたちは「将来は」という言葉を使い、今後の人生を思い描くという贅沢を手にすることができる。かつて何もなかったところから将来を描くようになるということは、悪夢を甘美と安堵感に満ちた夢へと変えるきっかけとなる。**アフラトーンでは、いくら貯まったかということよりも、定期的に貯蓄する習慣がついたか否かが重視される。**貯蓄、計画、予算管理を学ぶことの意義は、目先の金銭的な報奨を超えたところにある。何より重要なのは、子どもたちが未来志向の考え方を養うこと、経済的な脆弱性を回避し、負債や貧困の罠に陥らないよう、最善の方法を示すことにある。

ジェルーは社会起業のパイオニアとしての豊富な経験を活かし、最初に最難関の（つまりもっとも貧しい）国々を選んで自分の冒険を試みた。一一カ国で驚異的な成功を収めたアフラトーンの次なる目標は、二〇一〇年までに一〇〇万人以上の子どもを支援するということだった。そしてそれは、当初の予定を四〇万人も上回るかたちで達成され、組織の理念と使命は、七五を超える国に拠点を置く様々なパートナー組織にカリキュラムと教材の使用権を認めることによって、次第に普及していった。

世界一二三カ国で活動を展開する経済教育団体、ジュニア・アチーブメントのナミビア支部がアフラトーンのプログラムを採用した際、ナミビア第一銀行ホールディングス（ＦＮＢ）のＣＥＯはこう言った。「アフラトーンのプログラムは、貯蓄という文化を体系立てて教えるだけでなく、貯蓄そのものを推進しています。定期的に貯蓄しているナミビア人が人口の三％に満たないという事実を考えると、こうした活動はとても重要なことです。ナミビアは浪費家の国のようですが、そのために私たちは、世代をまたぐ貧困の連鎖から抜け出せずにいます。アフラトーンは、経済的自立に向けた有益なスキルを子どもたちに身につけさせることで、彼らが変化を起こし、貧困の連鎖を断ち切れるよう応援しているのです★」。彼は、ＦＮＢが資金的サポートを提供する四年のあいだに、一〇万～一五万人の子どもたちがアフラトーンのプログラムに参加することを願っている、とも述べた。

一つひとつの積み重ねがシステムになる

アフラトーンは、子どもや若者向けの経済教育を、教育者や為政者の話し合いのテーブルに載せるという組織の目標の一つを、世界のあちこちで達成しつつある。しかしジェルーはここでも自らに難しい問いかけをしている。「経済の本流に加われなければ、子どもたちはどうやって経済的自立を達成できるだろうか？　貧困の連鎖を断ち切るよう構造面での解決法を見出し、人々からの共感を得ることによって公共政策の転換を図るには、どうしたらよいのだろうか？」

アフラトーンが適正な経済教育を実施しているおかげで、子どもたちはお金に関する適切な判断力を身につけていくことにはなるだろう。しかしながら、自分のために貯蓄を始めたい、

★"FNB Namibia Launches Support of Aflatoun," FNB Namibia, August 11, 2010；オンラインでも閲覧可www.fnbnamibia.com.na/news/archive/2010/20100811Support.html（2011年10月17日閲覧）.

あるいは小規模ビジネスを始めたいと思った子がいたとしても、少なくとも一八歳になるまでは頼る先がなかった。そこでジェルーは、チャイルドラインから始まったシステムを完成させるため、補完的な組織をもう一つ立ち上げることにした。二〇一一年、〈チャイルド・アンド・ユース・ファイナンス・インターナショナル★（ＣＹＦＩ）〉が創設され、アドボカシー活動における三つの目標が掲げられた。第一に、二〇一五年までに一億人の子どもや若者が、適正で経済的負担の少ない金融商品を利用できるようになること。第二に、二〇一五年までに一億人の子どもや若者が、ＣＹＦＩによって実施される経済教育プログラムを受けられるようになること。最後に、世界一〇〇カ国の国々において、ＣＹＦＩが推進する行動計画がとりいれられること。ジェルーは、長年にわたって社会に存在してきた、子どもたちの経済的ニーズや能力といったものに対する固定観念を変えるべく、銀行や金融監督庁、国内ＮＧＯ、そして政府機関との連携を模索している。関係機関はすべて、このチェンジメーカーが集まるコミュニティの一員になることが期待される。これは壮大な取り組みだ。しかし、彼女が世界中で収めた大きな成功を見れば、二〇一五年が世界の子どもたちにとって記念すべき年になることは間違いない。

何が彼女を突き動かしているのか、彼女のミッションに終わりはあるのか、あるとすればそれはいつなのか、聞いてみた。彼女の謙虚さに満ちた答えは、大勢の生活に影響を与え、さらに多くの人々の人生を変えることにただ邁進する人らしいものだった。

私を突き動かしているのは、正しいことをすべきだという思いです。終わりがあるか否かについては考えません。たいていのときは——九九・九九九％は——意識していません。考

★Child and Youth Finance International
childfinanceinternational.org

えているのは、次に何をするかということだけです。それが自分のあり方だと思っています。

アンドレアス・ハイネッケ

Andreas Heinecke

アンドレアス・ハイネッケは、〈ダイアログ・ソーシャル・エンタープライズ〉の創始者兼 CEO である。

人々が、「私たち」と「あの人たち」の壁を乗り越え、「障害」を「能力」として、「異質なもの」を「似たもの」として社会が認識を改めるよう、20 年以上にわたり活動を続けている。

Chapter 13

「私たち」と「あの人たち」の壁を乗り越える

ドイツ

子どものころのアンドレアスは、戦争、兵士のフィギュア、戦車の模型に夢中だった。一三歳のときには、床いっぱいに広げた戦場でプラモデル同士を戦わせて何時間も遊んでいた。ドイツ人であることを誇りに思い、第二次世界大戦について一つでも多くの知識を得ようとした。ある日、アンドレアスがテレビでワルシャワの爆撃に関するドキュメンタリー番組を観ていると、ユダヤ人たちが列車に乗せられ、強制収容所に送られていくシーンが映った。ドイツが戦争に負けたのはユダヤ人のせいだと確信した彼が、その考えを母親に伝えようと振り返ると、驚いたことに、声を殺して泣く母の姿が目に飛び込んできた。そのとき母はアンドレアスに、自分たちの身内にはユダヤ人もいたのだが、戦争中に殺されたと語った。あまりの衝撃にアンドレアスは混乱しつつも、母方の親戚には誰一人として会ったことがない理由をようやく理解したのだった。

翌日、アンドレアスは戦車の模型を一台残らず白く塗り、赤で十字のマークを入れ、空想上の戦争ごっこの代わりに、レスキューごっこを始めた。知らず知らずのうちに、「殺す」のではなく「救う」という行為が彼のなかに根づいていった。人はどのようにして互いの社会のなかで優劣を決めていくのかを追究するという、生涯にわたるプロセスが始まった。人々が友人や隣人、家族を裏切る理由と、それを可能にする要因を探し求めた。アンドレアスにとって、それは最大の関心事項となった。何が人を善から悪に変えるのか。どうして何百万という無実の命があの戦争で奪われることになったのか。そうした関心が彼をいざない、将来への道筋を決定づけていった。

出会い

それからわずか数年後、ラジオ局で働いていたアンドレアスは、最近事故で失明したジャーナリストのもとを訪ねてほしいと頼まれた。視力を失ったいま、彼がどんな仕事をこなせるのか考えてほしいというのだ。アンドレアスには、時間の無駄としか思えなかった。目の見えない男がラジオ局に来ても、何一つできるはずがない、したがって頼める仕事などない、と考えたのだ。

私は、彼のアパートについてインターフォンを鳴らし、どことなく居心地の悪さを感じていました。そのときドアが開いて、男性が出てきました。驚いたことに、その人は盲目には見えず、革ジャケットを身につけたロックンローラーのような男です。背が高く、長髪で、むしろ楽しそうな雰囲気さえ漂わせていました。私は、彼が本当に自分の探しているマティアスという人物なのかどうか、思わず確認しました。それほどまでに、目の前に立っている男が視覚障害者だということが信じられなかったんです。彼について家に入り、下の階に向かいました。私は階段を下りながら、彼に「気をつけて」と声をかけました。マティアスは答えました。「心配いらない。目が見えない人間だって歩ける」。部屋に腰かけると、彼はたばこを取り出し、私がじっと見つめるなかでその先端に火を点けました。それから、部屋を歩き回り、私に話しかけながら、コーヒーを注ぎました。言うまでもなく、彼はすべてのことをむしろ普通どおりにこなしていました。

私はあまりにも驚いて、面談を終えて彼の家を出るなり、自分のことが心から恥ずかしくなり、ショックを受けました。自分のようにきちんと教育を受け、身内に起きた過去の出来事を知っている人間が、すぐさま彼とのあいだに精神的距離を置き、相手の人生の尊さについて考えもしなかったことに、大きな羞恥心を覚えました。自分がマティアスを「異質なもの」と決めてかかっていたこと、それゆえにより簡単に彼を排除してしまったのだということを感じました。そして、どうやってナチスが障害者に対する試験的ガス実験に走ってしまったのかということを、考えずにはいられませんでした。

その出会いからまもなく、アンドレアスは「異なった能力を持った人々」についてもっと詳しく学ぶことにした。そのなかで、世界には障害のある人が六億一〇〇〇万人おり、そのうちの四億人が開発途上国に、三八〇〇万人がヨーロッパに住んでいることを知った。アンドレアスにとってはもはや驚きではなかったが、調査結果によれば、そうした人々は周囲から一様に「障害者」と呼ばれているものの、自らをそう認識している人は全体のわずか五%に過ぎないということだった。つまり、**「異なった能力を持った人々」を「障害者」にしているのは周囲の人間であり、ある種の能力を欠いた本人ではない**ということになる。「普通の人」が「そうでない人」の権限を奪っているのだ。アンドレアスは、違いの受容というものに深く関わるようになっていった。

真の目標を見つける

その後アンドレアスはドキュメンタリー作家兼ジャーナリストとなった。ラジオ局でのマティアスの活躍ぶりをより分析的に観察するにつれ、暗闇に囚われているのはマティアスではなく、むしろ自分のほうであることに気がついた。それまでアンドレアスは、そのままずっとラジオ局で働きつづけることしか考えていなかった。しかし突如として、そんな生き方に魅力を感じなくなった。不意に人生がばらばらに分裂し、空っぽになっていくように感じた。自分の真の目標であり、歩むべき人生の方向性を見つける経験をしたのは、そんなときだった。

ある日、偶然にもアンドレアスは、明かりなどないも同然の暗室のようなラジオ局の一室で、マティアスと居合わせることになった。何も見えず、自分ではお手上げの状態で、出口に向かう間、マティアスのことがどれだけ頼りだったかを実感した。この経験にアンドレアスは、視覚障害というものに初めて出会ったときと同様、大きな衝撃を覚えた。「異なった能力を持った人々」がどれほど有能かを改めて確信した。とはいえ、社会はそういう視点で彼らを見ておらず、そのような認識も持っていない。アンドレアスは、目の見えない人と見える人とを引きあわせることで人々の認識を変えるにはどうすべきかを考えはじめ、自分が学んだことを人にもわかってもらうには、やはりあの方法以外にないという結論に至った。すなわち、出会いだ。しかしそれには、彼が体験したのと同じように、**二者の立場がすっかり入れ替わり、ねらいどおりの結果を生むような環境をつくりだす必要があった。状況を逆転させ、健常者に自身の弱さや限界を実感してもらわなくてはならない。**そのような経験をすることによって、人々が新たな事実に気づき、いままでとは違う視点から物事を見るようになるだろうと、アンドレアスは確信していた。目の見えない人の能力を、過去にそうした人と接したことのない人々に示すことができたなら、彼らもやはりその有能さを認めるに違いない。それが、目の見えない人に対する尊敬の念を育むとともに、双方による交流の機会を創出し、学び合いの場とするための、彼なりの方法だった。

三六〇度の転換

アンドレアスは「暗闇」体験の実験を始めた。安全を確保しつつ、認識の転換を生み出す程度に冒険的な状況を考え出すことに、楽しさを感じていた。

一九八八年、暗闇での最初のグループ体験がおこなわれました。私は、部屋に入ったガールフレンドの反応を見守ろうとしていました。ものすごく親密な体験でしたよ。暗闇に立って、互いに体がぶつかったりするのに、ほとんど何も見えないんですから。そんなとき、ガールフレンドが私にキスを求めているのがわかりました。でも、私が応える前に、彼女は後ずさりしてしまい、そこにいたのはまったく別の女性でした。私は違う人にキスしてしまったんです。大笑いしました。おかしい上に、まったく意表をついた体験でした。そのとき私は、このアイデアはいけると確信しました。

アンドレアスはこのプログラムを「ダイアログ・イン・ザ・ダーク（暗闇のなかの対話）」と名づけ、「私たち」と「あの人たち」の壁を取り除くための研究所を立ち上げた。人々が普段とはまったく違う世界にどっぷりと浸かって、偏見を打ち破り、異文化とのあいだに存在する壁について語り、理解するためのプラットフォームだった。それは、言葉ではなく行動することに基礎を置いたものだった。目が見える人々は完全な暗闇を体験し、目の見えない人々から知覚することを教わる。このプログラムが目の見えない人々の雇用につながるとか、これがきっかけで彼らが外に出て働く勇気を得るようになるとかいうことは、アンドレアスにとって一番のねらいではなかった。もっと重要なのは、心の溝をどう埋めるか、どうやって両者のあいだに対話を促し、互いに対する考え方を変えるかということだった。最大の焦点は、**共通の経験を通じて参加者たちが「障害」を「能力」として、「異質なもの」を「似たもの」として再認識する**という点に落ち着いた。

考え方としては大変シンプルなものだった。完全な暗闇に包まれながら、小さなグループが目の見えない人に誘導されて、日常を彷彿とさせる様々なシーンのなかを進んでいくのだが、視覚に頼れない状況では、それは突如として非日常的なものに感じられる。ある記者はその体験についてこう語っている。

> 参加者は盲目のガイドに案内されながら、小さなグループを組んで、真っ暗な空間のなかを歩いていく。音、風、温度、感触などを通じて、日常生活でおなじみの公園、繁華街、バーといった場所の特徴が伝わってくる。暗闇では、日常的な出来事がまったく違った経験に感じられる。そこで起こるのが立場の逆転だ。普段目の見える人はよく知った環境から引き離され、視覚という、日々の暮らしのなかでもっとも頼りにしている感覚を失う。一方で、視覚障害者はグループを誘導する。安全と方向感覚を提供し、景色のない世界を紹介する。全盲もしくは弱視のガイドたちは、暗闇で参加者の目を開かせ、視覚のない世界が周囲に比べて決して不幸ではないことを教えてくれる。ただ違うという、それだけなのだということを。★

★Stefan Wilhelm, "Intelligent Optimists: Dr. Andreas Heinecke," Ode Magazine, August 20, 2009；オンラインで閲覧可：www.odemagazine.com/blogs/intelligent_optimists/9303/dr_andreas_heinecke（2011年9月28日閲覧）.［訳注／原書のURLは現在無効. オランダ語版の翻訳記事：odenow.nl/intelligente-optimist-andreas-heinecke］

「あの人たち」を見つめなおす

ダイアログ・イン・ザ・ダークは現在、〈ダイアログ・ソーシャル・エンタープライズ（DSE★）〉に姿を変えている。他団体にプログラムの使用権を与えることによってアイデアのインパクトを拡大させ、かつてないほどの広がりと規模を実現している企業だ。DSEは認識の転換を目的とした研究所で、現在では、「ダイアログ・イン・サイレンス（無音のなかの対話）」というプログラムも実施している。コンセプトとしてはダイアログ・イン・ザ・ダークと似ているが、違いは、耳の不自由な人に焦点をあてているところだ。ごく最近では、「ダイアログ・オブ・ジェネレーション（世代の対話）」も始まった。これは、「世代を超えた対話を促進し、老いに対する社会の考え方を変えるためのプログラムで、近年世界中で見られる高齢化の問題に焦点をあてたものだ。高齢者が自分たちの思いや悲しみ、夢やニーズについて語るプラットフォームになることが期待されている★」

さらにこれらのプログラムは、小学生や教員向けの教育行事から一般向けのもの、さらにはあらゆる規模の企業を対象に世界中で実施されるビジネスワークショップまで、そのほかの様々な活動によって補完されている。二〇〇九年には、世界的な投資・保険会社であるアリアンツ・グローバル・インベスターズ（アリアンツGI）が、社内のリーダーシップ研修の材料としてダイアログ・イン・ザ・ダークに着目した。そして、ミュンヘン本社に、研修所としてのダイアログ体験施設を立ち上げ、各国からやってくる様々なマネージャーたちに研修をおこなった。アリアンツの上級副社長ゲルハルト・ハストレイターは、ダイアログ体験を用いた研修セッションを四

★Dialogue Social Enterprise
www.dialogue-se.com

★DSEの2010年度報告書 p.87.

度も実施した。うち三回は、彼の直属の部下三〇〇人を対象に企画したものだった。ハストレイターによると、ダイアログを通じた研修には毎回違った気づきがあるという。「人は、暗闇に入った瞬間に知覚を変化させる必要性に迫られます。それはやがて、その人の行動パターンの変化につながっていきます。スローダウンする。より長い時間をかけて内省する。普段より注意深く話を聞くようになり、もっと明確にメッセージを伝えるようになる。プログラムが進行するにつれ、参加者たちの行動やチームの力学が変化していくのが手に取るようにわかるんです」。

アリアンツは、ダイアログ体験を社員間の信頼関係の構築とリーダーシップ育成の手法として活用している。同社が業界における人材育成のあり方に変革をもたらしており、多様性に関する実践的理解の醸成という点においてモデル的存在となるであろうことは間違いない。二〇一〇年の時点で、DSEは、世界中のあらゆる業種のあらゆる企業を対象に、五〇〇を超えるワークショップを実施している。

ときには、交流促進のための特別イベントも開催される。たとえば、「テイスト・オブ・ダークネス（暗闇の味）」と呼ばれる食を通じた体験では、真っ暗闇のなかで、盲目のウェイターが四皿のサプライズメニューからなるディナーコースを目の見える参加者たちに提供してくれる。現在は、暗闇でのワインテイスティングやコンサートも実施されている。まさに発想の転換だ。

多様性を知ることは、人間性に気づくこと

一九八八年以来、三五の国で七〇〇万人を超える人々が、一六〇ものダイアログイベント

に参加している。ＤＳＥの様々な活動に携わる視覚・聴覚障害者向けに、七〇〇〇件以上の雇用が生み出されている。そうした体験や出会いの場に参加した人々に与えた影響や、それに対する反響は計り知れない。参加者たちは一様に、「プログラムを通じて自己の価値観や人間性を発見した」「世界観が根底から揺らぎ、大きく変わった」と口をそろえる。世界トップクラスのビジネススクールであるＩＮＳＥＡＤでは、フランス校とシンガポール校で実施されるカリキュラムの一部に、ダイアログのワークショップを組み込んでいる。このワークショップは多様性について教えるとともに、「ダイアログ体験は、底力にあふれた変化を引き起こし、イノベーションスキルを育成するための強力な手段です」と同スクールでリーダーシップ論の授業で教鞭をとるハル・グレガーセン教授は断言している。ＩＮＳＥＡＤでは、毎年実施される社会起業家リーダーシップ養成プログラムの参加者を対象に、ダイアログのワークショップをおこなっている。ＤＳＥでは以前「ビジネスリーダーシップ改革」計画を立ち上げた経緯があり、ＩＮＳＥＡＤを通じてビジネススクールの学生たちと協働することは、それを推し進める大きな一歩となった。

ＤＳＥのプログラムは、健常者が目や耳の不自由な人々に対して抱いていた従来の考え方を根底から覆しただけではない。**様々なリーダーやマネージャーたち、異なる社会経済階層、異なる体格や肌の色をした人々――こうした人々のあいだに存在する違いをめぐっての、様々な考え方や接し方にも影響を与えようとしている。**ダイアログ体験は、ビジネスの場にも大学の教室にも、同じように変化をもたらしている。だがそれは、最後には障害のある人たち自身にも変化をもたらすことになる。彼らは初めて「自分たちのことを新たな観点から見聞きしている」。イスラエルのホーローンにあるイスラエル子ども博物館で、ダイアログ・イン・サイレンスの人材マネージャーを務めるテイル・エリメレフの言葉が、それを如実に表している。

私はたくさんのアイデンティティを持った人間です。聴覚障害者であり、耳の聞こえない両親から生まれた娘であり、母であり、女性であり、妻です。いろいろなことがない交ぜになっているんです。そうした数々のアイデンティティのなかでも、耳が聞こえないという点は、その他のものよりも強調されがちです。それがダイアログ体験によって、私は生まれて初めて聴覚障害という特徴を脇へやり、それ以外のアイデンティティを前面に押し出せるようになりました。いままでは仕事場に来ても、私の世界が二つに切り分けられることはありません。私の世界は一つです。たとえわずかであれ、私には現状を変える力があります。聴覚障害という世界に対する見方をちょっとでも変えて帰っていく参加者一人ひとりが、私にとっては成果です。その変化はものすごく強力で、どんどん広がっていくんです……私はそこに立って人々と向かいあい、扉を開けて彼らを喜びに満ちた私の世界へと迎え入れる。そして、彼らの目を開こうとしているんです。

アンドレアスは偏見を打破することによって、変革に満ちた世界――ビジネスリーダーから、学生、障害のある人まで、すべての人が変革の触媒サイクルのなかでそれぞれの役割を担い、「私たち」と、私たちのなかにある「あの人たち」という概念に影響を与える世界――の実現に貢献しているのである。

トーキル・ソナ
Thorkil Sonne

トーキル・ソナは、スペシャリスタナ社の創設者兼取締役である。

自閉症の人々を雇用し、彼らが自らのコンピュータスキルを活かしてビジネス界に価値のあるサービスを提供できるよう、支援している。

Chapter 14

自閉症という名の才能

デンマーク

彼らのことを自閉症だとは思っていません。むしろ専門家というべきです。集中力があって、細かいところに目が行き、おまけに粘り強いという、すばらしい長所を持った人々です。自閉症という診断さえなければ、そうした能力は評価されるものではありませんか？　自分とは違う人と決めてかかるのではなく、どんな能力を持っているかで相手を理解してみてはどうでしょうか。

――トーキル・ソナ

三歳の息子ラースが自閉症と診断されたとき、トーキル・ソナは悲しみに打ちひしがれた。トーキルいわく、彼はどこにでもいる家庭的な男で、人並みの人生を送り、暇を見つけては地域のボランティアに積極的に参加してきた。順風満帆の人生を、エンジン全開で走り抜けていた――末の息子が自閉症と診断されるまでは。トーキルと妻にとって、それは人生を揺るがす出来事だった。彼の頭に真っ先に思い浮かんだのは、これから生きていくなかで、ラースがほかのきょうだいと同じだけの機会に恵まれることはないだろう、ということだった。トーキルは、成長した息子の姿を想像し、自問した。「ラースが大人になり、ぼくら夫婦が齢をとって、あの子の面倒を見たり、自閉症との闘いを支えてやれなくなったとき、何があの子を幸せにできるだろうか？あの子が充実した人生を送るためには、何が必要なのだろうか？」

映画と現実の違い

トーキルは自閉症について何も知らなかった。しいて言えば、自閉症の主人公を描いた映画『レインマン』を観たことがあるくらいだ。ハリウッドは現実を誇張していると感じた。あの映画を観た人のほとんどは、自閉症と呼ばれる人たちが全員、映画の主役と同じような能力や特徴を持っているという印象を抱く。だが現実の世界では、あのような並外れた力を持つ人はほとんどいない。自閉症の人たちの一％にも満たないことは確かだ。トーキルが無我夢中で自閉症について学ぶなかで、妻とともに気づいたのは、彼らが目を通したすべての本が、ラースは一生仕事を得ることができず、常に困難がつきまとう人生を送る運命にあるという共通の見解を示している、ということだった。ラースが社会に適応していくことは可能なのか、そのためにどうしたらよいのかを教えてくれる本は一冊もなく、ただひたすら、いかにそれが不可能かを説明するものばかりだったのである。

自閉症スペクトラムは、一人では生活が難しい最重度のものから、一九九四年まで発達障害とは認定されず、極端な社会不適応とさほど変わらない軽度の障害（いわゆるアスペルガー症候群と呼ばれるもの）まで、様々である。対人関係やコミュニケーション、場の空気を読む（たとえば皮肉や嫌味を理解する）といったことが苦手で、チックや動作の反復といった特徴が現れたり、日課、ルール、落ち着いた平穏な環境などから安心感や安全を得ようとする傾向が見られたりする。推定では、人口の約一％が自閉症、さらに三〜四％が注意欠陥多動性障害（ＡＤＨＤ）であると考えられている。この数字と、それが世界規模で表す人々のことを想像してみてほしい。個人や家族、社会が直面する難題の規模が世界的にどれほどのものになるのか、すぐにわかるはずだ。

偶然の発見

夫婦で現実と何とか向きあってみると、トーキルは、自閉症という診断が下されようともラースは以前と同じラースである、ということに気がついた。彼は相変わらず愛情にあふれた、かわいらしくやさしい子で、ただ友達がいないというだけのことだった。ラース本人にしてみれば、自分が自閉症だという事実は何の意味も持たなかったのだが、両親にとっては別の話だった。時間が経つにつれ、ラースの将来に対する彼らの不安はますます大きくなっていった。そこで、夫婦で話しあった結果、トーキルはＩＴ企業の技術部門責任者の仕事を辞め、ラースがただ生きていくだけでなく――可能であれば――充実した人生を送るためには、いったいどんな方法で支援するのがベストなのかということについて、できる限りの情報を得ようとした。

トーキルは自閉症協会の活動に携わるようになり、まもなく地元支部の支部長に就任して、三年にわたりその職を務めた。デンマークの福祉制度やサポートに積極的なＮＰＯについて少しでも多くの知識を身につけるとともに、ありとあらゆるプログラムや講演会に参加したり、人々から打開策やアイデアを提供してもらったりすることによって、様々なことを学んだ。そこからわかったのは、デンマークには数々の福祉支援制度が用意されているが、それらはどれも目に見える障害を前提につくられている、ということだった。さらに、トーキルがほどなくして気づいたのは、福祉担当者はリスクを冒さないほうが評価されるらしい、ということだった。彼らが得意とする仕事の進め方はただ一つ、それまで踏襲されてきたやり方をただひたすら繰り返すということだった。そのままのシステムでは、イノベーションが奨励されることはない。行政組織や従来の労働市場は型にはまった考え方に縛られていて、何かが変わることは期待できそうもなかった。そうした組織の目に、ラースが欠陥ではなく能力を持った人間として映ることは永久にないように思われた。

トーキルが様々な研究や自閉症協会での経験を通じて学んだことは、彼の人としてのあり方や、障害を持った子どもや大人、その親との接し方に影響を与えた。他者とその人生に敬意を払うということについて、多くを学んだ。以前であれば、スーパーに行って行儀のよくない子どもを連れた女性を目にすると、心のなかで、しつけが行き届いていないからだとか、なぜ子どもをちゃんと静かにさせられないんだと思いながら、彼女を責めた。いまでは、そんな人を見ると勇気ある母親だと感心し、彼女が抱える困難や周囲に対する気まずさに対して心から共感し、抱きしめてあげたいとさえ感じるようになった。それは、以前は絶対に湧くことのなかった感情だった。

人生のギアチェンジ

自閉症に深く関わる前のトーキルは、主にコンピュータシステムを扱う通信会社に勤めていた。自閉症に関して調べるうちに、彼はあることに気がついた。過去に目にしてきた、コンピュータを使って非常に優秀な仕事をするスタッフの何人かが、自閉症によく似た特徴を持っていたということだ。すなわち、**彼らはモチベーションが極めて高く、とりわけ細部によく気がつき、驚くべき記憶力と高い集中力を持っていた。そして、細かいところを一つ一つチェックし、すべてが設計どおりに作動することを確かめるまでは、作業を中断することはなかった。**社交性は必ずしも高いとは言えず、一人でいることを好んでいた。そうした人々は、適した環境で適した仕事を与えられることで、ずば抜けた力を発揮するようだった。トーキルは考えた。「自閉症と言われる人のなかにも、これとまったく同じ能力を持つ人がいる。そういう人々も、同じ環境のもとで活躍することができるのではないだろうか?」

この仮説を確かめるべく、トーキルは、新しいコンピュータソフトのテスト作業を担当するコンサルタントという隙間《ニッチ》に着目する、市場重視型の企業を立ち上げた。幅広い顧客層が期待できそうな上、ラースのような人たちにとっても、労働市場で優位に立つチャンスが山ほどありそうな気がした。こうして二〇〇四年、〈スペシャリスタナ〉[★1]は誕生した。さらに二〇〇八年には、世界中の自閉症の成人たち一〇〇万人の雇用を目標に掲げたNPO団体、〈スペシャリスト・ピープル財団〉[★2]の立ち上げに成功したのだった。

トーキルには自分の使命がはっきりと見えている。スペシャリスタナは、一言で言えば、企業と契約を結び、ある特化した作業に従事するためのITコンサルタントを派遣する人材会社である。コンサルタントたちは、社会スキルよりも専門技術で評価された人々だ。トーキルは『ハーバード・ビジネス・レビュー』誌のインタビューにこう答えている。「私たちは、労働力を安く提供したり、作業療法の一貫として活動したりしているのではありません。当社のコンサルタントがほかより優秀な仕事をするという、ただそれだけのことなのです[★3]」

ニーズに合った名案はおのずと売れる

★1 Specialisterne.「専門家」の意. www.specialisterne.com

★2 Specialist People Foundation specialistpeople.com

★3 Suzan Donovan, "Entrepreneur Thorkil Sonne on What You can Learn from Employees with Autism," *Harvard Business Review*, September 2008; オンラインでも閲覧可:hbr.org/2008/09/entrepreneur-thorkil-sonne-on-what-you-can-learn-from-employees-with-autism/ar/1(2011年9月8日閲覧).

スペシャリスタナが優れた業績をあげている理由は、それが理想主義とビジネスの両方の側面を併せ持ち、非常に強い考えの上に設立されたためで、トーキルいわく、会社は最初から「自活」を可能にしていた。

誰も挑戦したことのないビジネスです。ですから、何をどうしたらいいのか想像もつきませんでした。しかし、そのおかげで、普通ならどうするかということにまったく縛られずにやってこられたという面もあります。既成概念に囚われることなく、自由な発想で進めてこられたのです。

自閉症のセラピーのほとんどは、自閉症の人を社会の現実に適合させることに重点を置いている。その逆、つまり社会全体や職場における環境や考え方を、自閉症の人々のニーズに合わせて変化させ、彼らがより大きな世界に溶け込んでやっていくための機会を拡充させようという試みは、ほとんど見られない。トーキルは、契約ベースで雇用されるＩＴコンサルタントだけでなく、派遣先になることが見込まれる企業に対しても研修を実施し、職場環境がコンサルタントたちのニーズに対応できるものとなるように取り組んでいる。

スペシャリスタナのコンサルタントたちの大部分は派遣先企業のオフィスで働くため、快適な職場環境を築くことが、彼らの作業能率と行動障害の改善を促すカギとなる。リラックスした雰囲気のなかでは、自閉症の特徴とみられる行動は最小限になり、あとは、周囲の人々による少しの理解が必要なだけだ。トーキルは一言「自閉症の人は、間仕切りのない広々としたオフィスなど発明しませんでしたよ」と付け加えるが、自閉症のスタッフのニーズに合った気風をつくることは、一般的なオフィス環境の範例《ベストプラクティス》とそう大きくは変わらない。**系統だった作業方法を確立すること、明確な指示を出すこと、できるだけストレスを減らすこと、個人の能力に合わせた就労時間を設定することなどだ。**一方、スペシャリスタナの側では、最初の五カ月間でおこなわれるコンサルタント向けの集中研修の期間中と終了後に、コンサルタントへの継続的サポートや個別トレーニング、技能開発プログラムなどを提供し、それぞれが新たに担当するプロジェクトにスムーズに移行できるよう支援をおこなう。コンサルタントたちは、そうしたトレーニングを通じて市場で優位に立つための技能だけでなく、日常生活に関連した能力を育み、強化していくのである。

スペシャリスタナのコンサルタントの一人、ステファン・モラー・ペデルセンは、ほかの多くのコンサルタントたちと同様の感想を抱いている。「いまでは楽しい生活を送っています！　スペシャリスタナを通じて、高い職業技能を身につけることができ、心から感謝しています。スペシャリスタナは、私の社会スキルを高めるのも手伝ってくれました！」

派遣先企業では、スペシャリスタナとの連携が始まると、連絡窓口となる人が任命される。連絡窓口となるのは、自閉症の人たちが持つ能力や限界に理解がある人で、スペシャリスタナはこの連絡窓口となった人々に対し、自閉症のスタッフたちと効果的に仕事をするための方法に関するトレーニングを実施する。また、そのほかの従業員たちに対しても、自閉症に関する知識や、一緒に働く際に配慮すべき点などについて簡単な説明がなされる。派遣先企業の数社が、おそらく予想どおりといった様子で報告してくる内容によると、自閉症のコンサルタントと接する機会の多いスタッフたちは、非常に明確なコミュニケーション方法が必要な人々と一緒に仕事をするようになったおかげで、互いにより明快で率直な話し方で意思疎通するようになっているという。

また、スペシャリスタナのコンサルタントを受け入れた結果、ほかの従業員同士のコミュニケーションが促進され、職場の相互理解の向上につながっていると実感しはじめる企業は珍しくない。ＩＢＭ社のソフトウェア管理支援サービス部門のヘンリック・ネサガーは次のように語っている。

スペシャリスタナから派遣された二人の実習生と働くなかで、明確な説明と最適な職場環境づくりという要件を最初から満たすことが、彼らの業務効率と最終成果品の質を劇的にアップさせることにつながるのだとわかりました。彼らとチームを組むことは、目からうろこが落ちるような経験でした。いまでは、そこから学んだことをほかのチームと仕事をする際に活用し、大きな成功を収めています。これはまた、チームメンバーの満足度の向上にもつながっています。

ハンディキャップではなく、強み

トーキルは、社会が自閉症に対して持っている認識を変えつつある。すなわち、ハンディキャップという考え方から、競争優位性を生み出す才能としての認識へ転換させているのだ。

彼の目標は、人々を必要とされている場所へと導くことだ。その作戦は「たんぽぽモデル」と呼ばれている。

多くの人が、たんぽぽを雑草として扱っています。しかし思うに、雑草とは、そのものが持つ価値を価値とみなさない場所に生えてしまった植物のことを指しているにすぎません。そうした場所から、その価値を必要としている場所へと移動させることで、雑草はハーブと呼ばれるようになります。それがたんぽぽの置かれた状況であり、社会の本流に居場所を見つけることができない、多くの「専門家《スペシャリスト》」たちの置かれた状況でもあります。適正な場所へと導かれることで、彼らは輝けるはずです。

スペシャリスタナが成長するにつれ、世界のほかの街で同様のモデルを広めてほしいという要望が、あちこちから飛び込んでくるようになる。トーキルのもとには、世界六〇カ国、アメリカだけでも二九州の人々から連絡が入っている。だがトーキルは、スペシャリスタナを運営しながら、モデルの普及に取り組む余裕はない、と感じはじめていた。とはいえ、最初に人々の関心を引き、彼のシステムが実際にほかの場所でも応用可能で、機能と効果を発揮し、導入するに値するものだということを示さなければ、世界中で「特別な人々《スペシャル》」の雇用を一〇〇万件も創出することは難しい。

トーキルにとってのジレンマは、自ら始めた社会的企業の発展を選ぶか、一〇〇万件の雇用創出の達成を選ぶかだった。「私は、モデルを普及させるためには、自ら手を離し、自分だけであれこれ計画するのをやめ、人々を感化することが必要だと学びました」。彼はモデルを発展させるためにNGOを創設し、スペシャリスタナの財政基盤を安定させるために組織のノウハウを売ることにした。そのNGOがスペシャリスト・ピープル財団で、チェンジメーカーたちがマネジメントモデルを勉強し、スペシャリスタナによる免許状を取得するための場としての機能を果たした。トーキルの究極の夢は、誰でも自由にアクセスできる知識コミュニティをつくりあげ、彼の信念に基づいたアイデアが次々に生まれる世界的な協働ネットワークに、すべての人を巻き込んでいくことだ。その結果、トーキルとそのチームが自ら考えるよりも、それぞれの地域の状況を踏まえた翻案が誕生するに違いない。

　トーキルには、大規模組織をつくる気などさらさらない。彼はただ、地域に根ざした社会的企業や社会起業家のなかから、単に知識コミュニティの活用に終わらず、自閉症の人々と社会との壁を取り払う活動に全力で取り組む組織や個人を探し出したいのだ。それには､スペシャリスト・ピープルズ財団を通じて免許状を付与された組織が人々を感化し、彼らがスペシャリスタナのモデルを採用し、適応させ、実践し、普及するよう促すことが必要だ。どんな会社にも、どんな政府組織にも、親——様々なタイプの自閉症や注意欠陥多動性障害をはじめとした学習障害のある子どもの親——であるスタッフがいることを、トーキルは知っている。彼らがこの人生を変えるプログラムの存在を知ったなら、彼らのモチベーションやエネルギーは大きな原動力となるだろう。それぞれの組織に内在する強力な起爆剤となって、プログラムの成功とそれぞれの障害者のニーズに合った職場環境を実現してくれるはずだ。

モデルからムーブメントへ

トーキルには、社会を動かす道筋がはっきりと見えている。スペシャリスタナから始まり、社会的企業への免許状の発行、自閉症の成人を子に持つ会社員による職場への働きかけ（職場がモデルを採用するよう、推進する）、そして世界的なうねりを巻き起こすムーブメントへ。トーキルはすでにスペシャリスタナに感化された組織を二〇近くも知っており、確固たる信念のもと、先進国でも開発途上国でも、あちこちに散在するさらに何百という数の組織を巻き込んでいくことを夢見ている。

わが子に特別な助けが必要になったとき、親はどうしても過保護になりがちだ。子が成長するにつれ、親は次第に手助けをしないようにせねばと思うようになる。思いながら、それがどういう結果を招くことになるかを恐れている。何とも難しい選択だ。トーキルは、成人を迎えた自閉症の子どもたちが仕事に就き、自己の潜在能力を発揮できるように環境を整えることによって、親が後ろめたさを感じることなく子離れできるよう、支援したいと願っている。こうした足掛かりなくしては、自閉症の子どもたちは、親が面倒を見られなくなるまでその庇護のもとで暮らすことになる。それから先は——いったいどうするというのだ。

ラースはまだ一四歳だが、将来、彼ならではの個性を評価し、尊重してくれる仕事に就けることを期待していいのであれば、トーキルと妻は、以前ほど不安を感じることなく定年を迎えることができそうだ。

スペシャリスタナのコンサルタントたちがトレーニングを終え、仕事に就けるとなったとき、彼らのなかに自尊心が湧き上がるのが伝わってくるんです。彼らは再起動したコンピュータと似ているかもしれません。そんな瞬間こそが、私が自分の仕事でもっともやりがいを感じる部分であり、私にとって——特に自閉症の息子を持った父親として——魔法のような瞬間なんです。

アルフレッド・オリベラ
Alfredo Olivera

アルフレッド・オリベラは、精神障害者たちが出演者を務める世界初のラジオ番組、〈ラ・コリファタ〉の創設者だ。

ブエノスアイレスで始まったこの番組は、今日1,200万人の視聴者がいると推定されている。

さらには、その活動によって感化された音楽やテレビ番組や映画を通じて、世界中の数えきれないほどの人が、ラ・コリファタのメッセージを耳にしている。

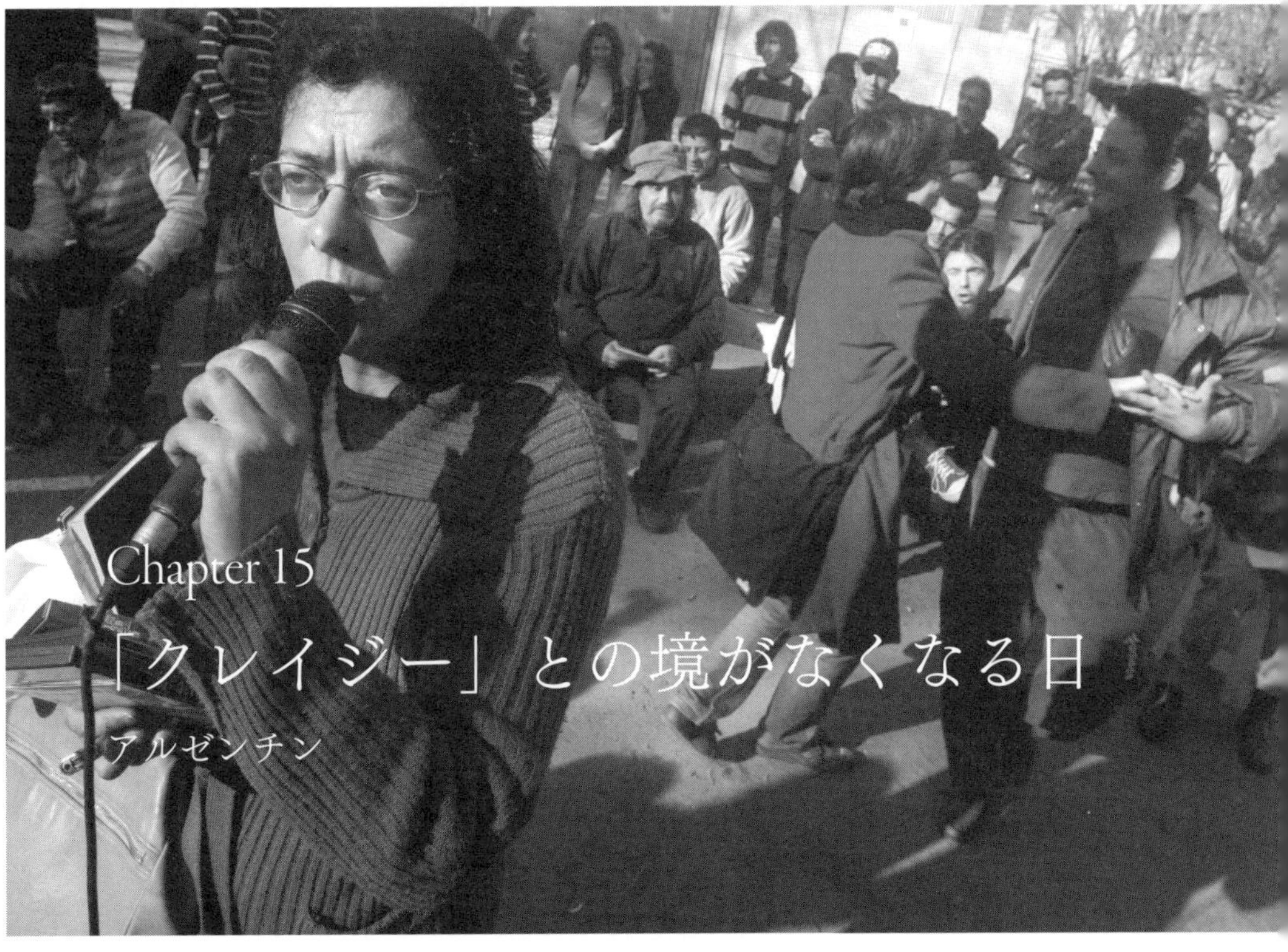

Chapter 15

「クレイジー」との境がなくなる日

アルゼンチン

アルフレッド・オリベラは、心理学を専攻するかたわら、土曜日を使ってブエノスアイレス近郊のボルダ病院でボランティア活動をしていた。一八六三年に創設されたボルダ病院は、あふれかえる患者と資金難とに悩むアルゼンチンの医療機関のなかでも最大の病院だった。アルフレッドは、その敷地内の庭で絵画や工芸を教えるプログラムを実施していた。彼の考えでは、週に一度実施されるそのプログラムのよさは、地域のボランティアたちを受け入れ、精神病院のなかに出会いの場をつくり出すという点にあった。しかし、これがなかなか思うようにはいかなかった。患者のほとんどは親族の依頼によって収容された貧しい人々で、その多くは一〇年以上も入院し、外からやってくる人々とどう接していいのかわからずにいた。そのため実際は、土曜日が来るごとにプログラムはただ始まって、患者らに何ら効果をもたらさないまま終わっていった。ボランティアたちが荷物をまとめて帰っていくと、患者たちは再び外の世界から隔絶され、社会的に捨てられた存在になっていた。彼らは、病院の塀と境界線のなかに築かれた、自分たちだけの世界で暮らしていた。そして、いざ状況が改善し、退院できるとなったときには、精神的にも知識的にも心理的にもどうしていいかわからず、外の世界で暮らす準備など何もできていないのだった。

壁をぶち壊す

ボルダ病院で活動しながら、患者とのあいだにもっと有意義な関係を築きたいと考えていたアルフレッドは、ある日、地元の小さなラジオ局に勤める知り合いから病院の状況についてインタビューをしたいと言われ、あることを思いついた。**通常のラジオインタビューをおこなうのではなく、患者たちの声をテープに収録し、ラジオに流すことによって、彼らとの交流を持とうとしたのだ。**アルフレッドの頭にそんなアイデアが浮かんだのは、彼が、かつて貧しい地域で、道具も資金も決められた会場もないままに識字教室を実施したときの経験を思い出したからだった。その際の経験から、アルフレッドは、学ぶ側が教室の立ち上げに携わることでプログラムが飛躍的に発展することを知っていた。そうしたプログラムはコミュニティによって組み立てられ、場所を問わずに実施されるようになるからだ。アルフレッドは、患者が自分たちでラジオインタビューを組み立てるのを助け、そうした体験が彼らの精神状態に何らかの効果をもたらすか調べてみた。何と言っても彼はまだ学生で、優秀な心理学者になりたいという気持ちから、患者とどう接していくのが一番かを知りたくてしかたがなかったのだ。

患者たちはインタビューを楽しんだようで、最初のテープは予定どおり、地元のラジオ局によって放送された。それが視聴者のあいだで反響を呼ぶと、あっという間にブエノスアイレスの様々なラジオ番組のあいだで注目されるようになった。この成功体験に、ジャーナリストだった父から教わったマスコミに関する知識と、ラジオアナウンサーになりたいという幼いころの夢が加わって、アルフレッドはあることを計画するようになった。それは、この飽和状態の精神病院で暮らす患者たちの社会化を支援するラジオ番組を制作する、というものだった。このプロジェクトを開始した一九九〇年代前半、インターネットはまだ初期の段階だった。アメリカの大手パソコン通信会社コンピュサーブが初のEメールサービスを始めてから、わずか一年しか経っていない時期だ。世界はまだネットワークに接続されておらず、コンピュータは日常生活の一部ではなく、当然ながら、情報はクリック一つで手に入るものではなかった。素人が出演するリアリティ番組をはじめ、アルフレッドが思い描くような番組は、世界のどこを探しても存在しなかった。そのような状況のなか、彼が考案した単純明快な方法は、短いオーディオクリップを使ってインタビューを収録し、それを地元のラジオ局に送るというものだった。それは、精神病院で収録された初めてのラジオ番組であり、まして患者を出演者にしたものとしては史上初だった。

当初（今日でも）、彼のアイデアの本質はラジオ番組をつくることにあったわけではなかった。**彼のねらいは、患者を再びコミュニティに結びつけるための一連のプロセスを築きあげること、またその過程で、コミュニティの人々に、すべての精神病患者が危険で社会にとって無益なわけではないという認識を持ってもらうことだった。**このラジオ番組には主に二つの目的があった。患者たちに、問題や苦しみ、空想したことを表現させる手段を提供することと、彼らを病院の外の世界に再び連れ出すことだった。同時に、精神機能障害に対するマイナスのイメージを払拭するとともに、精神病患者の排除を社会問題として捉え、防止するというねらいも含まれていた。

一回めのミーティングで、病院の庭に置かれたテーブルの周りに患者たちが集い、人生のユニークな出来事について話していたときのことを、アルフレッドはこう振り返っている。

彼らのやりとりが特に興味深かったのは、その話の内容が、暇つぶしや退屈しのぎ、あるいは病院生活の充実というコンセプトからは程遠いものだったからです。それどころか彼らは、非常におもしろい話をする患者たちが集う状況をつくり出せるかやってみよう、という決定をしました。そんなわけで、患者たちの口から出た最初のいくつかのテーマは、とても複雑で突っ込んだものでした。彼らが初回の放送で取りあげることにしたトピックは「社会における女性の役割について」でした。

双方向の関係

アルフレッドは、放送設備など何もないなかで、彼らの会話をテープに録音して短いオーディオクリップに編集した。それは、ブエノスアイレスのラジオ局によって郊外に向けて放送された。それから数週間で、オーディオクリップに関する視聴者からの電話やコメントがラジオ局に入りはじめた。アルフレッドは、こうした視聴者からのコメントを含めた番組全体を録音して患者たちの前で流し、彼らが外部からの積極的なフィードバックや質問を聞くことができるようにした。そんなわけで、ボルダ病院の収録セッションは、患者たちにただ話を始めさせるのではなく、常に人の声に耳を傾けるところからスタートするようになった。それは、人と関わることが少ない精神病患者が身につけるべき、貴重で治療効果のあるスキルとなった。

そんなある日、視聴者から、番組に名前をつけたらどうかという提案が届いた。それは期せずして、コミュニティによる関与と視聴者からの参加——患者とコミュニティによる双方向のやりとり——を促すこととなった。候補に選ばれた四〇の名称のなかから、最終的に〈ラ・コリファタ★〉——精神錯乱者に対する親しみのこもった呼び方で、「おかしくなっちゃった人」というような意味を持つ——が、患者たち自身によって選ばれた。それ以来、アルフレッドのプロジェクトを牽引したのは視聴者たちだった。それらは、ラジオ局に電話をかけてくるようになった人々

★La Colifata
www.lacolifata.org

であり、また、かつて救いようのない存在だと思っていた患者たちが口にする、ときに奇想天外な、しかし多くの場合驚くほど深みのあるコメントに、熱心に耳を傾けるようになった人々だった。そのころから、ラ・コリファタのもっとも興味深い側面は、番組が患者にどのような治療効果を与えるのか、またおそらくそれと同じくらい重要なこととして、番組を通じて進展した住民たちの関わりがどうなっていくかという点になっている。

ありのままを伝える

精神疾患の難儀なところは、それがあまりにも複雑で様々な要因を含んだ問題であるために、カウンセラーや専門家が一人で取り組もうとしても、十分な支援を提供することが難しいという点だ。ボルダ病院では、資源があまりにも限られていたために、患者たちはどんなに頑張ってもチームによる支援を受けることができなかった。しかし、コミュニティが患者たちと関わりを持つようになると、番組の構成のおかげで、様々な人たち——肉屋も農民も自動車修理工も——が意見をやりとりしたり、間に入ったりしながら、プログラムの構築を支援するようになり、独自の視点を加えていった。プログラムを改善し、充実させることによって、彼らの参加そのものがプログラムの不可欠な部分を形成するほどまでに、その進化に影響を与えた。一人ひとりによる全体的でオープンな関わりが、番組だけでなく、視聴者と患者によるコミュニティをも変えていったのである。

プログラムは、視聴者による自発的な行動と、視聴者と患者双方が持つ相手を受け入れる寛容さによって変化し、進化しつづけた。やがて視聴者たちからは、個人あるいはグループとして、どうやったらただラジオを聴いて意見を言う以上の協力ができるか、という問い合わせが入るようになった。そうして様々な支援物資が届くようになった。そのなかには小規模の放送チームや無線装置、アンテナなども含まれており、それまで関係ラジオ局に送っていたオーディオクリップに代わって、本格的なラジオ番組の制作を可能にした。そのほかにも、中古車（「クレイジー中継車一号」と名づけられた）が寄贈され、その結果必然的に、患者たちは許可をもらって塀の外へと繰り出し、そこから放送することになった。ブエノスアイレスのあるコミュニティに暮らす住民一同から贈られた、ユニークなプレゼントもあった。それは、市内の別の地域で過ごす「自由な休暇」というもので、患者たちが病院の外での生活を体験できるようにという計らいから生まれたものだった。その親切心と寛容さに感激した患者たちはお返しをしようと決心し、「クレイジー中継車」を使って様々な物品を集め、そのコミュニティにあるストリートチルドレンを支援する団体に寄付したのだった。

　視聴者から提供される支援の一つ一つが、患者や住民のあいだに生まれた受容の精神――それは互いに強化し、人生を変える力を持っている――をさらに深めていった。そして、関わったすべての人によって小さな社会が形成され、人間関係に変化をもたらしていった。**視聴者と出演者の関係は、健常者対障害者という枠を越えて、いまや互いに絆を感じ、相手のニーズや能力や秘められた可能性を認識するという域に達していた。**社会と患者を結ぶこの新たな関係は、当時はまだブエノスアイレスのコミュニティ内に限られたものだったが、さらに大きな目標に目を向けて、世界中で社会と障害者の関係に変化をもたらそうとしていた。

元患者であるヒューゴ・ロペスは、ボルダ病院時代に番組のベテラン司会者になったが、現在ではイタリアとスペインで類似のプロジェクトの立ち上げを手伝っている。「究極の目標は、世界から精神病院をなくすことです。外の人間だって、ここにいる僕たちと同じくらいクレイジーだってことに気づいてほしい★」

メッセージが込められた音楽

ラ・コリファタの真のねらいは、人々の可能性を引き出すことだ。視聴者あるいは出演者としてラジオ番組に関わった人々は、参加するという行為が自分たちにどれほどの変化をもたらしているか、よく理解している。**この参加型の手法は、いろいろな問題に直面する様々な人々を対象とした同様のプロジェクト——どれも、社会から排除されたり、隔絶されたり、取り残されたりしがちなグループとの対話を活用している——にとって有用な、多くの側面を持っている。**今日では、技術の進歩によって、障害のある人々の声を紹介しつつ、他者と異なることが壁ではなく財産となる場を創出することに目をつけ、その価値を認める趣旨のラジオ番組を制作することは、ずっと容易になった。

ラ・コリファタは、番組開始当初から、世界中でファンの数を増やしつづけている。今日では、世界に五〇カ所以上ある「コリファタ放送局」が、アルゼンチン本局から届いた実際の番組や同様の企画を、スペイン、ドイツ、フランス、イタリア、チリ、ウルグアイ、メキシコの視聴者に向けて放送している。また、ラ・コリファタは、フランシス・フォード・コッポラ監督が

★Paul Scheltus, "Argentina's 'Loony Radio' Threatened by Hospital Closure," *Independent,* June 11, 2008; オンラインで閲覧可:www.independent.co.uk/news/world/americas/argentinas-loony-radio-threatened-by-hospital-closure-844166.html(2011年9月16日閲覧).

二〇〇九年に製作した映画『テトロ　過去を殺した男』に登場した。また患者たちは、ヨーロッパを代表する歌手マヌ・チャオとともに、病院内でアルバム収録に挑戦した。さらにその二年後、ラ・コリファタは、スペインの人気ポップ・ロックバンド、エル・カント・デル・ロコのCDアルバムに登場した。バンドメンバーたちは、ラ・コリファタと参加者らにすっかり夢中になり、番組に出演していた患者たちに曲目の紹介をさせただけでなく、プログラムの奥深さと意義について説明したラ・コリファタに関するドキュメンタリーDVDを作成し、あわせて発表した。★

番組のインパクトを示す心打つエピソードがスペインにある。スペインでは、エル・カント・デル・ロコの音楽を聴くのは主にティーンエージャーや若者で、そのほとんどが一五歳から二〇歳だ。ある一八歳の少年が、スペインのラ・コリファタ・ショーに電話をかけてきた。彼がエル・カント・デル・ロコのCDを買ったあとに、二階に住む住人と鉢合わせしたときの話だった。その隣人はいつも独り言を口にしていた。少年もあえて彼に話しかけようとせず、それどころか関わらないようにしていた。しかし、CDを聴き、ラ・コリファタのことを知ってから、その隣人に初めて話しかけたのだという。アルフレッドが想像するに、CDを聴く以前、「少年の頭のなかには固定観念が確立されていて、彼に違う視点から世界を見るということをさせなかった。それが、ラ・コリファタという現実に出会ったことがきっかけで、少年はその固定観念に疑問を抱いたのだ」という。この少年と同じように、世界中の視聴者たちが、ラ・コリファタが見せた従来のラジオ番組の枠組みからの脱却と力強いメッセージによって、より高い意識を持つようになっている。今日では、ラジオ番組そのものも、そこから生まれたモデルも、何百もの類似プログラムを生み、いろいろな問題を抱えた様々なグループのあいだで活用されている。

★映画『テトロ　過去を殺した男』については次のウェブサイトを参照のこと：www.amazon.co.jp/dp/B0064LS9RK
『Radio La Colifata Presenta: El Canto Del Loco』のCDについては次のウェブサイトを参照のこと：www.amazon.co.jp/Radio-La-Colifata-Presenta-Canto/dp/B002ZDOXQM/
アルバム『Viva La Colifata with Manu Chao』については，次のウェブサイトから無料でダウンロードが可能：www.vivalacolifata.org/

アルフレッドは、二〇一〇年にドイツでおこなわれた会議でラ・コリファタについて語った際、自分の活動が本当に世界を変えているのだと実感した。

アイデアとしてはものすごく単純なことだったんです。あるグループの人々が、発言と表現の自由を実践し、別のグループの人々がそれに耳を傾ける。このプログラムが実施される前には、しゃべる側も聞く側も互いの存在を意識していなかった。発言し、聞いてもらう権利を実践するという行為は、実に基本的でありながら、同時にものすごいインパクトを持ったことなんです。今日、ラ・コリファタの手法は、心理学的実践として認められるようになり、徐々にその有効性が立証されつつあります。

ラ・コリファタのコミュニケーションの仕組みは、人々のなかにバラバラに潜んでいるが、表に出たくてたまらない潜在能力に光をあてた。制作者、出演者、視聴者としての立場には関係ない。関わったすべての人を主役にすることによって、以前は存在しなかった現実を生み出した。一人ひとりにチェンジメーカーとなるためのチャンスを与えることで、変化を実現したのだ。

アルフレッドは知っている。ラ・コリファタは、何年ものあいだ、彼に変化をもたらす以上のことをしてきた。それは、いまや彼の一部だ。アルフレッドはラ・コリファタを誕生させたが、彼が心から望んでいるのは、それがもはや彼一人のものではなくなり、社会全体の財産となることだ。多くの社会起業家がそうであるように、彼もまた、自分が築き上げたものが彼のものではなく、世界全体に恩恵と学びの機会を与えるものだと感じている。

二〇一一年四月二〇日、ラ・コリファタは二〇周年を迎えた。それを記念して、インターネットを通じて世界中でラ・コリファタのライブを聞けるようにした。過去二〇年にわたる番組やオーディオクリップが、二四時間放送されている。ぜひ、アクセスしてみてほしい★。

★www.lacolifata.org

私たちが他者とどう接するかは、
普段からどんな言動を目にしているか、どんな体験をしているか、
周囲の環境をどう認識し、解釈しているかということと
大いに関係している。

小さな子どもによるものから
世界でもっとも長い歴史を持つ国家によるものまで、
増えつづける暴力や攻撃的行為に
世界が目を向けざるを得なくなっている今日、
二つの問いが人々の関心を引こうと懸命に声を張り上げている。

この閉ざされた空間で、体にも心にも攻撃的な言動を
煽っているものはいったい何なのだろうか？
どうしたら怒りや憎しみ、暴力を封じ込め、
世代を超えて受け継がれる「他者」への寛容の気持ちを
一人ひとりのなかに植え、育み、定着させることができるだろうか？

他者の生き方や感情に対する受容と理解の欠如、
自身と隣人との違いに対する狭隘な態度は、
悲しいことに今もなお蔓延しつつある。

それを煽るのは、ときに異教に対する硬直的な姿勢であり、
ときに政府による侵略であり、ときに極端な貧困や、
その他の煽情的な状況なのである。

原因を並べ立てられる人はいくらでもいるが、
解決策を一つでも挙げられる人はいったい何人いるだろうか？
このセクションを読めば､少なくとも三つは言えるようになるはずだ。

格言にもあるように
「敵は、二つの考え方の差異であり、二者の溝に生じる無知である」

アプローチ 5

共感力を育む

Cultivating
Empathy

アプローチ5へのコメント――アリアナ・ハフィントン

「相手の気持ちを慮る能力」――カナダの教育者メアリー・ゴードンが始めた団体〈ルーツ・オブ・エンパシー〉（同団体の取り組みについてはこのセクションでも紹介されている）では、組織名の一部にもなっているその基本的な、しかし捉えどころのない人間性――共感力《エンパシー》――をそう定義している。

エンパシーは単純明快な概念であり、だからこそ世界を変える可能性を秘めている。昨年、私はジェレミー・リフキンの著書『共感する文明』（*The Empathic Civilization*／未邦訳）に夢中になった。そのなかでリフキンは、エンパシーについて、休暇を使ったフードバンク※への単発的な参加や、災害後のチャリティー番組のなかでひけらかすようにおこなわれる突飛な行為とは違う、としている。それはむしろ、人間という存在のまさに核の部分にあるものだという。

リフキンが科学的根拠とともに述べていることは、私がずっと信じてきたことだ。事実、私は「第四の本能」と名づけたもの、つまり、人間が生存や性、権力への欲求を超えて、自分のコミュニティや周りの世界にまで思いやりの心を広げようとする本能について分析した本を書いた。

その本を執筆してから何年も経つが、人間の生活においてエンパシーが担う役割は重要性を増す一方だ。実際、この経済不況と政治的不安定、急激な技術変革の時代において、人々が二一世紀を生き抜き、繁栄しようと思えば、エンパシーは何よりも欠かせない資質なのである。

アメリカの医学者で、ポリオワクチンの開発者として知られるジョナス・ソークは、死の直前に、私たちが生きているのは「生き残りと競争の時代」から「連携と意味の時代」へ移行する過渡期だと表現した。ソーシャルメディアを含む技術革新によって人々は、わずか一〇年前には想

アリアナ・ハフィントン（Arianna Huffington）
作家兼コラムニスト．ニュースウェブサイト『ハフィントン・ポスト』の共同創設者であり編集長．2009年には『フォーブス』誌の「メディア界でもっとも影響力のある女性」の一人に選ばれた．

※困窮者に対して食事を出す施設．

像だにしなかった方法で連携することが可能になっている。ツイッター社の共同創業者であるビズ・ストーンは言う。「ツイッターは技術の勝利ではありません。人間性の勝利なのです」

かつてマザーテレサは、貧しい人々のために一緒に働きたいという人々に対し、決まってこう答えていたという。「あなた自身のカルカッタを見つけなさい」。つまり、いまいる場所で助けが必要な人に手を差し伸べなさい、ということだ。全米で何千という人がこの言葉を実践しており、ソークが言う「連携と意味の時代」の可能性を示唆し、さらにはそれを押し広げようとしている。

たとえば、女性向けの避難所を美しく快適な空間に生まれ変わらせるデトロイトのインテリアデザイナー、エリック・ジャーゲンズ。あるいは、貧困問題解決をめざす新興の社会的企業に投資する〈アキュメン・ファンド★〉を立ち上げたジャクリーン・ノヴォグラッツ。さらに、住宅の差し押さえ回避を支援する法律事務所を立ち上げたシェリル・ジェイコブなどだ。そして私は、世界が抱える問題への解決策が、人々の期待を裏切りつづける政治やメディア、金融機関からは出てこないということを、徐々に確信しつつある。

解決策は、私たち一人ひとりが自らの役割を果たすこと、すなわち個々が深く関わり、行動を起こすことによって生まれる。そして良心を呼び起こすためには、二つの要素が必要だ。一つは起業家精神によって育まれたイノベーション、もう一つは、敬意に満ちた健全な社会によって育まれたエンパシーだ。このセクションで紹介されるのは、この二つを体現した印象的な例である。彼らは他者の気持ちを思いやるという誰もがもつ才能を磨き上げた人々なのだ。

様々な試練にもかかわらず前進する彼らの話を読むと、エンパシーと想像力によってとんでもない創造力が生まれることに気づかされる。そして私の心は希望に満たされるのである。

★Acumen Fund
www.acumenfund.org

メアリー・ゴードン
Mary Gordon

〈ルーツ・オブ・エンパシー〉は、1996年にメアリー・ゴードンによって設立された。

子どもたちのなかにある共感力を育むことによって、次の世代に、思いやりと平和と敬意に満ちた社会を築くことをめざしている。

彼女のイノベーションは、エンパシーの理想的なモデルとして親と赤ちゃんを教室に招き、親子の意志疎通を使って生徒たちに学びの機会を与えるというものである。

Chapter 16

赤ちゃんを通じて 自分と他者の気持ちを学ぶ

カナダ

〈ルーツ・オブ・エンパシー〉★の緑の毛布が教室の床に広げられた。母親と生後四カ月の赤ん坊が部屋に入ると、生徒たちは毛布のまわりを取り囲むようにして立ち、ルーツ・オブ・エンパシーの歓迎の歌を静かに歌う。母親は、その輪のなかをゆっくりと一周しながら、自分の娘が生徒たちの目の高さに来るよう前に抱きかかえ、生徒たちが赤ん坊に対し愛しさを感じることができるようにした。赤ん坊が一回りする間、生徒たちはやさしい調子で同じ歌を繰り返し、その体験に感極まった様子だった。

世界中のルーツ・オブ・エンパシー・プログラムに参加する子どもたちはみな、これと同じ光景を目の当たりにする。このように親子を招いてプログラムがおこなわれるときには、歓迎の歌から始まるのが決まりだ。歌詞がクリー語※であれ、フランス語であれ、英語であれ、メロディーや構成、進行のしかたは変わらない。生徒たちは気づいていないが、その体験は生物学的に脳に深く刻まれていくのである。

歓迎の歌が終わると、生徒たちは緑の毛布のまわりに座る。母親も腰を下ろし、自分の前に赤ん坊をやさしく座らせる。円の中心に座らされた赤ん坊はいかにも無防備だが、怖がることもなければ、周囲を不安にさせることもない。ルーツ・オブ・エンパシーのインストラクターに導かれながら、生徒たちはまず、赤ん坊をじっくりと観察することを学ぶ。そして、赤ん坊の意思や感情を理解できるようになるにつれ、彼らはゆっくりと、確実に、そして驚くべきことに、小さな命が内包する人間性に気がつくのである。赤ん坊は気持ちを隠すことを知らない。感情のふるいやフィルターを持っていないのだ。そのため、赤ん坊にとって何か嫌なことが起きると、周囲はすぐにそれを理解することができる。赤ん坊は言葉をしゃべらない分、発声や体の動きで気持

★Roots of Empathy
www.rootsofempathy.org

※カナダの先住民族の言語の一つ.

ちを表現する。メアリーはそれを「感情の劇場」と呼んでいる。生徒たちは、赤ん坊が発する感情の言語を理解するようになると、その感情の一つ一つに名前をつけていく。次に、インストラクターに従って、自分や周囲の人々の気持ちを理解し、同じように言葉で表現する。それはまさに、エンパシーの定義だ。**生徒たちは、赤ん坊のなかにある人間性を探るという行為を通じて、自分自身や相手のなかに存在する人間性を見出すことを学ぶ。そして、人間は皆同じ感情を共有していることを実感する。**つまり感情は、人間にとっての共通言語、第一言語であり、共通の人間性の礎なのだ。

ルーツ・オブ・エンパシーによる一年間のプログラムは、他者との新たな関わり方を教えてくれる。このプログラムはある考え方に基づいてつくられている。学校が生徒がどんな知識を得るかに重点を置くのに対し、ルーツ・オブ・エンパシーは、共感についての直接体験型学習を通じて、生徒たちが何を感じているのか、何を考えているのかに光をあてるのだ。それこそがこのプログラムの特徴である。毛布のまわりに集まった生徒たちは、目に見えて変化していく。愛情に満ちた人間関係を知らずに人生を送ってきた子どもたちは、愛がどういうものなのかよく知らなかったかもしれないが、プログラムを体験した日から、決してそれを忘れないだろう。彼らの頭のなかに、新しい一本の小道が築かれるのだ。

この小道は、プログラムを通じてさらに強化されていく。メアリーは次のように述べている。

人間は生後一八カ月のあいだに、自分が周囲にとって愛すべき存在か、大事にされるにふさわしい存在か、価値のある存在かを認識すると言われています。唯一愛情を寄せる相手が必ずしも自分のことを思っていない、と赤ちゃんが感じたとしたら、それは大変な悲劇を招きます。つまり親というものは、赤ん坊がこの世界でどんな感情を抱くか、心の面でどう成長するかを決定するもっとも重要な人物なのです。愛情を与えるだけで、子どもたちは応えてくれます。そしてその過程で、彼らは人間の言語を学んでいくのです。語学学校なんかいりません。必要なのは、愛情なのです。

そして、その愛情の形成こそが、ルーツ・オブ・エンパシー誕生の背景にあるものなのである。

エンパシーは教わるものではなく、つかむもの

ルーツ・オブ・エンパシーのプログラムは、五歳から一三歳の子どもを対象に構成されており、幼稚園から中学二年生のクラスで提供される。メアリーはもう一五年以上もこのプログラムを実施しているが、いまでも保護者から、子どものエンパシーを育むのに遅すぎるということはあるか、という質問を受ける。そんなとき彼女は、ダレンという少年の話をする。彼は四歳のときに、目の前で母親を殺害された。以来、児童養護施設への出入りを繰り返し、学校を二回留年した。彼のタトゥーや剃りあがった頭は、周囲に威嚇的な印象を与えていた。そんな彼がルーツ・オブ・エンパシーに出会ったのは、実際より二学年下の中学二年に在籍していたときだった。

ある日の授業で、ルーツ・オブ・エンパシーのボランティアを務める母親が、彼女の赤ん坊はスナグリ★に入れられると、むずがって母親のほうを向こうとせず、唯一嫌がらない姿勢は、母親

★胸のあたりで赤ちゃんを支える布製の抱っこひも.

に背を向けて正面を向いた状態だと説明した。やがてチャイムが鳴り、ほとんどの生徒が教室を出てランチに向かおうとする中、母親が、誰かスナグリを試してみたい人はいないかと訊ねた。みな一様に驚いたのは、そこでダレンが手を挙げたことだった。彼は、この上なくやさしい手つきで赤ん坊を抱き、自分と向かいあうようにしてスナグリに入れた。赤ん坊はダレンの胸のなかですっかり落ち着いた様子だったが、それはつい今しがた母親が、自分にはできないと言っていたことだった。ダレンは赤ん坊を教室の隅に連れていき、前後に揺らしてあやしはじめた。数分後、彼は赤ん坊を母親に返し、ルーツ・オブ・エンパシーのインストラクターにこう訊いたという。「誰にも愛されたことがない人間でも、いい父親になれると思う?」たとえ愛情というものをほとんど知らずに育ったとしても、自分も他の人と同じように、子どもを愛する親になれるかもしれないという可能性を、ダレンは初めて感じることができたのだった。

　このエピソードはメアリーに、どんな子どもでも絶対にあきらめてはいけない、ということを教えてくれた。彼女はかねがね、エンパシーは誰かに教われるものではないと言っているが、一方で、自分でつかむことはできると強く確信している。ダレンが、最初に教室で親子間のエンパシーを目の当たりにし、その後自分でも赤ん坊の感情を理解できるようになり、その子に愛情を抱いたことによってエンパシーを育んだように、エンパシーは経験することで培われるものなのである。ルーツ・オブ・エンパシーが確信しているのは、**人間は誰でも生まれながらに共感する能力を持っているが、成長するに従って、その能力を最大限に引き出すためにエンパシーそのものを体感する必要がある**、ということだ。子どもたちは自分自身の赤ん坊に対するエンパシーを体感することで、人として、友として、親として、一市民として、他者に共感する力を持った人間に成長するための人生の礎を手にするのである。

感情という言語を習得する

緑の毛布のまわりでおこなわれるプログラムはいわばステージであり、生徒たちが自分の感情や気持ちに飛び込むためのダイビングボードである。なぜ赤ん坊は喜んでいるのか、興奮しているのか、不安げなのか、そわそわしているのか、怒っているのかについて話しあったあと、インストラクターはそうした感情を使って、生徒たち自身の体験を引き合いに出す。あの赤ん坊と同じように、あなたがいらいらしたのはどんなときですか？　そんなとき、どうしましたか？　怒りのあまり、あの赤ん坊と同じように泣いたのはどんなときですか？　その感情を誰に伝え、それとどう向きあい、どうやってそれが怒りであると自覚したのですか？　話し合いはどんどん本質に迫っていく。どんなときにそう感じたのですか？　ほかの人がそういう気持ちでいるとき、どうやってわかりますか？　自らの体験や感情についての分析を共有するうちに、子どもたちは、心の奥底にある感情を分かちあえたと感じ、結局自分は周囲の子とそう変わらないということに気づいていく。プログラムは子どもたちのエモーショナル・リテラシー、すなわち自己や他者の感情を理解して表現する力を育成する。このエモーショナル・リテラシーは、生徒たちのなかに感情への対処方法を確立するとともに、彼らの自己認識を強化し、さらには自己制御の方法をも示してくれる。そしてそれらを互いに結びつけていくのである。

生徒たちは、一年を通して、赤ん坊の成長と発達の様子を観察する。生徒たちが目にする感情のレパートリーは、その過程で予想される発達段階と、乳児期における重大な出来事の一つ一つによって、どんどん広がっていく。たとえば、赤ん坊が初めて這って歩けるようになると、生徒たちは、新たなスキルを身につけた赤ん坊の誇らしげな様子を観察し、それから自分たちが新たに何かを学んだときのことを考える。そこで、赤ん坊と同じように、以前はできなかった多くのこと――たとえば自転車に乗る、なわとびをする、あるいは本を読むといったこと――がいまではできるようになった、ということに誇りを思えるようになる。そして、たとえその時点ではできないことがあったとしても、赤ん坊と同じように、できるようになる日がいつか来るだろうということに気がつくのだ。

さらにルーツ・オブ・エンパシーでは、赤ん坊はそれぞれの気質によって異なる反応や感情を示す、という事実に基づいてプログラムが進められる。たとえば、ある赤ん坊はすぐにむずかり、よく泣くかもしれない。これは効果的な学びの機会となる。プログラムのなかで、生徒たちは赤ん坊の気質を理解し、さらに自分たちはどんな気質の人間かを内省する。そして、人はみな違うということや、周囲と異なる気質を持っていても何ら問題ないということ、それに、自分とは違う気質の人を理解し、受け入れることが重要だということを学ぶのである。ルーツ・オブ・エンパシーのインストラクターは、警戒心の強い赤ん坊の緊張を和らげる方法を生徒たちに考えさせたりもする。たとえば、新しいものにはゆっくり時間をかけて触れさせるとか、すっかり動転して新しい環境に慣れない子どもは母親のもとへ戻して安心させる、といったことである。それらはどれも議論に深みを持たせ、プログラムが生徒たちの感情《エモーショナル》リテラシーに与える効果を増幅させるのである。

自分の気持ちを知ることは、自分を知ること

メアリーはエモーショナル・リテラシーについて教育者たちに説明する際、学術界でおなじみの質問を活用する。「ジョニーが三つのリンゴを持っています。アメリアが二つ取ったら、残りはいくつでしょうか?」というものだ。ルーツ・オブ・エンパシーでは、まったく違った視点からその質問を投げかける。「ジョニーが三つのリンゴを持っていて、アメリアが二つ取ったら、ジョニーはどんな気持ちになるでしょうか?」メアリーによれば、ジョニーがどう感じるかという問題は、その日彼が何を学ぶのか——あるいは何かを学ぶか否か——にも影響を与えるのだという。先進国における公教育の現場のような、すべての子どもが集まる場を活用してエンパシーの向上を図り、社会性と情動の学習を充実させることができれば、社会の健全性に起因する大きな問題——犯罪から、失業、依存症、育児放棄、家庭内暴力、さらには市民参加やメンタルヘルスの問題まで——の一つ一つに波及効果をもたらすことができる。ルーツ・オブ・エンパシーはそう提起している。社会性と情動の学習プログラムに関する研究では、**子どもたちが自己の感情を正しく理解し、周囲との絆を強く感じられるようになればなるほど、学力は向上し、その後の人生でも成功と幸福を手にできる可能性が高くなる**ことが明らかになっている。

ルーツ・オブ・エンパシーに関する研究結果を見ると、プログラムが子どもの社会性と情動の学習に大きく貢献しているということが、はっきりと表れている。一〇年以上にわたって世界中の研究者たちが検証をおこなっているが、プログラムに参加した子どもたちには一貫して、いじめを含む攻撃的行動の著しい減少と向社会的行動(分かちあう、仲間に入れる、協力しあうなど)の増

加が認められている。プログラムのメリットについて今日までもっとも長期にわたって調査しているものでは、プログラムの効果は最低でも三年は持続するという結果が出ている。

今日、ルーツ・オブ・エンパシーのプログラムに関する研究は新たな局面を迎えている。シアトルにある州立ワシントン大学学習脳科学研究センター（I・LABS）のアンドリュー・メルゾフ博士とパトリシア・クール博士は、最新鋭の脳磁界測定装置（MEG）による画像技術を用いて子どもの脳の各部位の活動を計測し、脳科学的な見地からプログラムを分析している。この技術を使えば、プログラムが感情をコントロールする働きを持った部位の活性化をはじめ、社会的、情緒的能力の主要指標にどのような生物学的影響を与えているかがわかる。これは、社会性と情動の学習が子どもの脳に与える影響について調べた最初の神経生理学的研究の一つだ。その研究成果は二〇一三年に明らかになるとされている。

必要なのは、心の温暖化

ルーツ・オブ・エンパシーは、子どもたちに仲裁役、あるいは物事の流れを変える役割を果たすよう働きかけている。教室や遊び場で、誰かがほかの子をいじめたり、意地悪をしたりしているのを目撃したら、それを止めるチャンスが自分に与えられている、という認識を持たせるのだ。ルーツ・オブ・エンパシーは、直接民主主義の原則のもとに物事を進めることで「誰もがチェンジメーカー」の姿勢を育んでいる。プログラムに参加する子どもたちは、正解を発表することでほめられることはない。プログラムには正解も不正解もなく、子どもたちはただ自分たちの考えや気持ちを分かちあう。そして、グループディスカッションに貢献していることを絶えず評価され、ねぎらわれることで、自分の声に耳を傾けてくれる人がいることを実感するのである。「小学一年生のうちから、あなたの意見は重要よと言われて育っていたら、将来、市民として、チェンジメーカーとして、どれほど力強く成長することでしょう」とメアリーは言う。直接民主主義によるアプローチは、子どもの内発的動機づけを喚起する力をも持っている。彼らが積極的に参加するのは、ほめられたいからではなく、ディスカッションに参加したいからだ。そして何よりすばらしいことに、子どもたちはプログラムを体験するうちに、本当にチェンジメーカーとして成長するのである。

メアリーは、九歳の子どもたちが、休み時間で教室を出ようと列をなしていたときの出来事を次のように語っている。ある少年が、教師の目を盗んで別の男子生徒の帽子を奪いとった。すると、クラスで一番小柄な女の子がその少年を見据えて、できるだけ静かに、しかし力強い口調で、帽子を返すよう諭した。少年は列になったクラスメートたちを端から端まで見て、静まり返った場の空気や生徒たちの表情から、大多数が彼女の味方であることに気がついた。普通のクラスでは、誰も何も言わなかったところだろう。このケースで、いじめる側の人間が自分の悪ふざけは失敗に終わるということを悟ったのは、クラスメートのなかに、友人がどんな気持ちになるかを想像し、そのために声を上げることをいとわない生徒たちがいたからだ。何よりこのいじめっ子は、今後同じことをやれば恥をかくのは自分のほうだということを学んだ。クラスの力関係のピラミッドはすっかり逆転したのである。メアリーはこうしたエピソードを山ほど耳にしている。

「他人」という考えを壊す

メアリーは世界に目を向け、市民の本質とは何か、いまより敬意に満ちた社会を築くにはどうしたらいいのかを考えている。**彼女がルーツ・オブ・エンパシーの理念の中心に据えたのは、子どもから大人までがエンパシーを強化し、より平和で思いやりと敬意にあふれた社会をつくることだった。彼女には、子どもたちのエモーショナル・リテラシーを高めることで、周囲への攻撃性を減らすことはできるという強い信念がある。**彼女がそんな変化を社会にもたらすことができたなら、他者を人として扱わずに、背を向けるような行為はできなくなるはずだ。今日の社会では、残虐なおこないを繰り返す人の例や、自分とどこか違う人、あるいは違う考えを持っている人は潰してしまえばいいと考える人の例が数多く見られる。しかし、そこにエンパシーという概念を持ち込むことで、他者が自分とそれほどまでに違うとはとても思えなくなる。ルーツ・オブ・エンパシーでは、わざと子どもたちに互いの違いを指摘させた上で、共通点はどこかという点について考えさせている。

世界を変えるために、私たちが達成せねばならない最大の課題の一つは、「他人」という概念を消し去ることです。それを成功させるには、経済の繁栄を確保するだけでは足りません。人々がエンパシーを持たないかぎり、私たちの社会は衰退し、機能を失います。地理、文化、人種、階級、年齢、能力、性的指向、性別など、私たちはあらゆる違いによって分けられてしまうかもしれませんが、すべての人は共通の感情によって一つにつながっているのです。

メアリーはこうも付け加える。赤ん坊を例に出すことで、人間はみな少しずつ違うが、そこに優劣はない、ということをわかりやすく説明できるのだ、と。つまり、違いを認識し、それを潰そうとするのではなく、尊重するのだ。感情は、最終的に私たち人間を結びつける要素だ。そして、もっとも重要な人間の特質であるエンパシーこそ、私たちが互いにつながることを可能にしているものなのである。

エンパシームーブメントを起こす

ルーツ・オブ・エンパシーの目標は、子どもたち一人ひとりの手によって世界を変えていくことだ。プログラムは今日、国境を越え、広範囲に普及している。これまでに、世界七カ国のおよそ四〇万人の子どもたちがプログラムを体験した。ルーツ・オブ・エンパシー発祥の地であるカナダでは全国に広まり、アメリカ、北アイルランド、アイルランド共和国、マン島、スコットランド、ニュージーランドでもその規模を拡大しつつある。二〇一一年にはアショカから「グローバライザー賞」を授与されたことも手伝って、ルーツ・オブ・エンパシーは世界に向かって安定的に活動を広げている。しかし、ルーツ・オブ・エンパシーの貢献のなかでももっとも重要なのは、エンパシーが国際社会全体の健全性に変化をもたらしているという実例を示すことによって、世界のオピニオンリーダーや社会起業家、人道支援家たちに影響を与えている点である。二〇一〇年、メアリーは国連の国際識字デーの式典でスピーチを依頼された。国際識字デーのイベントにおいて、エモーショナル・リテラシーの概念がとりいれられたのは、それが初めてだった。

ルーツ・オブ・エンパシーが巻き起こそうとしているのは、教育における方針転換――さらにはその先にあるもの――を目的とした、世界的なエンパシームーブメントだ。そうすることで、「誰もがチェンジメーカー」の世界を実現するためにもっとも重要な特質として、エンパシーが育まれるようにする。「要は、より思いやりにあふれた世界を築くということです」とメアリーは言う。「これは人類という家族に関わる問題です。私たちは、この社会を共有しています。しかし、世界の問題を解決する手段は、エンパシーしかないのです」

イブー・パテル

Eboo Patel

イブー・パテルは、大学で学ぶ様々な信仰を持った学生たちのなかから宗教の違いを超えたリーダーを育成することによって、宗教間連携の分野を開拓している。

彼の目標は、大学のキャンパスを拠点とした、理解と連携と行動を促す世界的な運動を巻き起こすことだ。そのために、〈インターフェイス・ユース・コア〉という団体を創設し、現在代表として活動している。

Chapter 17

宗教の壁を越えるリーダーシップ

アメリカ

イスラム教の学生たちよ、ユダヤ教学生組織ヒレルと口を利かないことが、パレスチナ自治区のラマラで暮らす誰かの腹を満たすことになっただろうか？　ユダヤ教の学生たちよ、イスラム学生団体との対話を避けることが、イスラエル南部の人々の命を守ることにつながっただろうか？

——イブー・パテル

宗教はこの世界において、極めて強い力を持っている。人々を分裂させて、痛ましく果てしない争いを起こすこともできれば、社会を一つにまとめあげることもできる。何も意外なことではない。私たちの耳には、過激な信者たちが張りあげる蛮声ばかりが響き、団結してそれに対抗しようとする人々の声はなかなか聞こえてこない。宗教間の偏見と無知と暴力は世界中に蔓延している。イブー・パテルは、異なる信仰を持った人々のあいだに恒常的な理解と連携を築くことがその解決につながると信じている。

なぜ、壁が存在するのだろう？

イブーには、ある強い確信がある。それは、宗教間対立の問題を解決できるのは、天国から降ってくるプログラムでもなければ、本に書かれているような方法論でもない、というものだ。肝心なのは、宗教の違いに囚われない感覚を持ったリーダーや、宗教間連携を支持する人々を数多く生み出すことだ。彼らは、宗教間のつながりを構築し、強化するためのノウハウを有するとともにに、大勢の献身的な人々を運動に引き入れる力を持った人たちである。イブーの考えの中心にあるのはいつも「人」だ。それは、あちこちに点在する何人かが、同じ考えを持った二、三人と集まってプログラムを運営することではない。大切なのは、数だ。転換点を形成するにあたって、互いにつながることで一つのうねりを生み出せる十分な数の人を巻き込むことである。

マーティン・ルーサー・キング・ジュニア牧師は、二六歳でモンゴメリー・バス・ボイコット運動を組織した。ガンジーは、二〇代のときに南アフリカで平和構築活動を開始した。時代の難局を乗り越えるための仕組みづくりに尽力する人々の模範的存在としてイブーが崇めるジェーン・アダムスは、二〇代後半でアメリカ初のホームレス宿泊施設ハルハウスを立ち上げた。これまでの歴史や、二〇一一年に北アフリカの国々で起こった「アラブの春」運動が示すように、時代の転換点において一番大きな足跡を残すのは、たいてい若者たちなのである。

イブーが〈インターフェイス・ユース・コア（ＩＦＹＣ）★〉を設立したのは、二二歳のときだった。彼は、前述の勇者たちと似た道を歩んできた。インド系イスラム教徒としてシカゴで育つなかで、人種差別や宗教による偏見、疎外感に満ちた幼少期を送った。宗教差別にさらされていた彼が、二手に分かれた道のどちらを選んだとしても不思議はなかった。一つは、なぜ宗教が世界中で悪行と暴虐を引き起こしているのかを自問する道。もう一つは、自分自身も、他の宗教に対して狭量な考え方を持ったいじめっ子になるという道だ。同じ穴のムジナにならないためにはどちらの道に進むべきか、彼は自問した。

★ Interfaith Youth Core
www.ifyc.org

宗教間連携への信仰

イブーの信念は、宗教は分断の壁ではなく、連携のための懸け橋となり得るものであり、またそうあるべきだ、というものだ。自らのイスラム教徒としての信仰、インド人としての出自、アメリカ人としての生い立ちが、橋渡し役としての彼の使命感に結びついている。彼にとって、日々のニュースを読んだり聴いたりすることがたびたび苦痛だったのは、宗教への偏見とその結果生じる争いがメインテーマに据えられているように感じたからだ。その裏に隠されたもう一つのストーリーはどこへ行ってしまったのだろうか？　異なる信仰や習慣を持ちつつも、力をあわせて共通の利益を広めようとする人々は、いったいどこに隠れているのだろうか？　そうした人々はどこかにいるはずだった。ただ、実際に変化を起こすには十分な数ではなさそうだった。その思いはＩＦＹＣ構想のきっかけとなり、やがて解決志向の二つの問いを生んだ。一つは、すべての宗教の信者や無神論者たちが手を取りあって世界を変えようとしたら、そして、学生たちがその主導権を握り、大学のキャンパスが宗教間連携の拠点となったら、どんなことが起きるだろうか、ということ。もう一つは、二一世紀が多様なコミュニティによる争いの時代ではなく、連携の時代であるということを証明できたら、いったいどうなるだろうか、ということだった。

イブーにとって転機が訪れたのは、彼がまだ大学生だった一九九五年だった。ニューヨークのジャーナリスト、デービッド・ボーンステインが、マイクロファイナンス運動の創始者ムハマド・ユヌスについて書いた記事の写しを、ある教授から渡されたのだ。★

★ユヌスとグラミン銀行の軌跡については，次の書籍を参照のこと：David Bornstein, *The Price of a Dream: The Story of the Grameen Bank and the Idea That Is Helping the Poor Change Their Lives* (New York: Simon & Schuster, 1996).

私は、ユヌス氏に大きな関心を持ったのです。彼は、貧困という、バングラデシュの労働力を担う人々を取り巻くおぞましい現実のど真ん中に身を置き、社会問題の根本的な正体は資本へのアクセスの欠如であると見抜いた人物です。彼は本を執筆したり、慈善活動を始めたりする代わりに、村の女性たちが資本を手にするためのまったく新しい金融システムを立ち上げました。いわゆる社会起業家です。私だって、社会問題を解決する新たな方法を漠然と考えたりしたことはありますが、自分に与えられた進路は教授になることくらいだと考え、そうやって思いついたことについては文章にするくらいが関の山でした。ところが、その人は常識をくつがえす方法で問題を解決することを生涯の仕事としている。その瞬間、私の人生が変わりました。これこそが――教授ではなく、社会起業家になることこそが――私の選ぶべき道だと感じました。それは、社会起業家のアイデンティティを手にした瞬間でした。そういうわけで、ＩＦＹＣを通じて私たちがめざしているのは、宗教間リーダーのアイデンティティを明確にすることです。そして――ユヌス氏と同じ道をたどりながら――私たちはこう言うんです。「いいかい、世界には解決しなければいけない問題があるんだ」と。

他者とのふれあいのなかで自らの信仰を深める

ＩＦＹＣは、イブーが抱いていた問いへの答えを具現化すべく設立された。一九九八年に活動を開始し、二〇〇二年に法人化された。最初はイブーのユダヤ系の友人と福音主義キリスト教徒のスタッフの計三名で運営していたが、二〇一一年後半には職員数は三五名に増え、運営費も四〇〇万ドルにまで膨らんだ。活動の中心にある目的は、**異なる経歴や立場や信仰の学生たちが集まり、ともに他者に尽くすことで互いの溝を埋め、貧しい人々に食糧を届けたり、ホームレスの宿泊所で働いたり、学校のペンキ塗りをしたりする過程で自身のことを理解する**、というものである。ＩＦＹＣ設立当初から、サービスラーニング※は、大規模な宗教間の対話を生み、ムーブメントに火をつけた。サービスラーニングと、共通の価値観の重視は、今日のＩＦＹＣプログラムにおける中心的な手法として、引き続き実践されている。

ＩＦＹＣの設立以来、プログラムの中核を担っているもう一つの手法は、時事問題を用いるというものだ。この方法は、ＩＦＹＣの理念にとって、まったく予想していなかった追い風をもたらしている。アメリカ大統領バラク・オバマの選挙戦に関するニュースを例に挙げてみよう。ＩＦＹＣでは、オバマ大統領がシカゴで地域のまとめ役として、ユダヤ教の助言者からのアドバイスのもと、プロテスタント教会やカトリック教会、さらにはイスラム教コミュニティと連携しながら様々な活動をおこなっていたというエピソードを、ＩＦＹＣが普及しようとしているモデルに結びつけて紹介した。また、二〇〇一年のアメリカ同時多発テロ事件で崩壊した、ニューヨークの世界貿易センタービル跡地（グラウンド・ゼロ）付近に持ち上がった、イスラム教のモスク建設計画やそれをめぐる醜い応酬は、今日の社会で宗教上の偏見がどのような問題を引き起こしているかに関する教訓をもたらし、新たな選択肢、あるいは解決手段としてのＩＦＹＣの存在をいっそう際立たせた。時事問題は、ＩＦＹＣの妥当性を絶えず強調し、既存のプログラムを発展させる絶好の材料であるとともに、異なる信仰を持った人間同士の理解と連携を特徴とした社会を築くためのもう一つの方法なのである。

※教室での学習と，地域における社会貢献活動とを融合させた取り組み．

また、時事問題に触れることでイブーは、「イスラム教やほかの宗教の過激派たちが若者を活動に引き込んでいるのだとしたら、宗教の寛容を訴える側も若者に協力を求めよう」と考えるようになった。[★1] 彼は、学生運動を通じて宗教間連携を推進しようと考え、大学のキャンパスに焦点を絞りはじめた。そして、宗教間連携が一部の国々における女性の権利と同様、社会の規範となり、さらにティーチ・フォー・アメリカ[★2]と同じくらい大胆な試みになるだろうと確信した。

新たな声とビジョン

イブーにとって、破壊的な信仰心の暴走に打ち勝つ唯一の手段は、人種や宗教、文化の違いを超えて、人々が絆で結ばれるコミュニティを建設することだ。彼はナショナルパブリックラジオで次のように語っている。

「一つの共同体に異なる集団が共存する多元社会の実現を信じるということは、それに向けて行動する勇気を持っているという証しでもあります。言い換えれば、行動するという行為こそが、信念と単なる意見とを分かつものなのです[★3]」

イブーはＩＦＹＣの活動の柱を三つに分けて説明する。**一つは宗教の違いを超えた連携。二つめは、そうした連携を最重視する大学のキャンパス。三つめは、宗教間連携に向けた旗振り役としての自覚を持ち、自らもプロジェクトを始めたいと感じる学生たち。**イブーにとって、未来のリーダーを育てることが最重要事項の一つなのは、彼らが運動の中核を担い、明日のチェンジメーカーになるからである。

★1 Laurie Goodstein, “An Effort to Foster Tolerance in Religion,” *New York Times*, June 13, 2011；オンラインでも閲覧可：www.nytimes.com/2011/06/14/us/14patel.html?_r=1&ref=lauriegoodstein（2011年8月26日閲覧）.

★2 Teach For America
www.teachforamerica.org
教育の公平と高度化に取り組むアメリカのプログラムで、低所得コミュニティへの教員派遣実績において国内最大規模を誇る.

★3 *This American Moment*, NPR, October 2, 2008.

問題は、そうした若者を見つけることが容易ではないということだ。イブーによればその一因は、若者を特定の職業に就かせるために育成する今日の教育システムにある。学生をスカウトしたければ、彼らを養成する特定の学校に出向いていかなくてはならない。医者をめざす若者が集うのが医学部であれば、病院は十中八九医学部を訪れ、新しい医者を見つけることになる。弁護士のたまごを育成する場所がロースクールであれば、法律事務所はロースクールに足を運んで新人を採用することになるだろう。大手コンサルティング会社の人事部であれば、基本的にどこに出かけていってもいい。アメリカ中のビジネススクールが、そうした会社で活躍できるよう学生たちを育成しているのだから。

つまり、そうした業界には優秀な人材が流れてくるパイプラインがあるのに対し、宗教間リーダーシップの分野には、訓練された有能な若者を確保できるパイプラインが存在しないのだ。学生たちは、神学校や大学院で宗教学を学んだかもしれないが、宗教間リーダーシップというものは、単に正しい学問知識があればいいというものではない。人々を動かし、まとめ、感化し、壮大なスケールで物事を変える能力を発揮することも、必要な要素である。その意味においてIFYCの成果とは、新たな主張やビジョンを提示したことかもしれない。それらは、宗教間連携の分野を拓くことで生まれたのだ。

よりよい世界のために協力を

「よりよい世界のために協力を（Better Together）」という名のキャンペーンは、開拓運動のよい例である。このキャンペーンは一年にわたり、宗教間連携を推進する大学生たちによって実施された。その目的は三つある。一つめは、学生たち自身が活動を推進できるようにエンパワメントをおこなうこと。二つめは、十分な数の学生が参加できるようキャンパスを整備すること。三つめは、キャンパスを中心としてグローバルな運動に拍車をかけることだ。

こうしたキャンペーンは、人々を動かし、集団をまとめ、未来を担う力を持ったリーダーを育成する場でもある。ジョシュア・スタントンは、マサチューセッツ州アマースト大学の学生時代に、ＩＦＹＣによる正式なトレーニングコースを一年間受講した感想を次のように書いている。★

私は当初、宗教間連携の活動を趣味の一環として捉えていましたが、やがてそれが天職であることに気づきました。私は敬虔なユダヤ教徒で、大学卒業後はユダヤ教指導者になろうかと考えていました。ＩＦＹＣで一年間、集中的にトレーニングを受けるなかでこう確信するようになりました。多くの宗教が混在するこの国では、他の宗教のリーダーと――それに信者とも――しっかり手を携えていかないかぎり、優秀な宗教指導者になることはできない、と。さらに私が気づいたのは、神学教育では、宗教間連携に向けた効果的な戦略に結びつけられるよう、学生や教授が宗教の教えの違いについて学ぶことはない、ということでした。それどころか、違いそのものの本質について明確にする機会さえありませんでした。そこで私は、ユダヤ教指導者養成学校の一年めに、検証誌とオンライン・フォーラムとしての役割を備えた〈宗教間の対話〉というＷｅｂメディアを立ち上げました。難しい問題を議論のテーブルに上げ、学者や聖職者、学生、非営利組織のリーダーたちが意見を交換できる場

★ジョシュア・スタントンは，Webメディア〈宗教間の対話（*The Journal of inter-Religious Dialogue*）〉の創設者兼共同編集者である．このジャーナルについては，ウェブサイトwww.irdialogue.orgで閲覧可能．また，新たな宗教リーダーのための補足（より学術性が薄い）ウェブサイトとして，www.stateofformation.orgも参照のこと．

です。IFYCは私に、どうしたら現状を変えられるかを教えてくれました。宗教や組織を異にするユーザーが年間一二万人以上も集まって、厳格な思考、対話、個々の眼識のもとで、宗教間連携を推進するこのWebメディアを構築したのも、その表れです。

違いではなく、共通点を見る

イブーの願いは、「持続可能性《サステナビリティ》」というものが定着したように、宗教間連携も一つの社会規範となることである。

三〇年前、環境保護は一般的ではありませんでした。しかし今日、人々は、コーヒーを飲み終わったらリサイクル用ゴミ箱を探すようになりました。プラスチックや紙のコップをどう処分するかということに関する社会的、文化的な暗黙のルールが存在し、その商品を販売した企業にはそのルールに則って行動することが求められる、それが社会規範というものです。社会起業家の活動についても同様で、やはり社会規範への道をたどるようになります。人々は社会起業というものが何なのか知っています。話題にもすれば、その分野に携わりたいとも考えるようになります。社会起業は一つの価値観を形成するのです。私は、一〇年後、宗教間連携を推進する運動がそうなっていてほしいと願っています。異文化理解プログラムや奉仕デーがあるのと同じように、一〇年後には、すべての大学にこのプログラムが根づいていてほしいのです。

イブーが描く未来はそこで終わらない。彼の構想は壮大でインスピレーションに満ち、しかし同時に驚くほど実用的だ。

そうして大学に根づいたプログラムは、IFYCの長所に合致したものであってほしいと願っています。つまり、この市民社会をよりよくする力を持ったプログラムです。大学の宗教間連携プログラムは、少数の学生グループが先導し、多くの学生たちを巻き込んでいくことで、変化を生む活動です。学長たちは卒業生と祝福の手を交わしながら、彼らのことを誇りに思うでしょう。高等教育機関における四年間で、学生たちは宗教の違いを超えて理解しあい、ともに奉仕活動に従事し、橋渡し役としてのリーダーシップを身につけたということがわかるからです。

社会から切り離された人々が、全体の自由を守るために立ち上がることはない。であれば当然、信仰の厚い人々とそうでない人々の相互理解を促進し、異なる世界観を持つ人々のあいだに生じた溝を埋めるべきだ、ということになるだろう。国内あるいは国際社会で起きる宗教対立に対し、私たちは連携を支持し、協力すればよりよい世界が築けることを証明するときだ。イブーは、二一世紀における信仰とは、分裂の壁よりも強固な協力の懸け橋を築く力を持ったものだと信じている。アメリカでの活動が成功したら、今度はイブーの目は世界に向けられるだろう。

まさしく《アーメン》。私も仲間に加わろう。

アブデルファッターフ・アブスロール
Abdelfattah Abusrour

アブデルファッターフ・アブスロールは〈アルロワッド〉を創設して、紛争地帯の只中で暮らす子どもや女性たちが正常な状態に身を置き、内に秘められた人間の価値を取り戻すための場所を提供している。

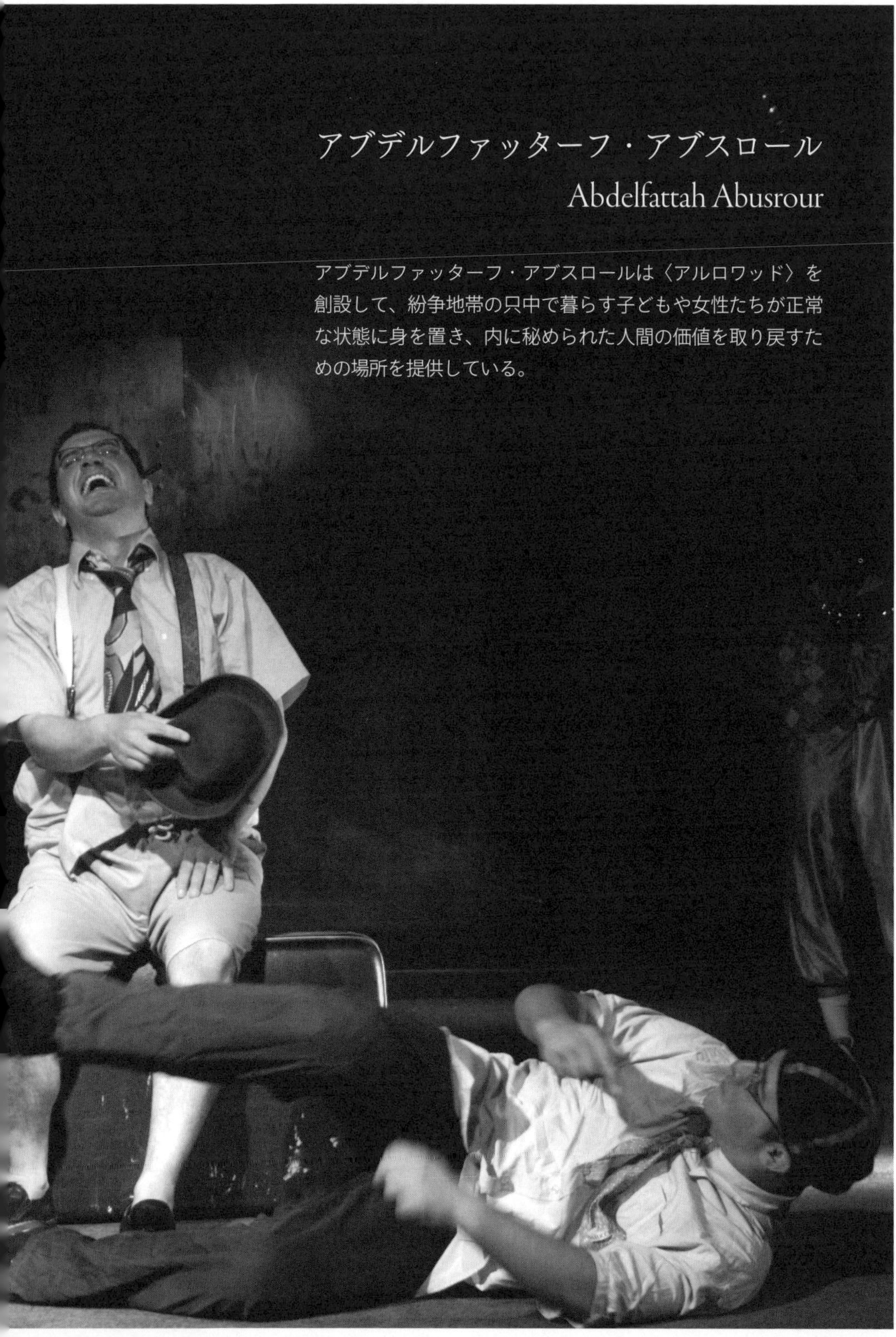

Chapter 18

美しき抵抗

パレスチナ

この子たちには立派なチェンジメーカーに成長してもらいたいと思っています。そうすれば、人を殺して生計を立てたり身を守ったりするための銃などなくても世界は変えられる、と思えるようになるでしょうから。彼らが人間性を失うことなく、今日という日が昨日よりも常に美しい、そんな世界を創造する手本となるよう、支えていきたいんです。

――アブデルファッターフ・アブスロール

一九九四年、アブデルファッターフ・アブスロールは、フランスでの九年間にわたる生活を終え、パレスチナに帰国した。フランスでは、生体医学工学の修士号と博士号を取得した。パレスチナ人として故郷の情勢を見守るなかで耳にしたことは、彼の自国に対するプライドを萎えさせ、そこに暮らす人々のために平和を願う彼の気持ちをたまらなくさせた。特に、イスラエルの侵攻以来続く困難のなかで、子どもたちが苦しんでいる様子を想像すると、心が張り裂けそうだった。「地下の科学御殿」でデスクに向かって座っているよりも、現場である故郷に身を置いたほうが自分はもっと大きな変化を起こせる、と彼にはおのずとわかっていた。

祖国に対する情熱が、パリでの快適な暮らしへの欲求を上回っていることをもはや否定できなくなったとき、彼はパレスチナに帰国することを決意した。しかし、パレスチナならどこでもいいわけではない。アブデルファッターフがめざしたのは自身が育った場所、ベツレヘムにあるアイダ難民キャンプだった。そこで暮らす、かつての自分と同じ道を歩む子どもたちのためにできることはないかを見極めるべく、彼は故郷に戻った。二つの大学で助教としての仕事を見つけるとともに、ベジャラという町の製薬会社で、遺伝子工学の研究者と生物学的試験を解析する責任者として働いた。仕事にやりがいを感じ、やる気に燃えていた彼は、三つの職場を回りながら週七日間連続で働いた。加えて、とある大学と難民キャンプの学校で、ボランティアで演劇を教えはじめた。ほかにも求められればどこへでも出かけていった。

変わる情勢、残る価値観

アブデルファッタープは、パレスチナで絶望と悲しみを目の当たりにした。怒りと暴力を目撃した。復讐と憎悪の叫びも耳にした。しかし何より、子どもたちの目をのぞき込み、自分やほかの大人が彼らへ残すことになるであろう運命を思うと、彼の心はかき乱された。多くの人々は、今日のパレスチナ情勢が政治によって引き起こされた悪夢であり、自分たちにはどうすることもできない絶望的な事態だと訴えていたが、悠長に絶望している場合ではないことをアブデルファッタープは知っていた。パレスチナの現状は、子どもやその子孫に胸を張って引き継ぐことのできるものではなかった。彼がすべきなのは、パレスチナの精神を打ち砕いている重苦しい憎悪を取り除き、自分が成長の過程で大切にしてきた価値観を広めることだ。それは正義、自由、愛情、そして平和という、全人類が分かちあうべき価値観である。アブデルファッタープには、すべての人はそうした共通の価値観のもとに生きているという信念がある。

イスラム教徒もキリスト教徒も、ユダヤ教徒も仏教徒も、ヒンズー教徒も無神論者もそのほかの人も、誰もが持っているそれらの価値観は、そう自在に変化するものではありません。

その場の状況、あるいはどこかの権力者や国家が発した鶴の一声で変わるというものではないんです。それは、人間性が持つ欠くことのできない美質であり、ずっと先の子孫まで残したい文化遺産です。そうした価値観に対する忠誠と擁護、人間性や次の世代に残す継承物への誇りの維持。それが私の仕事のすべてなんです。

アブデルファッタ―フは、人々の心に美を呼び戻したかった。人々の眼に美しいものが映るのを見たかった。腹立ちまぎれからであれ、学校に行けないことへの退屈しのぎからであれ、石を投げつけたりタイヤを燃やしたりすることが抵抗の唯一の手段だと思いながら成長してほしくなかった。「子どもや若者がアートで自らの美や人間性を表現し、侵略や暴虐が持つ醜さに対する『美しき抵抗運動《ビューティフル・レジスタンス》』を通じて自分の経験を語ることができる、安全な場所を提供」したいと願うようになった。

ビューティフル・レジスタンス運動は彼にとっての使命となった。一九九八年、アブデルファッタ―フは〈アルロワッド〉★を創設し、子どもから大人までが芸術――音楽や写真、絵画そして演劇――を通じて感情を表現できる、身体的、精神的拠り所となるスペースをつくりあげた。アルロワッドはコミュニティセンターとして機能し、プログラムが主に対象としている子どもや女性にとって、安全で勇気を与えられる空間となった。アブデルファッタ―フの理想は、**教育的、芸術的なアプローチを使って活力に満ちたパレスチナ社会を実現することだ。それはつまり、暴力とは無縁の、人権と人間の価値観を重んじる社会であり、社会起業とイノベーション、自己表現の精神に立脚した社会だ。**

★Al Rowwad.「人生のパイオニア」の意.
alrowwad.virtualactivism.net

人々に、このビューティフル・レジスタンス運動を次世代の創造者として見てもらうことが重要でした。これが抵抗の表れである証拠に、ほら、私たちは自分たちの逸話や物語を出し惜しみしていないでしょう。私たちは、本心を偽って人類共通の価値観を批判したりせず、そうしたものに対して誠実で欠かせない存在でありつづけようとしているのです。

心に棲む美と野獣

驚くべきことに、アブデルファッタ―フがアルロワッドと反暴力主義プログラムを立ち上げたのは、一九八九〜九三年にパレスチナで起きた反イスラエル抵抗運動、いわゆる第一次インティファーダのあとであり、さらに第二次インティファーダ（二〇〇〇〜〇五年）が勃発する二年前だったということだ。パレスチナ内外が極度の緊張状態にあった時期に、彼はプログラムを継続し、発展させていたのである。アルロワッドは、アブデルファッタ―フの兄の家から始まって両親の家へ、さらには二部屋分の空間から三階建てのビルへと移動しながら、アイダ難民キャンプを拠点に活動を続けている。現在では多くのグループを受け入れられるスペースを持ち、劇団が巡業してこない街や、アートセンターや図書館、屋外運動用の施設がない街を巡回する移動型のプログラム「モバイル・ビューティフル・レジスタンス」を通じて活動を拡大させている。

しかし、プログラムが成長するとともに、それに対するニーズも高まっていった。付近にイスラエルとパレスチナとを分かつ壁が築かれたのをきっかけに、失業率の悪化と地価の高騰が起きると、アイダ難民キャンプの状況は一変した。壁が築かれたことで、子どもたちの遊び場だった空き地は失われた。アルロワッドのような場所を除けば、子どもたちが遊べる場所は路上しか残されていなかった。時間をつぶしたり、子どもらしい生活を体験したり、内に秘められた不安や緊張を表現したりできる場所はどこにもない。多くの子どもたちが深刻な苦しみを抱えていた。彼らは自宅や近所の家が破壊され、人々が殺されていく光景を目にしていた。なかには、目の前で親やきょうだいを失った子さえいた。

その一人である、アッジュール村出身のウォウドという名の少女は、母親が息絶えていくのを目の当たりにしていた。イスラエル兵がたたき壊した家の扉のちょうど後ろに、母親は立っていたのだった。幸運にも彼女はアルロワッドと出会い、三年経ってようやく母の死について語れるようになった。彼女の言葉は、アルロワッドのプログラムが子どもたちの人生や心にもたらす影響を簡潔に物語っている。「私はこのビューティフル・レジスタンスという活動を使って自己を表現し、いまでは自分の経験さえ語っています。そして、他人のなかにいる野獣と語りあう以前に、自身のなかに棲む野獣と向きあっています」。ウォウドの変化は目覚ましく、彼女は薬科学校の一年生となると、同様の境遇の子どもたちにとって徐々に模範的存在となった。

リバルはウォウドの家の隣に住む少年だった。彼もまた、通常であれば親がわが子に見せたくないと思うようなことを数多く目撃してきた。彼は、七歳だった一九九八年からアルロワッドに参加している。弁護士になることを夢見て、二〇一一年にパレスチナのアルクズ大学法学部を卒業した。四年にわたって法律を学ぶかたわら、アルロワッドの芸術部門でコーディネーターとして活動し、同時にボランティアたちの調整役を務めた。ダンスを教え、アルロワッド移動劇団のツアーに同行して、フランス、ベルギー、アメリカ、スウェーデン、デンマーク、オーストリア、ルクセンブルクを訪れた。前向きでエネルギッシュな一面をいつどこでも周囲と分かちあうことで恩返しをしている。

ウォウドとリバルの物語は、少年少女時代をアルロワッドとともに過ごした多くの子どもたちの姿を映しだしている。アルロワッドがあるおかげで、彼らはパレスチナの新たな顔になりつつあるのだ。

輸入、輸出

フランスから祖国に戻ったアブデルファッタータフが自身とコミュニティに誓ったのは、いかなる政党よりも人々を優先するということだった。イスラエルに対する怒りと武力抵抗を呼びかける声が高まる一方で、彼は同様の感情と攻撃行動が主要政党間のパレスチナ人同士にも起きていることに気づき、驚いた。政党への忠誠を重んじる文化において、政治組織とのつながりは、彼自身と子どもたちが争いと暴力に巻き込まれる可能性を示唆していた。そのためアブデルファッタータフは、組織としても個人としても、すべての政党から独立した存在でいる必要があった。

独立した存在でいるというのは、決して容易なことではなかった。それはすなわち、いずれの政党からも資金やサポートを得られないということを意味していた。そこでアブデルファッタータフは、パレスチナ内外にある数々の団体とパートナーシップを築き、それによって組織の運営だけでなく、増えつづける国内の移動型プログラムを維持しようとした。彼はネットワークづくりに着手し、フランスでは〈フレンズ・オブ・アルロワッド〉と呼ばれるパートナー組織を立ち上げ、アメリカのNPO団体とも同様の関係を築いた。彼の活動は瞬く間に広がった。最近では、ノルウェーの四つの学校が、パレスチナの人々を支援するためのパートナー団体を求めてアルロワッドを訪れた。その穏やかで、総じて平和な国に暮らす一六歳から一八歳の生徒たちは、人々の暮らしぶりがいかに違うかということに加え、世界の誰かを助けるために自分たちがどんな変化をもたらせるかということに、目を開かれる思いをした。関わりたいという気持ちに駆られた彼らは、アルロワッドとの連携を約束した。このパートナーシップは、アルロワッドがどうやってパレスチナ内外で未来のチェンジメーカーを育成していくかを考えるときの青写真となった。

二〇一〇年だけで、約一五カ国から一六〇〇人の人々がアイダ難民キャンプにあるアルロワッドのセンターを訪れた。そのなかには、アルロワッドと連携を申し出る人もいれば、希望というものを具現化した人々に出会えたことに、ただただ感謝する人もいた。やってくるのは、それぞれ異なる問題やテーマに関連した人々だった。環境のときもあれば政治のときもあるし、人道支援の場合もあれば、芸術の場合もあった。しかしたいていの場合、最大のつながりは、アブデルファッターフの活動に対する情熱や、人々を変革の実現に関わらなくてはという気持ちにさせる彼なりのやり方を通じて構築された。アブデルファッターフには、自分のやっていることを人道支援活動とはみなされたくない、という気持ちがある。慈善や同情の気持ちからくる活動だとも思われたくない。そこで彼は、人々をパートナーとして巻き込むことにしている。**こうした関係は、支援者たちにアルロワッドの活動の一端を担っているという自覚を与え、結果として、多くの人が年に一回センターを訪れては、その一年で何が起き、今後どういった展開となるのかを視**

察することにつながっている。アルロワッドは、世界中の紛争地帯で育つ子どもたちのためのモデルとなっている。その影響力にまつわるエピソードがパレスチナ国外で広まるにつれて、アルロワッドを模した取り組みが生まれることだろう。

センターを訪れる人の多くが、ボランティアになることを買って出る。それはすなわち、お金という問題以上に大切な、継続的な関係であり、パートナーシップである。支援者たちにとって、自分たちが一端を担っていると感じるものへの責任であり、彼らの参加はセンターにとってはもちろん、彼ら自身にとっても重要な意味を持つ。パレスチナに連帯感を持っているのは、高齢の人々であることが多い。そのため、若い世代がこのセンターでパレスチナの問題について学び、理解し、取り組みに献身するようになるこのモデルは画期的だ。アルロワッドで過ごす二日間、ボランティアはセンターの活動を見て、若者たちとともに暮らし、ともに活動し、様々な交流の機会を得る。情緒的、知的交流は一人ひとりに影響を与え、それぞれが自らを、絶望と惰性に流されるのではなく、行動を起こす力を持った変革の一員と捉えるようになる。そうした、触れることも数に置き換えることもできない感情が、生徒たちに未来の世界を担うチェンジメーカーとしての自覚を与えるのである。彼らは成長するにつれ、人間が分かちあうべき価値観に希望を持って献身するようになるに違いない。アブデルファッターフは、アルロワッドのモデルがパレスチナの外へ「輸出」され、活用されることを期待している。彼がめざすのは、このモデルが大いに力を発揮することによって、**選挙に勝つためや人を喜ばせるために価値観をねじ曲げることなく、人々が尊ぶそうした価値観を守ろうとしているか否かという基準でリーダーが選ばれる世界が創造されることだ。**

逆に言えば、世界のあちこちでアルロワッド劇団が公演をおこなう際には、すべての人にとって劇的な学びの機会が生まれるだろう。最近では、劇団がアメリカ南部を訪れて公演をおこなった際、あるアフリカ系アメリカ人の女子生徒が、自分はいつも、この町ではあれもできない、これもできないと愚痴ばかり言っていたが、アルロワッドの子どもたちが難民キャンプに住み、アメリカではできて当然のことをほとんどできずにいることを思えば、文句など言うことはできない、という感想を口にした。一方、劇団がフランスのパリを訪れた際、彼らは一八区という主に外国人が居住する貧しい地区で公演をおこなった。パリには自分たちよりも貧しい子どもがいるのだと知ったとき、アルロワッドの団員たちはどれほど驚いたことだろう。

ほかの人々がどんな生活を送っているか、別の場所で暮らす人たちがどんな苦労をしているかを目の当たりにすることは、誰もが同じ人間であり、互いに変化をもたらしあうという対等の役割を担っているという考え方を揺るぎないものにする上で、絶大な効果をもたらした。アブデルファッターフは、子どもたちがそれらの学びをきっかけに、自分たちの小さな世界やそれぞれが抱える現実から抜け出し、周囲の人々とどうつながっているかを認識するようになることを願っている。それは彼にとって、自分のメッセージ——社会的・宗教的・経済的なものにかかわらず、それぞれの国にはそれぞれ異なった不公正が存在しているのだというメッセージ——が最終的に子どもたちに届いたかどうかを見極めるためのポイントだった。その気づきは人々を団結させ、住んでいる場所や肌の色、国籍にかかわらず、他者に対する尊敬の念を育むということを、アブデルファッターフは認識していた。

価値観は暴力をしのがなくてはならない

とはいえ、それを実現するためには、人々のなかにある関心事の優先順位がいまのように無分別なものであってはいけないということを、彼は知っている。どのサッカーの試合を観るのか、どのコンサートに行くか、どの有名人が結婚するのか（もしくは離婚するのか）といったことへの関心を薄めなくてはならない。アブデルファッタ―フが歯がゆく感じるのは、重大な問題に関してほとんどの人が考えようとしないことだ。「サッカーの試合があるとなると何百万という人が路上に集まるのに、環境問題や文化破壊、教員や優秀な学校が不足しているという話になると、そうした大事な運動は、テレビやラジオのスポーツ中継の後回しになるんです」。人々が極めて重要な問題にもっと関心を払い、人類の未来を救ってくれることが、彼の願いだ。

アブデルファッタ―フが一九九四年にパレスチナに戻ってきたとき、人々は非暴力という概念に見向きもしなかった。非暴力とは消極的で後ろ向きな行動であり、イスラエルとの関係正常化と同意語に捉えられていたからだ。平和の響きを持ったもの、すなわち暗に譲歩を意味するものは、当時のパレスチナ人の姿勢としては容認されるものではなかった。ビューティフル・レジスタンスが、あきらめや降参の表れではない――自らの価値観や信念を失わず、「美しい方法」対「醜い方法」という対比のなかで自らを表現する――ということを理解してもらうには、非常に長い時間を要した。だが、彼が火を灯そうとしていた継承物と精神に対する思いと情熱は、彼が耐えねばならなかった嘲りや非難よりもはるかに強かった。彼は、臆病者、消極的と呼ばれることをあえて恐れはしなかった。パレスチナの人々には人権と祖国の地を手に入れる権利がある。

それは暴力を振るったり、憎しみのあまり心や魂の一部を失うという大きな犠牲を払ったりすることで手に入れられるものではない。これらの信念を頑ななまでに持ちつづけた。彼の名誉のために言っておくと、最近になり、パレスチナの諸政党はおろか首相までもが、非暴力を民衆抵抗運動の一手段として位置づけることの重要性について語っているようだ。パレスチナの人々が自らのなかに平和を見出し、失われたのではないかとさえ危惧される内なる美をよみがえらせるよう、政府や政治のリーダーたちが取り組もうとしていることは、アブデルファッタ―フの目には飛躍的な進歩として映っている。それによって生じる真の持続的な影響とは、非暴力抵抗運動というものを、消極的で弱腰な行動という否定的な意味合いから、好ましい響きを持ったものへと変えることだろう。それは、絶対に譲ることのできない人間の価値に沿ったものであり、また欠くことができないものなのである。

ドラゴンを倒すなら誰にでもできる……
だが、朝目覚めるごとに、一から世界を愛しなおせるか。
それは真の英雄にしかできないことだ。

――ブライアン・アンドレアス

アルロワッドとビューティフル・レジスタンス運動を始めてからというもの、アブデルファッタ―フは、一人ひとりの人間がどれほど重要で力を持った存在かということ、人間の価値が暴力に勝つためには多くの人々の参加がどれほど重要かということを、より強く実感するようになっている。また、人間の価値に妥協はありえないということも、以前にも増して確信している。そして、不公正というものについて考えたとき、彼のチェンジメーカーとしての役割において重要となるのは、こうした価値に対して誠実であることだと心に決めている。その思いは、彼にパレスチナ人という枠を越え、一人の人間としての責務について考えさせている。

彼は自分のお気に入りの物語を次のように語っている。

飢餓寸前の村がありました。村長は村人たちを集め、こう言いました。どうやらこれから厳しい日々が何か月も続きそうなのだが、何か妙案はないか？　ある村人が答えました。みなで分けあいましょう、それぞれが村の中心にある入れ物にミルクを一リットルずつ注げば、チーズもバターもヨーグルトもつくれます、と。村人たちはその提案に喜び、賛成しました。夜中、人々は自分のミルクを村の大きな入れ物に注ぎ込みました。翌朝、彼らが入れ物のふたを開けてのぞき込むと、そこに何があったと思いますか？　入っていたのは、ただの水だったんです。

みながこう考えていたんです。自分一人がミルクの代わりに一リットルの水を入れても、誰も気づかないだろう。自分が貢献する必要はない、ほかの人たちがやればいい。みな、誤解していたんです。だって、一人ひとりが責任を負っているんですから。私は毎朝、自分のミルク一リットルを村の大きな入れ物に入れにいくぞと言うんです。もし仲間に加わりたければ、そうすればいいし、加わりたくないならそれでもいい。けど、私は何があっても一リットルの水を注ぎ込むことだけはしない。それがこのビューティフル・レジスタンス運動を一三年にわたって動かしてきた、私の誓いなんです。

ウォウドのように、人は、他者とのあいだに平和を築こうとする以前に、まず自己のなかに平和をもたらす必要があるということを、アブデルファッターフは知っている。彼の究極の目標は、「死のう、喜んで死のう。それによってパレスチナが生きるのであれば」という叫びの代わりに、「生きよう、絶対に生きるんだ。それによってパレスチナもほかの国々も、ともに生きることができるのだから」という声を聞くことだ。

私たちの努力の成果は目に見えないかもしれないが、
尊厳と寛大によって実践された行動は、
さらに多くの同じものを生み出すことであろう。

——マーティン・ルーサー・キング・ジュニア

結論――現実（what is）と仮定（what if）を可能性（what can be）に変える

いまから二〇年後に自分を失望させるのは、やってしまったことよりも、やらなかったことである。ロープをほどき、大海原に漕ぎだすのだ……。夢を見よ。発見せよ。

――マーク・トウェイン

「波紋を起こす」という言葉の使い方について、私なりの定義を書き出すとしたら、次のようになるだろう。

波紋を起こす

まず、社会変化という水たまりに石を投げ入れて、貧困や不公平、不公正の土台を揺るがす。その上で、困窮する人々に将来を決定する力を与えることにより、社会のニーズを満たす解決策としての持続的なシステム変革を広めること。

読者の方々がこの章にたどりつくころには、おそらく定義など必要なくなっているだろう。ここに書かれた様々な事例に出会うことで、波紋という言葉が何を示すのか、私の真意を正確に汲み取ってくれたのではないかと思う。だが、貧困や不公平、不公正の土台を揺るがすというからには、波紋は単に、アイデアが国境を越えて勢いよく広がっていく状態を指すわけではない。にっちもさっちも行かなくなった問題を抱えた構造そのものを転換させるということだ。そのためには、因果関係に焦点をあてたアプローチよりもさらに踏み込んで考える必要がある。理論的に言えば「甘いレモネードから酸っぱいレモンをつくる」※、実践的な言い方をすれば「朝起きて、もっと寝たかったのにと不平を言う代わりに、生きていることに感謝する」、もしくは（トーマス・エジソンが残した目からうろこの言葉を拝借して）合理的な言い方をすれば「失敗ではない。一万通りのうまくいかない方法を見つけたのだ」ということだ。

潮の流れと同様に、波紋には、生態系《エコシステム》を宿しながら、外に向かって流れる波と内に向かって戻る波とがある。最初にイノベーションや先駆的なアイデアが外に向かって押し出され、次にその力の向きが変わって磁石のようにチェンジメーカーたちを引き寄せることで、双方の価値や信念、置かれた状況や目的のあいだにある隔たりが縮まっていく。その結果、磁力を伴ったエネルギーの空間には団結した行動という化学反応が生まれ、「人々が新たな可能性を見出す場を創出する」のだ。★ この双方向にはたらく力と、押しては返す波と波とのあいだにできる空間は、「誰もがチェンジメーカー」というアショカの世界を支える新たなエコシステムの一部となる。

水辺に起きた波紋というイメージは、起業家を取り巻くエコシステムを理解しやすくする。それは同時に、起業家活動のすべては起業家本人のためにあるというイメージを再びつくりあげてしまう恐れがある。しかし、水面の動きのみに注目してしまっては、その下に棲

★"Forces for Social Change and Civic Renewal," Harwood Institute Report, December 2008, p110.

※どんな難題にもベストを尽くすことのたとえ.

む豊富な生き物たちを簡単に見過ごしてしまう。魚、水草、藻、昆虫、無生物、そのほかのものも、すべてが役割を持っている。だが、このエコシステムにおいて何より際立っている特性は、それらの生き物ではない。波を立てた小石でもなければ、それを投げた人間でもない。エコシステムというコミュニティを構成するメンバーが、生存、進化、繁栄に向けて、互いに依存しながら暮らしているという点である。このエコシステムは、たった一つの個体のニーズを叶えるために形成され、機能しているように見えるかもしれないが、実際には、それぞれがほかのメンバーのニーズや希望を支えているのだ。★

見通しは明るい

「変革」という使い古された言葉についても、波紋と同じ観点から特徴づけてみたい。

この本に出てきた社会起業家たちが考えついたシステム変革を見るかぎり、「変革」とは、大きな変化、歴史的価値のある変化、家庭から村へ、村から街へ、街から国へ、そして世界へと駆け上がっていく変化を指している。つまり、私の同僚アレン・ハモンドの考察どおり、「地球規模での普及と展開を達成するために、社会起業家は、**ローカルな面とグローバルな面を併せ持ち、活動におけるボトムアップとトップダウン両方の側面を助長させ、国境を越えてアイデアを広めることができる、協力的なエコシステムを、意識的に構築しなくてはならない**」のである。★

そんな巨大な変化を巻き起こすのは、想像することすら容易ではなく、実現するのははるかに難しい。成功させるには、多くの人々が感化され、巻き込まれ、関与し、積極的に行動する必要

★Larry Robertson, *A Deliberate Pause: Entrepreneurship and Its Moment in Human Progress* (New York: Morgan James, 2009), p.93.

★Allen Hammond, "BoP Venture Formation for Scale," in *Next-Generation Business Strategies for the Base of the Pyramid: New Approaches for Building Mutual Value*, edited by T. London and S.L. Hart (Upper Saddle River, NJ: Financial Times Press, 2010), pp.193-216.［テッド・ロンドン, スチュアート・L・ハート編著『BOPビジネス 市場共創の戦略』(清川幸美訳, 英治出版, 2011年)］

がある。人は誰もが、社会問題の解決に乗り出すことで直接的に、あるいは他者のアイデアを支援することで間接的に、自分のコミュニティをよりよい場所へと変える力を持っている。こうした取り組みには、すべての人の労力と時間と忍耐が必要になるが、全員が力を合わせることによって生み出される影響力は勢いと膨張性に富み、人為的に引かれた国境のなかに閉じ込めておくことはできない。それは押し戻すことのできない流れとなって、外にあふれ出るのである。この種の変化は、スーパーマン同様、機関車よりも強く、高いビルディングもひとっ跳び——もっと端的に言えば、立ちはだかる大きな問題も、たった一つの解決策で乗り越える力を持っている(さらにこれは無料で活用できる!)。社会がこの信念を受け入れ、推し進めるとき、そこに新たな世界が誕生する。「誰もがチェンジメーカー」という世界だ。★

認識から行動へ

私は序章で、初めてアショカに出会った自分が社会起業家というものに対して抱いた、夢のような気持ちについて触れた。この本で紹介した一八名の社会起業家へのインタビューを終え、改めて振り返ったとき、私は、彼らに対してもとより抱いていた尊敬と称賛の気持ちをさらに高める多くの共通点を発見した。

等身大のビジョン、大きな変化

前々から自分が現在のような活動に取り組むことになると想像していた人は、誰一人いなかっ

★Ashoka Fellows Changing Systems, Global Study 2009, p.21.

た。みな一様に、これまでに自らがやり遂げたことの大きさと、たどってきたプロセスに心から驚いている。すべての始まりは、彼らのなかにあった世の中の不公平や不公正を自らの手で正したいという情熱であり、他者が置かれた受け入れがたい状況に対する共感の心だった。そして彼らの冒険は、そこを起点にとにかく発展を遂げていった。**彼らは全員、システムという観点から問題を捉え、単なる因果関係のアプローチを越えた取り組みに挑戦している。**それはすなわち、ハードルを一つ乗り越えると常に次のハードルがセットされているということであり、ひいては世界の悲劇を食い止める堤防の穴を埋めるための解決策もまた、次から次へと生み出されるということを意味している。どの事例からも言えるのは、アメリカ人経済学者ウィリアム・イースタリーが言うところの「正しい計画とは、計画を立てないことである」ということだ。[★] 一方で、理想を持つことは絶対に不可欠だ。

過去の経験との関連性

起業家たちのイノベーションが生まれるきっかけとなったのは、もともと彼らが関心を払っていた問題とどこか接点を感じさせる状況だった。この接点こそが、彼らの情熱に火を灯し、不屈の精神を支えつづけたものである。それはまるで、起業家たちがどの問題に取り組むかを選んだのではなく、各人の過去の経験や人間関係に基づいて、問題のほうが起業家たちを選んだかのようだった。どの起業家にも、いまの活動に取り組むきっかけとなった過去の出来事や出会い——自らの身に起きた体験、あるいは障害や悲しみやつらい出来事に苦しむ周りの人——があったのだ。解決策を見つけねばという彼らの思いは、ほかの人たちに同じ状況や出会いを経験してほしく

★William Easterly, *The White Man's Burden: Why the West's Efforts to Aid the Rest Have Done So Much Ill and So Little Good* (New York: Penguin, 2006), p.5.［ウィリアム・イースタリー『傲慢な援助』(小浜裕久, 織井啓介, 冨田陽子訳, 東洋経済新報社, 2009年)］

ないという願いの表れでもあった。

信念の共有

変革を起こすためには、一人ひとりが自分の潜在能力や可能性を見出せるようサポートする力が必要だということを、社会起業家たちは認識している。彼らは、コミュニティをしっかりと見つめ、自らをその社会の欠かすことができない一員と捉えることで、「誰もがチェンジメーカー」という理念を実現している。ともに活動する仲間たちと自分自身を切り離したりはしない。新たな意見やビジョン、能力は社会起業家が育む成果であり、それらはこの先何年も、コミュニティの人々にさらなる健康と幸福、教養、そして安定した経済と持続性をもたらすであろうことを、彼らは知っているのである。

持続性を意識する

アショカの社会起業家たちは、アイデアを中心に据え、その周りに制度をつくりあげている。影響力には、広さだけでなく、深さという側面も含まれていることを認識しているからだ。彼らにしてみれば、どれだけの人を支援できたかということはそれほど問題ではない。むしろ、**支援した人々にどれだけの影響をもたらすことができたか、その結果どのような変化が起こったか、コミュニティに引き継ごうとしているシステムにどれだけの持続可能性があるか**ということを、気にかけている。「システムの本質は、たった一つの因子や要素によって決まるものではない。そのシステムを構成する複数の因子が活発に作用しあい、さらにはシステムそのものが他のシステムと互いに影響しあうことによって、そこに秩序が発生する」ということを彼らは心得ているのである。[★1]起業家の役割は希望に火を灯し、希望を行動に、行動を影響力に変えることである。そのためには、起業家がすべてを決定するのではなく、人々の手にゆだねる——人々を刺激する——必要がある。プログラムのなかのこの要素が、アイデアを深め、強化することを、彼らは知っている。なぜならば、それが大勢のチェンジメーカーたちを巻き込み、動かすことにつながるからだ。

文化をコミュニティへと変える

コミュニティとは、各自がそれぞれの役割を果たし、周囲のために貢献することで成り立つものであり、社会起業家たちも、自らの役割が健全で、元気があり、力強く、活気にあふれたコミュニティを維持していくことにあると自覚している。たいていの場合、貧困のカギを握るのは経済であり、経済のカギを握るのは行動である。そしてその行動の善し悪しは、より状況にかなったものか、そうでないかという点にかかっている。[★2]一方で、イノベーションが行動の変化と混ざりあうとき、そこには社会をつくりかえる可能性を持った力が生まれる。一八人の社会起業家たちはみな、自分たちの解決策を効果的に機能させるべく、**個々人だけでなくコミュニティ全体が変わるにはどうすればいいかを発見しているのだ。**

この本で紹介されている社会起業家たちは、いい意味で「変人」だと私は思っている。[★3]彼らにとっては、己の感情に気づかぬふりをしていたほうが、それまでとは違う新たな現実を築きあげるよりも、はるかに楽だったに違いない。ただ前だけを見て、決まりきった道を歩みつづけていたら、人生はずっと確実で安心で単純なものになっていたはずだ。それが、方向転換を図ると

★1 WHO and Alliance for Health Policy and Systems Research Report, "Systems Thinking for Health Systems Strengthening," 2009, p.40.

★2 次のなかで引用されていた，イアン・パーカーの言葉である："The Poverty Lab," *New Yorker*, May 17, 2010, pp.79-89.

★3 Richard Pascale, Jerry Sternin, and Monique Sternin, *The Power of Positive Deviance: How Unlikely Innovators Solve the World's Toughest Problems* (Boston, Harvard Business Press, 2010).

同時に、彼らは（場所や文化にもよるとはいえ）往々にして異色な存在となるのだが、自分自身と、新たな現実のビジョンに対する信念のおかげで、外部の批判やもっと厄介な障害に対して無傷でいることができるのである。あるアショカ・フェローが自身を指して言った言葉を借りれば、社会起業家たちはみな「ある意味クレイジーかもしれないが、愚かではない」のである。

テクノロジーで変化を加速させる

アショカの創設者であるビル・ドレイトンがよく口にしているのは、どのような人であれ、組織であれ、国であれ、成功のカギを握るのは、同胞たちの何%がチェンジメーカーか、チームがどれだけ一丸となって内外に対して行動できるかという点である、ということだ。

こうした連携を急激に可能にする要因の一つが、テクノロジーである。二一世紀における社会的・経済的イノベーション、これまでの価値観をくつがえすいわゆる破壊的イノベーションには、社会の営みや行動様式における変化はもちろんのこと、新たなツールやサービス、手段、そしてメカニズムの誕生が不可欠だ。たとえばコンピュータは、他者との関わり方や、学びのプロセスに対する考え方に影響をもたらしている。そしてインターネットは、あらゆる課題に対し、個人やグループや組織を、時間や場所に関係なく様々なかたちで同時に動かすことができる協力の仕組みを促進し、可能にしている。世界には、二〇億人を超えるインターネット利用者と、五〇億人近い携帯電話利用者がいるとされている。さらには、八億人にのぼるフェイスブック利用者のうち、一億二五〇〇万人がフェイスブック上で募金ができる「フェイスブック・コーズ」に登録

していると言われており、どれだけの多くの利用者が社会変革に関わっているかを表している。★1

携帯電話は驚くほど充実した機能を持ち、「万人にインターネットアクセスをもたらす、モバイルブロードバンドの急先鋒」として歓迎されている。★2 コンピュータよりも携帯電話のほうが身近な世界において、社会問題に対する解決策を創出し、考案し、行動するということになると、テキストメッセージの手軽さ――さらには、eラーニングや遠隔医療といったサービスの向上や、交流目的の単純なアプリケーションやビデオゲームの進歩――は、人々の想像力にしなやかさを与えることになるだろう。実際、めまぐるしく動く今日の世界で、人々が何かを成し遂げるには連係プレーや協力が不可欠であるが、最新テクノロジーは早くもそれを可能にしている。そうしたテクノロジーのおかげで、もっともシンプルな機能の携帯電話しか持たない人でさえ、様々な社会的・経済的メリットを享受できるようになっている。たとえば、銀行口座を持たない人々のためのモバイルバンキングサービスから、地方に住む農民たちに作物価格をリアルタイムで配信するサービス、さらには偽物の薬剤を見破り、知らせるサービス、結核やそのほかの病気の治療法が遵守されているか管理するサービスまで様々だ。

社会のもう一端に目をやると、テクノロジーは、国境を越えたボランティア活動への参加を驚くべきスケールで可能にしている――自分の時間を使って他者を助けたいが、自宅に居ながら気軽にやりたい、という人々をマッチングするのだ。そうしたマッチングサイトの一つであるスパークト★3は、これまで自らの専門分野を活かして非営利団体に貢献する時間がなかった多忙な人々のために、便利なオンラインボランティアの手段を提供している。ボランティア活動を、フェイスブックやソーシャルゲーム、ツイッターと同様に、楽しくて簡単で社会性に富んだもの

★1 それぞれの利用者数はwww.internetworldstats.com, www.itu.int, フェイスブックによる統計を参照した.

★2 *The Economist*, Special report: "Telecoms in Emerging Markets: Mobile Marvels." September 24, 2009；オンラインでも閲覧可：www.economist.com/node/14483896（2011年9月27日閲覧）

★3 Sparked
www.sparked.com

にし、それまで市民セクターに存在しなかった何十万ドルという価値を持つ有能なプロフェッショナルたちを、慈善活動へと誘導しているのである。それは、デジタル世代向けの双方向型ボランティア活動であり、「マイクロボランティア」という新たな言葉まで生み出している。

新たに出現したテクノロジーは、社会問題への解決手段に、それまで壁となっていた距離的な隔たりや、文化と社会経済の違いを乗り越える力を与えている。この本でもたびたび紹介したとおり、社会起業家やチェンジメーカーたちの多くは携帯電話やコンピュータを最大限に活用している。それはやがて、世界経済の一番深いくぼみの底をも揺るがすほどの巨大な変化を伴った衝撃波となるだろう。

底辺から主流へ――好循環サイクルの活力

イノベーションの多くは、市民セクターやビジネスセクターの一部として、小規模なものから始まる。アメリカでは、小規模ビジネスは全労働力の半分以上を雇用し、経済の重要な要素とみなされている。こうした傾向は、先進国、開発途上国を問わず、世界中の多くの国で見られている。一方で、相対的な雇用者数という点から言えば、市民セクターも負けてはいない。実際、南半球の最貧国であるバングラデシュで最大の雇用を生み出しているのは、国際NGO団体BRACで、国内だけで九万人以上に仕事を提供している。社会起業家たちは、**組織のスケールを決めるのは単に人の数だけではなく、その数の人々が生み出す世界へのインパクトである**ことを認識している。そのため各組織は、チェンジメーカーたちがアイデアを社会に導入し、各大陸に暮らす何百という人々を使って解決方法を普及させていける仕組みをそなえている。市民セクターは、最低一名から最大九万人規模の雇用と労働のサイクルを生み出す力を持っており、今日のような社会において、それは小規模ビジネスの場合と同様、雇用創出を通じた貴重な貢献とみなされるべき規模である（根本的には、そうした組織の多くは小規模ビジネスの一種と捉えることができる）。

社会起業家たちは、こうした組織をその恩恵を受けるコミュニティと共同で立ち上げて発展させている。同時に、絶えずチェンジメーカーを育成し、その人々によって常に新たな技術が生み出されていく。コミュニティやパートナー企業を活動に巻き込むことによって、雇用機会を増大させる。そこで創出される仕事は、あらゆるレベルのスキルの人々に滝のようになだれかかるという持続可能性を有している。組織をより効率的に拡大することができれば、その分多くのチェンジメーカーを雇用できるようになる。そして今度は、そのチェンジメーカーたちが別の従業員を雇う。問題解決と発展に焦点をあてた活動の副産物として、市民セクターが雇用に影響をもたらす可能性は、今日の世界経済情勢を考えたとき、特に注目に値する。まさに「これからは、社会的な側面を持った経済の時代」なのである。★

過去と現在と未来

アショカで働きたいという気持ちから序章で触れた前職を退職したとき、洞察力のある上司が私にこう言った。「あなたが時間やお金のために辞めようとしているんだと感じたら、こちらも何とか手を打とうとするでしょう。でも、あなたが自分の信念のために辞めていこうとしている

★Outlook Business, “Editor's Note: Think About It,” September 5, 2009, p.1；オンラインでも閲覧可：business.outlookindia.com/article.aspx?261363（2011年10月20日閲覧）.

のが、私にはわかるの。それを止めるために私ができることは、何もない。自分の気持ちに正直に生きて」。彼女の言葉には、私に退職を決断させることになった長期間に及ぶ内省が凝縮されていた。当時私が感じていたのは、自分が様々なこと——仕事や病気の両親、日々の生活やライフスタイル——に縛られていて、自分にとってもっとも価値あるものや理想の生活は、埋もれてしまっていることだった。じっくり自分と向きあうための時間をとろうとようやく決断したとき、私は、世界の社会変革に貢献したいという自分の夢と私のあいだに立ちはだかっている唯一の障害がいったい何なのかを自問した。そして最終的にその答えが、高いところにあるダイビングボードから見知らぬプールに飛び込む恐怖感と、泳ぎ方を思い出せるかどうかへの不安感だということにたどりついた。そこで私が取った行動は、まずは心のなかで飛び込むことだった。そしてその行為は、私の言い訳や優柔不断な態度、溺れることへの恐怖を打ち負かしたようだった。アメリカ人神話学者ジョーゼフ・キャンベルはかつてこう言った。「計画していた人生から手を離さなくてはならない。我々を待っている人生を受け入れるために」

二者択一ではなく、両方、そしてそれ以上[★1]

二〇一一年、フランス人外交官で大使であり、強制収容所の生存者、さらにはフランスにおけるレジスタンス運動の活動家でもあったステファン・エッセルは、著書『怒れ！憤れ！』（村井章子訳、日経BP社、二〇一一年）の英語版を出版した。「若者よ」と彼は綴っている。「探しなさい。そうすれば、きっと見つかる。いちばんよくないのは、無関心だ[★2]」。目を凝らして見れば（いや、

★1 表題には，後日刊行予定のラルフ・ウィッテンバーグ博士による著書の題名を使用.

★2 Stephane Hessel, *A Time for Outrage*, North American Edition (New York: Hachette, 2011), p11. [ステファン・エセル『怒れ！憤れ！』(村井章子訳, 日経BP社, 2011年)]

さほど凝らさなくても）、どこに住んでいるかにかかわらず、参加する理由は山ほど見つかるはずだ。生きていくなかで、私たちのほとんどは、路上で暮らさねばならない人に後ろめたさを感じ、身の周りで起こる暴力に怒りを覚え、問題を抱えた学校システムに苛立ち、頼みの綱だと思っていた公共政策の鈍重さに腹を立てたことがあったのではないだろうか？　多くの国では、ワクチンや薬が足りず、子どもたちが防げたはずの病気で命を落としている、という事実に負い目を感じたことがあるなら、あるいは、「どうして誰も解決しようとしないんだろう？」とつぶやいたことがあるなら、自分こそがその、問題を解決できる「誰か」ではなかろうかと自問してみてほしい。この本で紹介した人々のことを思い出してみよう。主婦、銀行員、ジャーナリスト、教師、獣医、ソーシャルワーカー、ボディガード、未亡人、微生物学博士、トラック運転手、活動家、ＩＴエンジニア。みな、かつてはあなたと同じような人たちだった。彼らはまず、自分たちの身の周りの状況を変えていくことからスタートしている。社会起業家になって、独自の解決手段を打ち立てなくてもいい。社会問題についてもっと詳しく知る――そうすることで、苛立ちのもとをはっきりさせる――ことだって、進むべき方向への一歩だと思う。

自分に問うてみてほしい。キャリアや人生を再び一からスタートするとしたら、今度はどんな自分をめざすだろう。何に達成感を求めるだろう。何をやり直し、あるいはつくりかえようとするだろう。そしてなぜ、それがいまからでは遅すぎると感じているのだろう。内省のプロセスを開始し、社会の図像《イコノグラフィー》に自分がどう当てはまるかを思い描くための許可証として、ぜひこの本を使ってほしい。そのチャンスに目を向け、「できない（impossible）」ではなく「私にはできる（I'm possible）」という言葉を口にする許可を自らに与えてほしい。自身のなかにある苛立ちを、怒りを、憤慨を、共感する心を、悲しみを、積極的な行動へと向けてほしい。

社会に対してどういうイメージを抱いているかということは、その人がどう行動し、日々の出来事をどう捉えるかにも影響を与える。目にしているものの価値は、それをどう見ているかで決まる。自分のなかで明るい未来を思い描けるようにならないかぎり、それを実現することは難しい。だからこそ、こうなればいいと考えている世界の将来をあなた自身がつくりあげているところを、想像してみてほしい。一人ひとりが自分や家族、コミュニティ、果てには全世界の新たな将来像を思い浮かべられないかぎり、私たちがそれを手にすることなどありえないのである。

社会起業家の活動とは、解決策という名の土俵に新たな可能性を載せ、新たな人々や主張がこれまた新たに構築されたシステムに参加するプロセスを助けることだ。もしかしたら、あなた自身がその新たな可能性なのかもしれない。そして、まだあなたが土俵に上がっていないとしたら、その機会はまもなく訪れるだろう。この本が、あなたをそこへと導くはずだ。

人々が心地よさのあまり眠りに落ちて、
人生を生き損ねないようにすることを唯一の仕事とする天使がいるなど、
ほとんどの人は気づいていない。

――ブライアン・アンドレアス『ストーリーピープル』(*Storypeople*／未邦訳)

エピローグ——明日に思いを馳せる

この本の最終ページを執筆するにあたり、私が多くの人からすすめられたのは、「行動を呼びかける言葉」を記すように、ということだった。「誰もがチェンジメーカー」となる世界に感銘を受け、興味を持ち、触発された読者たちが、本を置いた瞬間にその一員に加わるようにだ。私から読者の方々に、自らの人生にもっと積極的に関わるにはどうしたらよいかを指南するなど、おこがましい気もした。だが、最近ある同僚が、友人と一緒にシンギュラリティ大学[★1]という大学のプログラムに参加し、とても参考になったという感想を口にしていた。実際、私の目にも有意義なプログラムに映ったので、もしあなたがダイビングボードから社会変革という名のプールに飛び込むかどうか逡巡しているようであれば、私が提供したこの助言と行動によって、水面に少しでも近づいてくれることを願っている。[★2]

社会起業家たちから学んだこと

自分の人生に責任を持つ

周囲の人々が自分のアイデアの価値を認め、賛成し、判断してくれるのを待つのをやめ、運転席

★1 Singularity University
singularityu.org

★2 ダーリーン・ダムとディエゴ・ファバローロには, 社会起業家への知見を深めてくれたことに, 心から感謝する.

に座ったまま、アイデアをもっと練りあげるための材料として、他者の反応や意見に耳を傾けてほしい。そのためには、

① アイデアと自分自身を人目につくところに置く。
② 周囲がどう反応するかを観察する。
③ 彼らのフィードバックを参考に、アイデアを分析し、改善する。ただし、そうしたコメントを個人攻撃として捉えたり、周囲の人々にアイデアの良し悪しや、正しいか間違っているかを判断させたりしてはならない。
④ 納得のいくかたちでフィードバックをアイデアに反映させたら、もう一度それを周りと共有する。
⑤ どんな行動をとるべきかが自分のなかでクリアになるまで、この行程を繰り返す。

目的を見失わない

最初の仕事は、すべての可能性について検討し、自らのアイデアの価値を、他人にではなく、自分自身に証明することである。

それができたなら、周囲の人々もおのずと納得するはずである。

① 選択したり、結論を出したりする前に、よく観察する。
② じっくりと時間をかけて、全体像を把握する。すべての関係者にとってプラスの結果を生む戦略を実践することが、成功の秘訣である。そのような戦略を見つけることができたなら、そのあとはすべてが驚くほどスムーズに進み、事あるごとに闘わなくてはならないよ

うな状況には陥らないはずである。

③ 周囲を尊重し、相手を自分と対等とみなす（上でもなければ、下でもない）。相手が誰であろうと関係ない。変化を起こすには、他者に自分と同じだけの権限を与え、一人ひとりが可能性を最大限に発揮できるよう取り組まねばならない。

④ 分析と観察を十分に重ねたら、大義のために立ち上がる。すべてが平等とされる社会起業家の世界においては、大義こそが永遠のものである。

行動する

何かやりたいことがあるのなら、やるべきである。私たちは混沌とした世界に住んでいて、行動は可能性への扉を開き、優位性を生み出す。

① 一番上からスタートし、望みうる最高の仲間とともに働く。

② 結果を予想できない状態に慣れる。

③ 前進を続ける。

④「不可能などない」という姿勢でいる。自分が取り組みたいと思う最高レベルの変化をめざす。

問題

① 抱えないようにする。解決策だけあればよい。

終わりに

二〇〇七年にアメリカで公開された映画『最高の人生の見つけ方』のなかには、ギザの古代ピラミッドを前に、モーガン・フリーマンがジャック・ニコルソンのほうを見て、こんなセリフを口にするシーンがある。「古代エジプト人はこう信じてた。死ぬと天国の扉の前で神に二つ質問される。人生に喜びを見つけたか？　他者に喜びを与えたか？」その答えによって、天国に入れるか否かが決まるというのだった。

もう十分だろう。私が、この本に出てきた人々とともに、あなたの人生に喜びをもたらし、その喜びを今度はあなたが別の誰かに手渡してくれることを願っている。

そして、ぜひあなたの様子を聞かせてほしい。ウェブサイト★で待っている。

★www.changemakers.com/community/rippling

謝辞

私のよき友人は、私が何かを必要とすると、そのときには必ず誰かが魔法のように現れて、助けになるような情報をくれたり、申し出をしてくれたりする、という確信を持っている。本書の執筆に関しては、彼女に賛同せざるを得ない。たくさんの人たちが魔法のように現れて、この本の出版を可能にしてくれた。第一に、私がこの構想を口にした瞬間から、本が完成するようあらゆる手を尽くして応援してくれた、友人で同僚のマリア・クララ・ピニェイロ（冒頭で引用した言の主でもある）。彼女は、第七章の執筆のためにポルトガル語でインタビューをおこない、それを英訳してくれたりもした。また、やはり友人で同僚のイマン・バイバーズやチムニー・チェティー、エヴァ・コンツァルは、私が一押しを必要としているときに、そっと背中を押してくれた。さらには、パウラ・カーデナウとサイモン・シュトゥンプの二人が、スペイン語と英語でのインタビューに協力してくれたおかげで、本来私だけではコミュニケーションが取れなかったであろう二人のフェローたちの事例を、この本に加えることができた。

ここに至るまで、ワシントンDCの友人たち、なかでもラス・マーカス、ジェリー・マリッツ、グレゴリー・ニブレットは、私に食べ物と楽しみと友情、そして長時間にわたる黙考と執筆から離れて気分転換するための様々なアドバイスを提供してくれた。そして、アメリカ各地や世界中に暮らす、思いやりと理解に満ちた友達からも、同様の励ましを直接、あるいは電話やメールを通じて受け取った。私が一人になりたいときに、書くためのスペースを提供してくれた友人のパトリックとキップ・ジョーンズ、そして自らの編著『コミュニティの力に火をつける』(*Igniting the Power of Community*／未邦訳)のなかの一章の執筆を私に依頼することで、書くことがどれだけ楽しいかということ(そして、私にどれだけ主張せねばならないことがあるかということ)を思いおこさせてくれたポール・ゲイスト氏には、重ねてお礼を申し上げたい。

また、以下の方々にも謝辞をお送りしたい。私にインスピレーションと場所、時間、必要としていた激励の言葉を与えてくれたビル・ドレイトン、過去も現在も含めてお世話になったすべてのアショカスタッフ、私の考えを具体化する手助けをし、大小様々なかたちで貢献してくれたアショカ・フェローたち(誰のことだかおわかりだろう)。そして、本書に登場する一八人の社会起業家たちには、時間や様々な身の上話を私と共有してくれたことに、また、スーザン・メイザラスとマグナム財団スタッフたちには、この本とともに映像作品も制作するという夢――いまも引き続き実現を願っている――を導いてくれたことに、特に感謝の言葉を捧げたい。さらに、妹のリンダ、姪のサリン、甥のブライソンも、すべての過程において、私と興奮を分かちあってくれた。

本書のなかで、五つのセクションにわたって紹介されている、システム変革に向けた五種のアプローチは、二〇〇九年に実施された「アショカ・フェローによるシステム変革調査★」に基づいている。この調査は、アショカ代表であるダイアナ・ウェルズが以前におこなった研究からアイデアを得て、アショカスタッフの一人であるカラビ・アチャリヤによって実施された。この調査と、そこから得られた結果について議論した時間は、私の考えを構成するにあたって非常に大き

★Ashoka Fellows Changing Systems Survey

な役割を果たしてくれた。そして最後に、一番はじめの扉を開き、この本を世に送り出してくれたジョシー・バース・ワイリー出版社のジェシー・ワイリー氏に、特別な感謝の気持ちを表したい。

　このページを読んでくださっている読者のなかには、自分もこの本の出版を可能にした一人で、あるいはここに自分の名前があるのではとお思いの方もいるかもしれない。万が一どこにも見当たらないということがあれば、どうかお許しいただきたい——だが、これまでに受けた協力やサポート、指導や激励の言葉一つひとつに対し、私が心から感謝の気持ちを感じているということを、ぜひおわかりいただければありがたいと思う。

［著者］

ビバリー・シュワルツ

Beverly Schwartz

アショカのグローバル・マーケティング部門を統括するヴァイスプレジデント。また、行動科学者およびソーシャルマーケティングの専門家でもある。特に保健医療や教育などの分野で、政策提言をはじめ、民間、公共、市民セクターのための大規模マーケティングやコミュニケーションのマネジメントを通じ、社会変革を生み出してきた実績を持つ。

全米における喫煙防止および非喫煙者の権利キャンペーンから始まり、アメリカ眼科学会のための眼の健康維持と失明防止キャンペーン、大統領府後援の薬物使用防止キャンペーン、世界銀行とアメリカ国際開発庁による教育の場におけるジェンダーの公正キャンペーン、さらには教育開発アカデミー（現在のFHI360）による教育と環境改善キャンペーンまで携わり、その実績は多種多様である。また、アメリカ疾病管理予防センターによるエイズ予防啓発活動においては、主要クリエーター兼マネージャーの一人として「アメリカよ、エイズと闘おう（America Responds to AIDS）」キャンペーンに携わり、1987年から92年のキャンペーン成長期を支えた。ミネソタ州で過ごした1972年から75年の3年間には、アメリカ初となる公共スペースでの全面禁煙を命じた州法の素案をつくり、可決させることに協力した。

教育学で学士号を取得後、ニューヨーク市立大学クイーンズ校で修士号を取得。ニューヨーク市出身、ワシントンDC在住。全米ホスピス基金の評議員も務める。スキューバダイビングをこよなく愛する。

［訳者］

藤﨑香里

Kaori Fujisaki

アメリカン大学国際関係学部（アメリカ・ワシントンDC）において、国際政治経済を専攻。国際協力NGOや民間国際交流教育団体等への勤務経験を通じ、開発途上国における貧困削減や国際社会で活躍できる青少年の育成に関心を持つ。

アショカについて

Ashoka

世界最大の社会起業家ネットワーク、および社会変革を推進するシンクタンク。1981年より2012年までに世界80カ国以上で選出された約2,800人の社会起業家を「アショカ・フェロー」として認定し、生活費の援助、法律・マーケティングなどの専門的サービスの提供、他のアショカ・フェローとの連携などの支援をおこなっている。アショカ・フェローたちのアイデアは、世界中で政策に採用されたり、国境を越えて活動を拡大させたりするなど、あらゆる分野で社会変革を実現している。

「Everyone A Changemaker（誰もがチェンジメーカー）」という標語が示すように、フェローとアショカ運営スタッフは彼ら自身だけでなく、周囲の人もチェンジメーカーとなるべく尽力している。さらにteam of teams（チーム・オブ・チームズ）、つまりイノベーターたちがチームを組み、そのチームがさらに他のチームと協働することによって、巨大なインパクトを生むというスキームを提唱し、実行している。

アショカ・ジャパンは、アショカの東アジア最初の拠点として、2011年に発足した。

アショカ公式サイト　www.ashoka.org

アショカ・ジャパン公式サイト　japan.ashoka.org

● 英治出版からのお知らせ

本書に関するご意見・ご感想をE-mail（editor@eijipress.co.jp）で受け付けています。
また、英治出版ではメールマガジン、ブログ、ツイッターなどで新刊情報やイベント情報を配信しております。ぜひ一度、アクセスしてみてください。

メールマガジン：会員登録はホームページにて
ブログ　：www.eijipress.co.jp/blog/
ツイッターID　：@eijipress
フェイスブック　：www.facebook.com/eijipress

静かなるイノベーション
私が世界の社会起業家たちに学んだこと

発行日	2013年 3月31日　第1版　第1刷
著者	ビバリー・シュワルツ
訳者	藤崎香里（ふじさき・かおり）
発行人	原田英治
発行	英治出版株式会社
	〒150-0022 東京都渋谷区恵比寿南1-9-12 ピトレスクビル4F
	電話　03-5773-0193　　FAX　03-5773-0194
	http://www.eijipress.co.jp/
プロデューサー	下田理
スタッフ	原田涼子　高野達成　岩田大志　藤竹賢一郎　山下智也
	杉崎真名　鈴木美穂　原口さとみ　山本有子　村上航
印刷・製本	大日本印刷株式会社
装丁	英治出版デザイン室
翻訳協力	株式会社トランネット　http://www.trannet.co.jp

ISBN978-4-86276-147-7　C0030　Printed in Japan